SERIES

bricolage
Innsbrucker Zeitschrift für Europäische Ethnologie

Herausgegeben von Reinhard Bodner, Timo Heimerdinger, Konrad Kuhn,
Silke Meyer, Michaela Rizzolli und Ingo Schneider

Band 10

Sandra Mauler (Hg.)
Institut für Geschichtswissenschaften und Europäische Ethnologie, Universität Innsbruck

Elisabeth Waldhart (Hg.)
Institut für Archäologien, Universität Innsbruck

Jochen Bonz (Hg.)
Institut für Medien, Theater und Populäre Kultur, Universität Hildesheim

Diese Publikation wurde mit finanzieller Unterstützung der Österreichischen Hochschülerschaft, der Universität Hildesheim, der Philosophisch-Historischen Fakultät sowie des Vizerektorats für Forschung der Universität Innsbruck gedruckt.

© *innsbruck* university press, 2019
Universität Innsbruck
1. Auflage
Alle Rechte vorbehalten.
www.uibk.ac.at
Titelbild: Bianca Ludewig
Layout: Carmen Drolshagen
Korrektorat: Dr.in Margret Haider
ISBN 978-3-903187-60-3

bricolage
Innsbrucker Zeitschrift für Europäische Ethnologie

Heft 10:

Sandra Mauler, Elisabeth Waldhart, Jochen Bonz (Hg.)

Pop

Inhalt

7   Sandra Mauler, Elisabeth Waldhart
    Vorwort

    Aktuelle Ansätze der Populärkulturforschung im
    Diskurs der Europäischen Ethnologie

13 Sandra Mauler
    Zur Populärkulturforschung
    Ein Gespräch mit Markus Tauschek

23 Simone Egger
    Beyoncé Knowles in Formation // Pop als ästhetische
    Gesellschaftskritik

37 Christoph Bareither
    Wir-Gefühle: Vergemeinschaftende Emotionspraktiken in
    Populärkulturen

    Fotostrecke

53 Bianca Ludewig
    Avantgarde-Festivals der Gegenwart

    Exemplarische Felder

73 Elisabeth Waldhart
    Abheben im Park
    Wie zeigt sich Unsicherheit in der Goa-Subkultur und wie
    gehen die Akteur_innen damit um?

89   *Hannah Kanz*
     „Das Buch ist immer besser"
     Zur Konstruktion narrativer Identitäten von Fans der Buchreihe „A Song of Ice and Fire"

103 *Elisabeth Summerauer*
     Reziprozität bei Online-Fanfiction

119 *Patrick Marksteiner*
     „Only 90's kids remember"
     Zu Winnicotts Konzept des Übergangsraums und Internetmemes auf der Online-Plattform *9gag*

133 *Laura Weinfurter*
     Essen aus der Mülltonne: Dumpstern – Beweggründe und Praktiken

145 *Eva Kirschner*
     Die *vegane Community* – eine Subkultur?
     Forschungsdynamiken und Subjektivität in einer ethnografischen Arbeit zu Veganismus

Nachbemerkung

163 *Jochen Bonz*
     Ethnografisches Feldforschen als Einbindung anderer und eigener Wahrnehmungen und Wahrnehmungsweisen in den Diskurs

185 Autor_innenverzeichnis

Vorwort

Sandra Mauler, Elisabeth Waldhart

Mit der vorliegenden Jubiläumsausgabe *Pop* erlaubt sich die „bricolage. Innsbrucker Zeitschrift für Europäische Ethnologie" den einen oder anderen Bezug auf ihre Wurzeln herzustellen, welcher mal deutlicher und mal etwas vager ausfallen mag. Die „bricolage" – wie die Reihe meist kurz genannt wird – wurde erstmals 2003 von der damaligen Studienrichtungsvertretung am Innsbrucker Institut für Europäische Ethnologie/Volkskunde, Gerti König, Kathrin Sohm und Reinhard Bodner, herausgegeben. Bereits bei ihrer erstmaligen Veröffentlichung knüpfte sie an eine vorherige Studierendenzeitschrift an, die „ethnopostille", welche in fünf Ausgaben zwischen 1995 und 2000 erschienen war. Wie auch der Auftrag der „bricolage" lag bereits das Ansinnen ihrer Vorläuferin darin, ein Medium zu schaffen, welches „Studierenden eine erste Möglichkeit [bietet], Berichte oder Aufsätze zu veröffentlichen: sie wurde aber auch durch Beiträge von Mitarbeitern und Lehrbeauftragten des Instituts bereichert."[1]

Das für diese Ausgabe gewählte Thema *Pop* darf hier durchaus im Zusammenhang mit dem Thema *Jugendkulturen* betrachtet werden, welches die erste „bricolage" behandelte. Um diese Verbindung gestalterisch aufzugreifen, haben wir für die *Pop*-Ausgabe als Coverfarbe bewusst knalliges Pink in Verwandtschaft zum leuchtenden Rot der „Jugendkulturen-bricolage" gewählt und im Titelbild ebenfalls einen menschlichen Akteur in den Fokus gestellt.[2]

Der Titel *Pop* greift dabei auf ein weitläufiges Themenfeld zu, das vielfach diskutiert, beschrieben und definiert wurde.[3] Genauso ist es jedoch eine Eigenart des Feldes, sich beständig zu verändern und damit schwer greifbar zu bleiben. Diese Wandelbarkeit – in enger Verbindung und Verflechtung mit verschiedenen Medien und Räumen – zeigt sich in den Titeln, Themen und Feldern der in diesem Band versammelten Beiträge. Sie tritt aber auch in der zeitlichen Dimension zu-

---

1 Bodner, Reinhard: Editorial. In: König, Gerti/Sohm, Kathrin/Bodner, Reinhard (Hg.): bricolage 1. Jugendkulturen. Innsbruck 2003, 3-6, hier 3.
2 Das Titelbild der ersten „bricolage" („Jugendkulturen") zeigt einen Sprayer, der eine legale Graffitiwand beim Innsbrucker Tivolistadion einweiht. Die Titel der bisherigen Ausgaben können auf der Website der Publikationsreihe eingesehen werden: https://www.uibk.ac.at/geschichte-ethnologie/forschung/publikationsreihen/bricolage/ (Stand: 24.9.2018).
3 Exemplarisch dazu: Hügel, Hans-Otto (Hg.): Handbuch Populäre Kultur. Stuttgart 2003; Bareither, Christoph/Maase, Kaspar/Nast, Mirjam (Hg.): Unterhaltung und Vergnügen. Beiträge der Europäischen Ethnologie zur Populärkulturforschung. Würzburg 2013.

tage – die beschriebenen Phänomene hatten sich verändert, noch ehe die Herausgeber_innen alle Hürden bis zur endgültigen Drucklegung beseitigen konnten. Ein Gegenstand, der in der Zeit der Feldforschung noch brandheiß ist, ist beim Erscheinen des Bandes ein Trend der letzten Jahre. Und dennoch verweisen die Studien, als kleiner Ausschnitt von Realität, auf Kontexte und Entwicklungen, die weiter reichen.

Dieser Band stellt ein buntes Bukett an Schlaglichtern dar, welche auf Felder, Aspekte und Perspektiven von *Pop* geworfen werden und dabei ohne jeglichen Anspruch auf Vollständigkeit Linien der Beschäftigung mit populärkulturellen Themen im Fach anreißen. Ohne die Beiträge in eine beengende Struktur oder das Korsett eines gemeinsamen Begriffes zwingen zu wollen, lassen sich doch deutliche Gemeinsamkeiten und Aspekte hervorheben, welche von den Autor_innen mehrfach behandelt werden. Dies umfasst beispielsweise die Bedeutung von Medialität und Mediennutzungspraktiken,[4] der Fragen nach Materialität, Körperlichkeit und Wahrnehmung[5] gar nicht zwangsläufig oppositionell entgegenstehen müssen. Bei aller „Unterhaltung der Massen" im Populären sind jedoch auch Aspekte von politischer Aktivität, Gesellschaftskritik und subkultureller Bedeutung in der Auseinandersetzung mit Akteur_innen und ihren Praktiken[6] insbesondere aus fachlicher Sicht von großem Interesse. Wie so oft zeichnet sich der europäisch-ethnologische Blick auch in der Beschäftigung mit *Pop* durch dessen Bedeutung für die Alltagskultur aus. Täglich werden Menschen durch populärkulturelle Phänomene bewegt und finden Sinn, Identität und Zugehörigkeit[7] in der Ausübung populärkultureller Praktiken. Nicht zuletzt gilt es in einer wissenschaftlichen Publikation, auch methodische Fragen und theoretische Aspekte der Untersuchung in und von populärkulturellen Feldern und Themen[8] in den Blick zu nehmen.

Die „bricolage" ist nicht nur Reihentitel, sie ist ebenso ein Konzept der Ethnologie, das von Claude Levi-Strauss geprägt und vielfach in verschiedene kulturanthropologische Kontexte übertragen wurde. So übersetzt beispielsweise Dick Hebdige das Konzept für seine Beschreibung von Subkulturen wie den Punk, wenn die Akteur_innen verschiedene Elemente einer vorhandenen Massenkultur

---

4 In diesem Band dazu u. a. die Beiträge von Christoph Bareither, Hannah Kanz, Bianca Ludewig, Patrick Marksteiner und Elisabeth Summerauer.
5 In diesem Band dazu u. a. die Beiträge von Christoph Bareither, Eva-Maria Kirschner und Elisabeth Waldhart.
6 In diesem Band dazu u. a. die Beiträge von Simone Egger, Eva-Maria Kirschner, Bianca Ludewig, Elisabeth Waldhart und Laura Weinfurter.
7 In diesem Band dazu u. a. die Beiträge von Christoph Bareither, Hannah Kanz, Eva-Maria Kirschner, Patrick Marksteiner und Elisabeth Summerauer.
8 In diesem Band dazu u. a. die Beiträge von Jochen Bonz, Eva-Maria Kirschner und Sandra Mauler.

aufgreifen, zerlegen, mit neuen Bedeutungen versehen und wieder zusammensetzen – es ergibt sich ein Spiel mit Objekten und ihren Bedeutungen.[9] Dem Prinzip der „bricolage" folgen auch die Zusammenstellung der Texte, die anhand einzelner Analysen die thematische Breite von *Pop* zeigen, sowie die Kombination verschiedener Formate, die über den „klassischen Zeitschriftenaufsatz" hinausreichen. Durch das Nebeneinanderstellen und Miteinander-Verknüpfen der einzelnen Beiträge – ebenso wie durch Anbindung an die Vergangenheit – ergibt sich so ein neues Ganzes.

Dieses Spiel aus Aufgreifen, Umformen und Weiterdenken zeigt sich insbesondere im Abschnitt „Exemplarische Felder", in dem die studentischen Texte versammelt sind, welche aus Bachelorarbeiten hervorgegangen sind. Ausgangspunkte für diese Arbeiten lieferte eine zweisemestrige Lehrveranstaltung, die Jochen Bonz im Winter 2014/15 („Empirisches Arbeiten im Feld der Pop- und Fankultur") und im Sommer 2015 („Zur Auswertung ethnografischer Forschungen") am Institut für Geschichtswissenschaften und Europäische Ethnologie der Universität Innsbruck anleitete. Dort wurden ausgewählte Studien aus dem Bereich der britischen Cultural Studies sowie Ansätze der Populär- und Fankulturforschung vorgestellt, die den Teilnehmenden als Ausgangspunkt für eigene empirische Studien dienten.[10] Diese vertiefte theoretische und methodische Arbeit[11] nahm eine Reihe von Studierenden zum Anlass, die aufgegriffenen Themen in Abschlussarbeiten weiterzuverfolgen beziehungsweise zu vertiefen. Die Originalität der behandelten Themen und Fragestellungen macht das Inhaltsverzeichnis deutlich.

Die Begriffe und Theorien aus der Lehrveranstaltung und *Pop*-Themen bieten eine breite Basis an Bezugspunkten in der Welt – *Pop* ist eben nicht nur eine diffuse, schwer greifbare Struktur, sondern schlägt sich in Kleidung, Objekten, Räumen und Körpern nieder.[12] Versteht man Subkultur mit Dick Hebdige und

---

9 Hebdige, Dick: Subculture. The Meaning of Style. London/New York 1979, 100-127 [Kapitel 7 und 8].
10 Die Leseliste für den ersten Teil der Lehrveranstaltung beinhaltete: 1) Cohen, Phil: Subcultural Conflict and Working-Class Community. In: Gelder, Ken/Thornton, Sarah (Hg.): The Subcultures Reader. London/New York 1997, 90-99 [erstveröffentlicht als Working Paper am Birminghamer Cultural Studies Institut 1972]; 2) Hebdige, Subculture, 100-127 [Kapitel 7 und 8]; 3) Willis, Paul: „Profane Culture". Rocker, Hippies: Subversive Stile der Jugendkultur. Frankfurt am Main 1981, 111-212 [Kapitel 5 bis 7]; 4) McRobbie, Angela/Garber, Jenny: Girls and Subcultures. In: McRobbie, Angela: Feminism and Youth Culture. From „Jackie" to „Just Seventeen". Boston 1991, 1-15 [erstveröffentlicht 1975]; 5) Bonz, Jochen: Anproben des Selbst – Konzeptualisierungen popkultureller Erfahrungsräume des Utopischen im „mimetic turn". In: rock'n'popmuseum u. a. (Hg.): ShePop. Frauen. Macht. Musik. Münster 2013, 73-86; 6) Hills, Matt: Fan cultures between „fantasy" and "reality". In: Ders.: Fan cultures. London/New York 2002, 90-113.
11 Vgl. dazu auch den Beitrag von Jochen Bonz in diesem Band.
12 Zur Räumlichkeit von Subkultur vgl. beispielsweise Cohen, Subcultural Conflict, 96-97.

Paul Willis als ein Geflecht aus Bedeutungen und Bedeutungsträgern,[13] kann man einzelne Objekte herausarbeiten, versuchen, die Bedeutungen zu lesen und deren Beziehungen nachzugehen – *Pop*-Kultur wird damit beschreibbar und lesbar; sie lässt sich leichter ausbuchstabieren. Genau diese Eigenschaften machen das Themenfeld attraktiv für erste Versuche ethnografischen Arbeitens. Zudem sind die vorgestellten Phänomene oft altersunabhängig; sie beschäftigen sich mit Praxen, die aus dem eigenen Alltag bekannt sind.

Der Reiz an der Beschäftigung mit *Pop* kann auch einfach darin bestehen, dass es Spaß macht. In diesem Sinne wünschen wir Ihnen viel Vergnügen und gute Unterhaltung bei der Lektüre der vorliegenden „bricolage".

---

13 Vgl. Hebdige, Subculture; Willis, „Profane Culture".

Aktuelle Ansätze der Populärkulturforschung im Diskurs der Europäischen Ethnologie

Zur Populärkulturforschung
Ein Gespräch mit Markus Tauschek

Sandra Mauler

Was versteht man eigentlich unter dem Begriff der *Populärkultur*? Welche Bedeutung kommt der Populärkulturforschung in der Europäischen Ethnologie zu und welchen Beitrag leistet das Fach zur Untersuchung populärer Kultur? Welche Zugänge und Perspektiven werden angewendet? Um diese allgemeineren Fragen zur Populärkulturforschung zu beleuchten, traf ich Markus Tauschek am 12. Juni 2018 zu einem Gespräch.

Markus Tauschek ist seit 2015 Lehrstuhlinhaber und geschäftsführender Direktor des Instituts für Kulturanthropologie und Europäische Ethnologie. Er gehört dem Direktorium des Zentrums für Populäre Kultur und Musik der Albert-Ludwigs-Universität Freiburg an und untersucht unter anderem in seinem laufenden DFG-Forschungsprojekt „Doing Popular Culture" die performative Konstruktion der Gothic-Szene. Erst wenige Wochen vor dem Interview war er von einer Forschungsexkursion zum Wave-Gotik-Treffen [WGT] in Leipzig zurückgekehrt.

Das Gespräch fand in seinem Büro am Institut für Kulturanthropologie und Europäische Ethnologie in Freiburg statt und dauerte eine halbe Stunde.[1]

Sandra Mauler [SM]:
Als ich mir angeschaut habe, wie das Zentrum für Populärkultur und Musik entstanden ist, habe ich festgestellt, dass dieses 2014 aus dem Volksliedarchiv hervorgegangen ist. Ich hätte bisher eigentlich angenommen, dass unter *Volkskultur* und *Populärkultur* recht unterschiedliche Dinge verstanden werden. Deshalb möchte ich dich fragen, wie man eigentlich *Populärkultur* bestimmt. Wie grenzt man sie zur klassischen und Volkskultur ab? Und wie verhält es sich mit anderen Bezeichnungen wie *Subkultur*, *Fankultur* oder der *Szenenforschung*?

Markus Tauschek [MT]:
Die begriffliche Abgrenzung ist insgesamt schwierig und umstritten, gerade wenn man sich zum Beispiel die Begriffsverwendung in den Cultural Studies ansieht,

---

[1] An dieser Stelle möchte ich mich bei Nele Holdorff bedanken, welche freundlicherweise die Transkription und Bereinigung des aufgenommenen Interviews übernommen hat.

die wegweisend für die Populärkulturforschung waren und für unser Fach sehr wichtige und einflussreiche Arbeiten geliefert haben: Dort ist *Popular Culture* in vielen, jedenfalls in den historischen Studien, sehr nah an dem Begriff, den man im deutschsprachigen Wissenschaftskontext als Volkskultur bezeichnet.

Zudem würde ich argumentieren, dass beide Begriffe hochgradig problematisch und diskutierbar sind: Im Fach haben sich Silke Göttsch-Elten, Konrad Köstlin und andere kritisch reflektierend und kontextualisierend mit dem Volkskulturbegriff auseinandergesetzt und, wie ich finde, sehr schön gezeigt, welche Konnotationen mit dem Begriff mitschwingen und warum dieser heute kompliziert ist.

In der „Österreichischen Zeitschrift für Geschichtswissenschaften" ist ein Band von Brigitta Schmidt-Lauber und Jens Wietschorke erschienen [Anm.: „'Volkskultur' 2.0"], der in vielen Beiträgen Volkskultur ebenfalls kritisch einordnet. Die Beiträge weisen darauf hin, wie Volkskultur vielfach ideologisch überformt ist und für unterschiedliche Ziele instrumentalisiert werden kann. Darüber hinaus diskutieren sie in diesem Band auch die Beziehungen zur Populärkultur.

Populärkultur ist ein problematischer Begriff, was die Literatur auch an vielen Stellen zeigt, weil in diesem Begriff immer noch das Gegenbild von Hochkultur mitschwingt. Damit beginnt bereits die Schwierigkeit, denn darin ist eine wertende Perspektive enthalten, mit der die Populärkulturforschung heute noch vielfach konfrontiert ist. Diese Wertung ist außerdem auch im gesellschaftlichen Diskurs vorhanden, nämlich in der Bewertung von populärer Kultur als qualitativ minderwertiger als Hochkultur sowie in der Abgrenzung zum Kunstbegriff.

Es gibt aber zur Problematisierung dieser beiden Begriffe beeindruckende Studien, die zeigen, ab welchem historischen Moment Hybridisierungsprozesse stattfinden, dass man diese gar nicht klar trennen kann und dass es Zirkulationen sowie wechselseitige Einflüsse gibt. Was diese Studien vor allen Dingen zeigen, ist, wie diese Abgrenzung entsteht und wie beide zu – man kann fast sagen – Kampfbegriffen werden. Dazu haben Kaspar Maase oder Jens Wietschorke historisch schön herausgearbeitet, wie der Populärkulturbegriff genutzt wird, um Ordnung in soziale Strukturen zu bringen. Aus diesen Gründen finde ich beide Begriffe schwierig, und in der neueren Populärkulturforschung wird das eigentlich ständig mit reflektiert.

Von den Definitionsansätzen gibt es ganz unterschiedliche: *Kultur der Vielen* wäre zum Beispiel eine quantifizierende Begriffsbestimmung, was aber durchaus schwierig sein kann. Dann gibt es bei Bernd Jürgen Warneken mit *Popularkultur* den Hinweis auf den sozialen Ort als eine andere Differenzierung. Hans-Otto Hügel schlägt unter anderem eine zeitliche Differenzierung vor. Also die Frage, wann beginnt Populärkultur eigentlich? Mit der Einführung neuer Medien, also Leitmedien, das geht los bei illustrierten Zeitschriften, dann kommen irgendwann das Radio, Fernsehen und heute natürlich das Internet und soziale Medien.

Es entwickelt sich also eine Steigerungsdynamik, bei der immer mehr Akteure erreicht werden. Und in dieser Hinsicht ist auch die Quantifizierung mit Sicherheit eine sinnvolle Perspektive.

Wie immer bei uns im Fach ist es eine Herausforderung, dass der Begriff gleichzeitig alltagssprachlich in Ausdrücken wie *Pop*, *Populärkultur*, *Populäre Kultur* und gleichzeitig als wissenschaftliches Konzept genutzt wird.

SM: So gesehen kann es ja vieles sein, das man irgendwie unter dem Begriff *Populärkultur* oder so fassen könnte. Was wären denn nun konkrete Zugänge oder Felder? Ja, oder sagen wir vielleicht anders: Bei eurem Projekt „Doing Popular Culture" steckt es ja schon im Projekttitel drinnen – was und warum ist da Populärkultur?

MT: Klassische Untersuchungsgegenstände sind natürlich populäre Medientexte: Wie funktionieren sie? Was werden für Inhalte transportiert? Und wie? Dabei ist es zum Beispiel möglich, historisch die Gartenlaube oder die „Leipziger Illustrierte Zeitung" auszusuchen. Zeitlich später wäre ein Gegenstand aus dem musikalischen Feld, zum Beispiel der Schlager, oder dann Techno oder auch Serien.

Zur Serialität hat eine in Göttingen angesiedelte Forschergruppe [Anm.: „Ästhetik und Praxis populärer Serialität"] wichtige Befunde, unter anderem am Beispiel „Tatort", geliefert. An dem Göttinger Projekt kann man auch schön eine Verschiebung sehen, die in vielen Feldern unseres Faches längst realisiert ist. Diese geht dahin, dass nicht mehr nur die Texte oder die Medientexte Gegenstand sind, sondern auch die Praktiken, die sich um diese herum gruppieren. Das Göttinger Projekt interessierte sich eben genau dafür: Wie schauen Menschen gemeinsam „Tatort"? Welche soziale Funktion hat das? Welche Rolle spielt dabei Unterhaltung? Wie wird das verhandelt? Auf diese Weise wird die soziale oder kulturelle Einbettung populärer Kultur mit einem weiten kulturwissenschaftlichen Blick untersucht.

Und das machen wir auch in dem Forschungsprojekt „Doing Popular Culture" zur Gothic-Szene und zu drei besonders wichtigen Festivals der Szene. Wir interessieren uns auch für die Performativität und die performative Seite populärer Kultur. Wir untersuchen das Erleben und Erfahren vor Ort und stellen die Frage nach Körperlichkeit, materieller Kultur, vestimentären Praktiken, nach dem Sich-Bewegen im Raum, der Raumaneignung, nach dem Konsumieren von Musik, dem Sprechen über Musik sowie nach der diskursiven Verhandlung in Internetforen. Dabei werden immer die Fragen mitgedacht: Wie wird Sinn erzeugt? Welche Bedeutung geben Menschen ihrem Tun?

Dazu stellt sich natürlich auch die Frage, auf die Kaspar Maase zu Recht hingewiesen hat: Welche Rolle spielt dabei eigentlich die Kulturindustrie? Anders ausgedrückt: Wie sieht es mit der Angebotsseite aus? Was will diese eigentlich? Welchen Zweck verbindet sie mit den Angeboten? Daraufhin lässt sich aus Perspektive der Popular Cultural Studies fragen: Wie eignen sich Akteure diese Inhalte eigenwillig an, die sie angeboten bekommen? Denn häufig eignen sich Menschen die Angebote ganz anders an, als es ursprünglich von den Produzentinnen oder Produzenten vorgesehen war, sofern man in diesem Fall ein klassisches Kommunikationsmodell anlegen möchte. In dieser Hinsicht finde ich auch unser Fach so toll.

SM: Weil ich die Gemeinschaftsdimension besonders spannend finde, würde mich besonders der Festival-Aspekt eures Projektes interessieren. Ich habe den Eindruck, dass durch die Veränderung der Medien mit dem Internet und Social Media an und für sich Ko-Präsenz scheinbar an Bedeutung verloren hat, also um zum Beispiel Fangemeinschaften zu bilden. Auf der anderen Seite scheint es mir so, dass gerade in den letzten Jahren die Zahl der Festivals ständig zunimmt, dass sie sozusagen „populärer" werden. Gibt es da einen Zusammenhang? Ist das so etwas wie eine Gegenbewegung? Vielleicht kannst du auch noch etwas dazu sagen, weshalb ihr euch gerade dazu entschieden habt, auf Festivals zu forschen?

MT: Man könnte zu der Bedeutung von Festivals klassisch soziologisch argumentieren: Es gibt zum Beispiel Arbeiten von Winfried Gebhardt, der von der Eventisierung der Gesellschaft spricht und dabei plausibel zeigt, wie Events zunehmen und eine immer größere Rolle spielen. Oder natürlich auch Arbeiten zur Erlebnisgesellschaft, um den Text von Gerhard Schulze [Anm.: „Die Erlebnisgesellschaft. Kultursoziologie der Gegenwart"] anzuführen.

In unserem Projekt sehen wir, dass die physische Präsenz, das Erleben, die Erfahrung des Körpers und die Interaktion nach wie vor eine große Rolle für Akteure spielen. Ich würde sagen, dass es sich nicht um eine Gegenbewegung zur Virtualität oder zur Digitalisierung handelt, sondern dass beides Hand in Hand geht. So kann man an den Festivals und in den Interviews schön zeigen, wie die von uns interviewten Akteure den Festivalbesuch als unglaublich wertvoll und zum Teil unter Verwendung religiösen Vokabulars – etwa: „Es ist wie Weihnachten" – interpretieren, sowie welche große Rolle es spielt, sich zu treffen. Das verweist auf die Funktion der Selbstvergewisserung, die das Zusammenkommen neben anderen Funktionen hat. Denn gerade bei Szenen verhält es sich so, dass die Sinnsysteme emergent entstehen und gemeinsam ausgehandelt werden müssen. Dies ist ein zentraler Unterschied zu den klassischen Vergesellschaftungsinstitutionen wie Verein oder Kirche, obwohl an diesen Orten die Konventionen in anderem Maße auch neu verhandelt werden können.

Demgegenüber gibt es bei Szenen keine Bibel und keinen Kodex, der etwas vorgibt, sondern dieser muss immer wieder neu verhandelt werden. Festivals sind

Orte, an denen diese Aushandlung in physischer Präsenz stattfindet: Was ist das Richtige? Was ist das Falsche? Wie entwickelt sich die Vorstellung davon weiter? Darüber hinaus trägt sich dieser Prozess fort oder steht in enger Verbindung zur Aushandlung in Internetforen. Da gibt es also permanente Wechselwirkungen.

Wie da auf einmal auch neue Figuren entstehen, finde ich persönlich wahnsinnig interessant. Das sind zum Beispiel gerade in der Gothic-Szene Influencer mit eigenen *YouTube*-Channels, die Tipps geben und sagen, wie Gothic richtig geht. Die Foren platzen vor Threads und Kommentaren zu Aspekten wie: Wie ziehe ich mich richtig an? Welche Musik ist die richtige? Bis zu der Frage: Wie soll mit rechter Musik in der Gothic-Szene umgegangen werden?

Es handelt sich also um einen Horizont an Themen, die heute hyperintensiv kommuniziert und verhandelt werden. Die Festivals bieten dabei einen Rahmen, in dem diese Fragen performativ ausgehandelt, stabilisiert und transformiert werden. Gerade die Wechselwirkungen, in denen das steht, sind kulturwissenschaftlich relevant.

SM: Ja, mein spontaner Gedanke dazu ist jetzt eigentlich bezogen wieder auf diese Unterscheidung zwischen Populärkultur und Hochkultur, dass ja Kanonisierung, die vielleicht eher Letzterer zugeschrieben wird, eigentlich auch in Populärkulturen stattfindet. (*MT*: Absolut.) Das ist vielleicht gerade in dieser Aushandlung, wenn auch nicht unbedingt demokratischer, weil es dabei vermutlich auch Leitfiguren gibt. Auch wenn man diese nicht den Institutionen gleichsetzen kann, die die Kanonisierung von Hochkultur kontrollieren. Das jetzt mehr so als Gedanke dazu und gar nicht unbedingt als Frage.

Um nochmal auf die Festivals zurückzukommen: Weil du den Vergleich „Es ist wie Weihnachten" aus den Interviews genannt hast, möchte ich gerne die Frage nach dem Verhältnis von Alltag und Fest stellen. Ist so ein Festival eine Sonderzeit?

MT: Aus einer emischen Perspektive interpretieren eigentlich alle, mit denen wir gesprochen haben, das Festival als Ereignis, das absolut außeralltäglich ist. Natürlich gibt es auch einen Alltag des Festivals, und aus einer analytischen Perspektive ist das Festival ein Bestandteil von Alltagskultur. Denn es gibt auch innerhalb des Festivals Rhythmisierungen und Routinen.

Ich meine, das WGT [Anm.: Wave-Gotik-Treffen in Leipzig] besteht heute seit über 25 Jahren und es gibt Menschen, die jedes Jahr dorthin fahren. Es gibt also eindeutig Routinen, die immer wiederholt werden, die Stabilität geben und die einen Aspekt der Selbstvergewisserung darstellen.

Darüber hinaus leben alle Festivals, die wir uns anschauen, von einem spannenden, kulturindustriell geprägten Verhältnis zwischen Neuerungen, Innovationen und so etwas wie traditionalisierten, bekannten Elementen, die erwartet werden, damit es attraktiv bleibt. Gerade an Leipzig – das ist ja das größte Gothic-Festival – kann man schön sehen, was Kaspar Maase als Steigerungsdynamik moderner populärer Kultur bezeichnet. Damit beschreibt er, wie sich kontinuierlich neue Formate entwickeln, die wieder Exklusivität oder besondere Erlebnisformen garantieren.

Ein Beispiel in Leipzig ist das Viktorianische Picknick im Clara-Zetkin-Park. Dorthin kommen inzwischen auch viele Leute aus der Stadt, die sich einfach gern mal anders anziehen, und es entsteht so etwas wie ein karnevalesker Raum. Gleichzeitig gibt es dort diejenigen, die das als Szenemitglieder sehr ernst nehmen und Tische mitbringen, die mit Glas, Porzellan und so weiter geschmückt werden. Es handelt sich also um ein hybrides Massenevent.

Dagegen hat sich vor einigen Jahren eine Gegenformation entwickelt: das *Victorian Village*, in welches man nur reinkommt, wenn man „wirklich viktorianisch" gekleidet ist. Das ist ein Beispiel für eine Weiterentwicklung, die wieder Exklusivität garantiert und für die ein sich selbst als Szenekern verstehendes Kollektiv zusammenkommt. Ich finde es spannend, wie sich dieses Event permanent transformiert und gegenüber anderen Formaten abgrenzt, wenngleich auch das Publikum eine wichtige Rolle spielt.

Dazu würde ich mit einem erweiterten und kulturwissenschaftlich orientierten Szenebegriff davon ausgehen, dass das Publikum selbst Bestandteil der Szene ist. Klassische Szenedefinitionen blenden das aus und ich finde, dass gerade auf diesen Festivals die Zusehenden besonders wichtig sind. Zudem sind die Szenemitglieder – nach der klassischen Definition – bei manchen Formaten innerhalb des Festivals selbst wieder Publikum oder Ko-Produzierende. Das heißt, dass es auch in diesem Bereich wechselnde Rollen gibt, und ich finde es wichtig, da genauer hinzusehen.

SM: Ich muss sagen, dass ich mich bislang nicht damit beschäftigt habe, woher der Szenebegriff eigentlich kommt. Meine spontane Assoziation wäre jetzt, nach dem, was du gesagt hast, eine Verbindung zum Theater. Und das Publikum gehört ja ganz zentral zu den Bestandteilen von Theater, meine ich. Je nach Definition oder Verständnis von Theater ist das Publikum nicht zwangsläufig etwas, das nur außen vor ist, sondern da gibt's ja Wechselwirkungen.

MT: Ja, dass es diese Wechselwirkungen und die wechselnden Rollen gibt, sagen auch viele Studien aus der Ritualforschung oder aus der Framing Theorie, die sich auf Gregory Bateson bezieht. Ich glaube, dass gerade kulturwissenschaftliche Forschung diese Phänomene, diese Wechselwirkungen und wechselnden Rollen, sehr gut zeigen kann. Diese gehen nämlich in den eher systematischen, modellhaften Überlegungen der Soziologie meistens nicht auf, und die Zusammenhänge werden häufig nicht richtig abgebildet.

Du hast vorhin ja auch die Kanonisierung angesprochen: Diese findet in Leipzig auf jeden Fall statt. Das Festival in Leipzig ist ein geradezu paradigmatisches Beispiel für ein hybrides Event, an dem man sehen kann, dass man mit der Differenzierung zwischen Hoch- und Populärkultur gar nicht so weit kommt. Es gibt beispielsweise einen Szene-Gottesdienst, Ausstellungen, die haben Museen geöffnet und so. Das bedeutet, es werden „klassische hochkulturelle Angebote" in das Festival eingespeist und auch von vielen Akteuren genutzt. Es handelt sich wirklich um ein sehr hybrides, vielschichtiges Event.

SM: Auf mich macht das den Eindruck, als seien solche Szenen sehr fluide, als wären sie durch diese ständige Aushandlung immer in Bewegung. Wie kommt man denn da forschungsmäßig eigentlich hinterher? Erzählt man dann nicht eigentlich immer etwas, das schon wieder vorbei ist? Wie geht man damit um?

MT: Man darf bei aller Fluidität und Transformation nicht übersehen, dass es natürlich viele stabile Elemente gibt, die genauso interessant sind. Ein Fach, das sich für Transformation und Veränderung, eben die dynamische Seite von Kultur interessiert, übersieht manchmal diese stabilen, *Longue durée*-Aspekte von Kultur.

Auf der anderen Seite ist die Herausforderung natürlich, die Veränderungsprozesse überhaupt in den Blick zu nehmen, vor allem, wenn man „nur" für drei Jahre in Drittmittelprojekten forscht oder zwei Jahre Feldforschung durchführt. Eigentlich bräuchte es langfristigere Perspektiven, denn manche Veränderungen dauern ja sehr lange und wir sehen vielleicht nur kleine, im Wandel begriffene Mikroaspekte.

Längerfristige Forschung ist auch deshalb relevant, weil man darüber viel über gesellschaftliche Rahmenbedingungen herausfinden kann. Ich habe zum Beispiel gerade für einen Vortrag einen Bericht aus München aus der Mitte der 1990er Jahre analysiert, in dem es um Okkultismus in der Gothic-Szene geht. Das ist gerade einmal gut zwanzig Jahre her – zu einem Zeitpunkt, zu dem die Szene schon einigermaßen gut stabilisiert war.

Diese Reportage ist aus heutiger Sicht wunderbar irritierend, weil sie skandalisierend berichtet – im Stil von „Satanismus und Okkultismus greifen um sich und gefährden die Jugend" und „Wir müssen das jetzt stoppen". Dagegen sprechen die interviewten Szene-Akteure sehr nüchtern und distanziert. Die Skandalisierung findet hauptsächlich durch die Reportage selbst statt. Diese Reportage ist ein spannendes Zeitdokument, da man durch Quellen begründet annehmen kann, dass bereits in den 1990er Jahren viele Akteure eher spielerisch sowie mit Distanz und kritischer Reflexion mit Satanismus umgegangen sind.

In den heutigen Interviews ist die Bedeutung dieser Symbole häufig ambivalent und sie haben vielfach eine rein ästhetische Funktion, werden also nicht mehr gegenkulturell oder provozierend eingesetzt wie in der Anfangsphase von Gothic. Ich finde es interessant, wie schnell sich die Bedeutung und die gesellschaftliche Bewertung von Zeichen verändern, wenn man sich die Entwicklung etwas großräumiger ansieht. Ich würde mal behaupten, dass heute ein umgedrehtes Kreuz und das Hören eines Songs mit Satan als Thema nicht mehr zu provozieren vermag.

SM: Ja, das liegt wahrscheinlich daran, dass heute einfach andere Themen als Gefährdungspotential aufgegriffen werden.

MT: Ja, unbedingt.

SM: Ich glaube, heute sind es eher Gewalt und rechtes Gedankengut, die diskutiert werden. Wenn ich an Populärkultur denke, fallen mir dazu zum Beispiel bei den Games die Shooterspiele ein.

MT: Oder die Frage nach Rassismus und Extremismus, die auch in der Populärkultur ein großes Thema ist. Ein aktuelles Beispiel dafür ist die Debatte um die Echo-Nominierung von Farid Bang und Kollegah.

SM: Ja, und die Frage ist dann, warum werden eigentlich solche Szenen als gefährdend betrachtet? Könnte das möglicherweise mit dieser Gemeinschafts- und Abgrenzungsbewegung zusammenhängen?

MT: Ich würde eher argumentieren, dass eine wichtige Logik von Szenen darin besteht, dass sie in manchen Punkten nicht sichtbar agieren für die „Mehrheitsgesellschaft" oder für den „Mainstream". Dadurch entstehen außerhalb der Szenen Wissenslücken, die Raum für Imaginationen zulassen.
   Eine These in Bezug auf die Bedeutung von Symbolen wäre in diesem Zusammenhang, dass in einem gesamtgesellschaftlichen Diskurs Symbole eindimensional und nicht in ihrer Vieldeutigkeit gesehen und verstanden werden. Zum Beispiel argumentiert die angesprochene Reportage aus der Mitte der 90er Jahre bezogen auf das Pentagramm: „Es ist Okkultismus und Satanismus!" Symbole sind jedoch vieldeutig und werden von Akteuren unterschiedlich gelesen. Wenn auf einem der Festivals jemand ein rechtes Symbol trägt, kann das sowohl heißen, dass die Person dessen ideologische Bedeutung ernst nimmt, als auch, dass sie dies als absolute Brechung und Provokation nutzen möchte.
   Ich finde, dass unser Fach über wirklich gute methodische Instrumente verfügt, um diese Vieldeutigkeit herauszuarbeiten, was viele Arbeiten gezeigt haben,

zum Beispiel ein schöner Beitrag von Michi Knecht zu den Ansätzen einer ethnologischen Symboltheorie. Ein differenzierter Blick auf den Gegenstand ist das, was die Populärkulturforschung meiner Meinung nach auszeichnet. Das soll aber gleichzeitig keineswegs die Radikalisierung und Ideologisierung von Symbolen und populärer Kultur verharmlosen. Ich denke, das Fach hat hier auch einen wichtigen politischen Auftrag. Wir müssen uns da – bei aller wissenschaftlichen Distanz – positionieren.

SM: Was mich abschließend noch interessieren würde, betrifft die Bedeutung der Populärkulturforschung in unserem Fach. Mein bisheriger Eindruck war, dass diese oftmals als vernachlässigte oder belächelte Nische betrachtet wird.

MT: Diesen Eindruck würde ich nicht bestätigen, denn eigentlich betreiben wir alle, je nach definitorischem Zugang, mehr oder weniger Populärkulturforschung. Das ist jetzt vielleicht radikal formuliert. Zudem habe ich den Eindruck, dass gerade bei vielen jüngeren Kolleginnen und Kollegen sowie bei Studierenden ein großes Interesse für den Gegenstand besteht. Außerdem sind nach meiner Wahrnehmung beeindruckende Arbeiten in den letzten Jahren entstanden. Man denke zum Beispiel an Christoph Bareithers Arbeit zu Computerspielen [Anm.: „Gewalt im Computerspiel. Facetten eines Vergnügens"]. Daneben wurde vor einigen Jahren die dgv-Kommission „Kulturen populärer Unterhaltung und Vergnügung" gegründet. Das zeigt, dass in diesem Bereich in gewisser Weise eine Institutionalisierung stattfindet, die das Gebiet zusätzlich anschiebt.

Ich finde Populärkulturforschung äußerst notwendig, insbesondere, wenn man sich ansieht, wie Ausschnitte populärer Kultur ideologisiert, instrumentalisiert und politisiert werden und welch große Rolle das in der Gestaltung unserer Alltagskultur spielt.

Man muss sich nur einmal klassisch anschauen: die Nutzung von *Facebook*; wie viel sehen Menschen – nach wie vor – am Tag fern; wie nutzen sie soziale Medien, die ganzen neuen Plattformen wie *Instagram* und so weiter? Wie prägt all das Jugendkulturen, Selbstbilder, Genderbilder, politische Einstellungen und so weiter? Darin zeigt sich doch ein enormer Einfluss populärer Kultur, egal, wie man diese nun definieren mag. [...]

Eine vorsichtige These habe ich vielleicht noch als Coda zum Gespräch, welche sich auf eine Beobachtung in der universitären Wahrnehmung bezieht, die ich interessant finde: Ich habe immer noch den Eindruck, dass Populärkulturforschung in gewisser Weise einem Rechtfertigungsdruck ausgesetzt ist. Grund hierfür ist, würde ich sagen, dass in der akademischen Welt immer noch die Differenzierung greift, über die wir eingangs gesprochen haben: Populärkultur ist in Abgrenzung von Hochkultur etwas irgendwie Verdächtiges und Minderwertiges.

Daraus folgend habe ich den Eindruck, dass man, wenn man über Populärkultur forscht, immer noch ein bisschen mit dieser, drastisch formuliert, „Stigmatisierung" konfrontiert ist. Die Beschäftigung mit anderen Themen wird dagegen als seriöser aufgefasst. Darin besteht, glaube ich, ein Problem und vielleicht auch eine Chance. Auf jeden Fall ist dies ein Punkt, zu dem man sich in der akademischen Welt positionieren muss.

Beyoncé Knowles in Formation // Pop als ästhetische Gesellschaftskritik

Simone Egger

„What happened at the New Wil'ins?
Bitch, I'm back by popular demand

Y'all haters corny with that Illuminati mess
Paparazzi, catch my fly, and my cocky fresh
I'm so reckless when I rock my Givenchy dress (stylin')
I'm so possessive so I rock his Roc necklaces
My daddy Alabama, Momma Louisiana
You mix that negro with that Creole make a Texas bama
I like my baby heir with baby hair and afros
I like my negro nose with Jackson Five nostrils
Earned all this money but they never take the country out me
I got a hot sauce in my bag, swag."[1]

Superbowl // Showtime

Mit etwa 112 Millionen Zuschauer_innen war die Halbzeitshow des Superbowl 50 am 7. Februar 2016 die meist gesehene Fernsehübertragung des Jahres in den USA. Seit den 1960er Jahren ist das Endspiel um die Meisterschaft der US-amerikanischen Profi-Football-Liga *NFL* eine Angelegenheit von nationaler Wichtigkeit. Werbeanzeigen bei dieser Sportveranstaltung der Superlative erzielen Höchstpreise. Entsprechende Bedeutung kommt auch den Künstler_innen zu, die zwischen den beiden Halbzeiten des Football-Matches auftreten. In der Vergangenheit waren das unter anderem Michael Jackson oder Justin Timberlake, Janet Jackson, Katy Perry, Lenny Kravitz und andere US-amerikanische Superstars.[2] Die Dramaturgie setzte auch 2016 auf einem Level an, das nur schwerlich zu übertreffen war. Mit Chris Martin von der Band *Coldplay* und Bruno Mars eröff-

---

1   Knowles, Beyoncé: Formation (auf dem Album „Lemonade". USA 2016). Songtext online unter: http://www.songtexte.com/songtext/beyonce/formation-536adff1.html (Stand: 18.9.2016).
2   Vgl. http://www.nfl.com/superbowl/history/entertainment (Stand: 2.1.2017).

neten zwei Acts die Show, die kaum populärer sein könnten. Und doch nahmen sie lediglich die Rolle der Anheizer ein, die den Auftritt von Beyoncé Knowles vorbereiteten, ja bestenfalls flankierten.[3] Die Künstlerin betrat den Rasen des Stadions mit Lederjacke und goldenen Patronengürteln, wie sie Michael Jackson in den 1980er Jahren getragen hatte. Tänzerinnen in Afrolook begleiteten die Sängerin, ausstaffiert mit schwarzen Lederoutfits und schwarzen Baretts. Ihre Outfits zitierten die in den 1960er Jahren gegründete Black-Panther-Bewegung, die sich bis heute für die Rechte von Afroamerikaner_innen einsetzt. Die Designer Dean und Dan Caten von *Dsquared2* wollten Beyoncé auf dieser Bühne bewusst als Kriegerin stilisieren, als Kämpferin, die sich und ihre Entourage in Formation bringt.[4] Die Performance basierte im Wesentlichen auf der neuesten Veröffentlichung der Künstlerin: „Formation, a track (and video) that spoke to the Black Lives Matter movement, the governmental response to Hurricane Katrina, the politics of black women's hair, family history, and her own fractured relationship with the American South. You'd be hard pressed to find a pop song that's said so much in just 4.52 minutes."[5]

Der Philosoph Jacques Rancière setzt sich mit der Frage auseinander, welche Bedeutung der Kunst in der Gegenwart zukommt, was für Positionen sie besetzt, wie sie vorgeht und welche Formen des Ausdrucks sie findet. Rancière denkt über klassische Formen bildender Kunst nach und verweist analog auch auf zeitgenössische Darstellungs- und Herangehensweisen wie zum Beispiel Performances. In den künstlerischen Äußerungen der heutigen Zeit sieht er eine Transformation von Praktiken, mit der sich nicht zuletzt auch die Bedeutungsebenen verschieben. „Was die Künstler mit Wörtern, Fotos, Bildern, Videos, Installationen machen, zielt sehr oft nicht mehr darauf ab, ein Kunstwerk als solches zu schaffen, sondern ein regelrechtes System von Dokumentation, Information und von Konstruktion der Sichtbarkeit und Denkbarkeit der Welt."[6]

---

3   Vgl. den Songtext zu Knowles, Formation; Beyoncé steigert den Umsatz von Fischrestaurant. In: BR Puls, 10.2.2016. Online unter: http://www.br.de/puls/musik/aktuell/musiknews-beyonce-steigert-den-umsatz-von-essen-100.html (Stand: 2.1.2017); Beyoncé & Bruno Mars Crash the Pepsi Super Bowl 50 Halftime Show / NFL. In: YouTube, 11.2.2016. Online unter: https://www.youtube.com/watch?v=SDPITj1wlkg (Stand: 2.1.2017).
4   Vgl. Beyoncé performt in der Super Bowl Halbzeit. In: Vogue, 8.2.2016. Online unter: http://www.vogue.de/people-kultur/people-news/people-news-beyonce-performt-in-der-super-bowl-halbzeit (Stand: 2.1.2017).
5   Seyfret, Wendy: The story of Messy Mya, the Tragic Voice on Beyoncé's New Track. In: Vice, 9.2.2016. Online unter: https://i-d.vice.com/en_us/article/the-story-of-messy-mya-the-tragic-voice-on-beyoncs-new-track (Stand: 18.9.2016).
6   Rancière, Jacques: Politik und Ästhetik im Gespräch mit Peter Engelmann. Wien 2016, 98.

Nach dem Auftritt beim Superbowl waren die Reaktionen der US-Amerikaner_innen zweigeteilt: Während Beyoncés Positionierung von liberaler oder, politisch gefasst, demokratischer Seite in Mode-, Musik- und Lifestyle-Magazinen großen Beifall erhielt, antworteten vor allem konservative Medien und republikanische Kreise mit einem Aufschrei. Manche argumentierten, politische Statements hätten per se nichts bei einer Sportveranstaltung verloren, andere störten sich daran, dass die Künstlerin ihr Schwarzsein betone und damit, so die ins Feld geführte Logik, überhaupt erst Rassismus heraufbeschwöre. Der konservative US-amerikanische Nachrichtensender *Fox News* berichtete in der Woche nach dem Auftritt:

> „Five days after Beyoncé's Super Bowl half-time show in which dancers were clad in Black Panther inspired costumes and one dancer held up a ‚Justice 4 Mario Woods' sign, the controversy continues to grow. There's an anti-Beyoncé protest rally in front of the NFL headquarters planned for Feb. 16, a Boycott Beyonce sign-up page, and a social media hashtag #boycottBeyonce that people are using when addressing the performance – from both sides of the issue."[7]

Die Fernsehshow der Superlative bildete den Auftakt von Beyoncés Welttournee. In ihrem Beitrag auf *Fox News* zitierte die Journalistin Rita Falzone aber auch andere Stimmen. Bobby Hall, ein junger US-Amerikaner, etwa twitterte: „Beyoncé used her celebrity 2 highlight #blacklivesmatter and people want to #BoycottBeyonce? Ridiculous. Good for her for using her platform!"[8] Selbst die Bürgerrechtlerin und Sozialwissenschaftlerin Angela Davis kommentierte den Auftritt: „‚I can say that I am happy that Beyoncé decided to do this evocative performance', she said, referring to Beyoncé's Super Bowl tribute to the Black Panther Party. ‚I embrace the fact that there is a broad conversation that was staged by that performance.'"[9]

---

7   Falzone, Diana: Backlash to Beyonce's Super Bowl performance continues to grow. In: Fox News, 12.2.2016. Online unter: http://www.foxnews.com/entertainment/2016/02/12/backlash-to-beyonce-super-bowl-performance-continues-to-grow.html (Stand: 2.1.2017).
8   Hall, Bobby (@BobbyTBD): Kommentar. In: Twitter, 9.2.2016, zit. n.: Fox News, 12.2.2016. Online unter: http://www.foxnews.com/entertainment/2016/02/12/backlash-to-beyonce-super-bowl-performance-continues-to-grow.html (Stand: 2.1.2017).
9   Gilmore, Saleem: Angela Davis talks about Black Lives Matter, Beyoncé and feminism. In: Oakland Voices, 14.3.2016. Online unter: http://oaklandvoices.us/angela-davis-talks-black-lives-matter-beyonce-feminism/ (Stand: 18.9.2016).

Simone Egger

Kulturanalyse // Rhythm and Soul

„Urbanism as a characteristic mode of life may be approached empirically from three interrelated perspectives", erklärt der US-amerikanische Stadtforscher Louis Wirth,

> „(1) as a physical structure comprising a population base, a technology, and an ecological order; (2) as a system of social organization involving a characteristic social structure, a series of social institutions, and a typical pattern of social relationships; and (3) a set of attitudes and ideas, and a constellation of personalities engaging in typical forms of collective behaviour and subject to characteristics mechanism of social control […]."[10]

Analytisch betrachtet, lassen sich diese Ebenen idealtypisch auseinanderdividieren, wie Wirth betont, muss es in einer Untersuchung aber immer um die Verbindung der einzelnen Facetten gehen. Dieses Verständnis von Urbanität lässt sich am Exempel eines urbanen Musikstils illustrieren. Hip-Hop ist ein Phänomen, das in den 1980er Jahren in New York von afroamerikanischen Jugendlichen, Künstler_innen und Musiker_innen entwickelt wurde und zu dem Zeitpunkt sowohl auf deren individueller Kreativität als auch auf den strukturellen Ungleichheiten der Stadt basierte. Zu dieser kulturellen Spielart – die Grundformen ihres Ausdrucks sind Graffiti, Rap, DJing und Breakdance[11] – gehören ästhetische Qualitäten ebenso wie soziale Bedingungen, es geht um Performanz und Segregation, um Netzwerke, Stile und Straßen, öffentliche und private Räume, um Ideenreichtum und Farbe, um Akteur_innen, Strategien der Aneignung, Teilhabe, Provokation und Sichtbarkeiten. Hip-Hop ist als Geflecht von Einflüssen und Interpretationen entstanden und auch nur auf diese Weise zu verstehen, eine zentrale Praxis ist die Methode des Samplings, des Ausfindig-Machens, Herausfilterns, Aneignens und Übersetzens von Sequenzen aus Noten, Rhythmen, Texten und Bildern. Was mit der Entwicklung digitaler Soft- und Hardware jeder/jedem grundsätzlich möglich ist, hat sich aus einer analogen Suche nach Zitaten entwickelt. „Digging in the Crates" meint sowohl den Vorgang als auch die Auseinandersetzung mit musikalischen Biografien, einer afroamerikanischen Geschichte, ihren Werten etc.[12]

---

10 Wirth, Louis: Urbanism as a Way of Life. In: Gmelch, George/Zenner, Walter P. (Hg.): Urban Life. Readings in the Anthropology of the City. Prospect Heights. Illinois 2002, 65-82, hier 77.
11 Vgl. Klein, Gabriele/Friedrich, Malte: Is this real? Die Kultur des HipHop. Frankfurt am Main 2003, 14-16.
12 Vgl. Schloss, Joseph G.: Making Beats: The Art of Sample-Based Hip-Hop. Middletown, Connecticut 2014.

Aus ethnografischer Sicht besteht die Herausforderung bei der Beschäftigung mit diesem und anderen Phänomenen nun darin, Punkte und Linien auf unterschiedlichen Ebenen zu sehen, zusammenzudenken, zu dekonstruieren und in Gestalt einer Publikation, eines Films oder von etwas anderem aufzuschlüsseln, darzulegen, nach Möglichkeit aber ohne – und das ist die Kunst der Analyse – dabei die Aura von Feld und Gegenstand zu negieren. Für den Band „Signifying Rappers" machte sich der Schriftsteller David Foster Wallace gemeinsam mit seinem Freund und Mitbewohner Mark Costello, der sich wie er selbst schon in den Anfangsjahren für Rap begeisterte, bereits Ende der 1980er Jahre darüber Gedanken, was dieses Genre im Kern ausmacht. „Trotz all der aufregenden Innovationen und Transformationen des Rap besteht seine gewaltige Qualität für uns letztlich darin, dass er das erste Popgenre ist, das sich einer eigenartigen amerikanischen Verzweiflung stellt, einer Verzweiflung für die populäre Musik, vielleicht populäre Kunst überhaupt, nicht länger ein Palliativ sein kann."[13]

Der deutsche Untertitel von Foster Wallace' und Costellos Buch lautet: „Warum Rap, den Sie hassen, nicht Ihren Vorstellungen entspricht, sondern scheißinteressant ist und wenn anstößig, dann bei dem, was heute so abgeht, von nützlicher Anstößigkeit."[14] In der englischen Originalfassung ist die Rede von „Rap and Race in the Urban Present", der deutsche Text ist an den Titel des Essays angelehnt, den David Foster Wallace schreiben sollte, bevor die Arbeit an der Frage in eine dialektische Auseinandersetzung mit Costello überging.[15] Wenngleich es offenbar nicht so viele Gemeinsamkeiten zwischen beiden Autoren gab, einte sie die Faszination für Rap, seine Bezugssysteme, die Ästhetik und vor allem dessen ungeheure Sprengkraft. Ihre eigene Position als Angehörige einer weißen Mittelschicht, die sich für ein Phänomen interessieren, das in dieser Phase mehrheitlich von afroamerikanischen Akteur_innen getragen wurde, ist ein durchgehender Topos ihrer Reflexion. Bei der Beschäftigung mit Rap geht es nicht um Exotismus und auch nicht um ein permanentes Erschaudern ob dem Gang in eine *andere* Lebenswelt. Vielmehr sind Foster Wallace und Costello überzeugte Fans, die das von ihnen verehrte und bewunderte Feld, das sich einer kulturellen Hegemonie beständig entzieht, studieren und auf der Grundlage ihrer ethnografischen Recherchen den Versuch wagen, Rap als ästhetische Praxis und politische Kunst auszuloten.

---

13 Foster Wallace, David/Costello, Mark: Signifying Rappers. Warum Rap, den Sie hassen, nicht Ihren Vorstellungen entspricht, sondern scheißinteressant ist und wenn anstößig, dann bei dem, was heute so abgeht, von nützlicher Anstößigkeit. Köln 2014, 178.
14 Ebd.
15 Costello, Mark: Vorwort. In: Foster Wallace/Costello, Signifying Rappers, 5-22, hier 13.

Simone Egger

„Lemonade" // Das Kunstwerk

Im April 2016 ist – nicht nur sprichwörtlich – über Nacht ein neues Album erschienen. Ohne Ankündigung, einziger Vorbote war der Track „Formation", ohne Werbung und Promotionstermine stand „Lemonade" von Beyoncé Knowles unvermittelt auf der Webseite des US-amerikanischen Streamingdienstes *Tidal*, ein Unternehmen, das ihr selbst und ihrem Ehemann, dem Rapper und Musikproduzenten Jay-Z sowie anderen Musiker_innen gehört, exklusiv zum Download zur Verfügung – nachdem es bei dem US-amerikanischen Bezahlfernsehsender *HBO* präsentiert worden war.[16] Schon das vorhergehende Album, das in diesem Umfeld entstanden ist, wurde derart in Szene gesetzt, ebenso „The Life of Pablo" von Kanye West.[17] Zu der Musik von Beyoncé ist gleichzeitig ein Film erschienen, gewissermaßen die *extended version* eines Musikvideos. Diese Praxis erinnert ebenfalls an Prince oder Michael Jackson. Mit der audiovisuellen Form der Präsentation und der Stilisierung ihrer Person auf medialen Plattformen erreicht Beyoncé mit ihren Äußerungen eine Komplexität, die über eine aufgesplittete Klassifizierung in Bild, Text, Content, Marketing weit hinausgeht. Der Film beispielsweise bringt alles zusammen, beinhaltet darüber hinaus bereits seine Rezeption und ist damit in seiner Anlage kaum zu fassen. Gängige zeitgenössische Formate lässt diese Produktion hinter sich. Hier geht es nicht um einen Clip, der exklusiv im digitalen oder analogen TV läuft oder ein preiswertes *YouTube*-Video à la DIY, sondern um die medial vermittelte High-End-Variante einer künstlerischen Aneignung der gesellschaftlichen und politischen Realität in den USA. Wesentlicher Bezugspunkt ist dabei die Figur der Künstlerin, ihre Inszenierung, Stilisierung, Praxis und Performativität.

Der Titel von Film und Album, „Lemonade", ist dabei nicht zufällig gewählt, sondern lässt sich auf eine bekannte Redewendung in der englischen Sprache zurückführen. „When life gives you lemons, make lemonade."[18] Am Ende des Tracks „Forward" sagt die Großmutter von Jay-Z, einem der erfolgreichsten Musiker der USA, im Rückblick auf ihre Biografie: „I had my ups and downs. But when life served me lemons, I made lemonade."[19] „Sharing her grandmother's own lemona-

---

16 Vgl. Weber, Sara: Beyoncé soll Musikfans von Spotify weglocken. In: Süddeutsche Zeitung, 25.4.2016. Online unter: http://www.sueddeutsche.de/digital/musik-streaming-tidal-will-mit-beyonce-musikfans-von-spotify-weglocken-1.2930596 (Stand: 2.1.2017).
17 Vgl. Ebd.
18 „Wenn das Leben dir Zitronen gibt, mach Limonade draus."
19 Knowles, Beyoncé: Forward (auf dem Album „Lemonade"). USA 2016); Elder, Sajae: „When Life Gives You Lemons": A Thematic Breakdown of Beyoncé's Surprise Album „Lemonade". In: Noisey, 25.4.2016. Online unter: http://noisey.vice.com/blog/beyonce-jay-z-lemonade-music-video-track-review-2016 (Stand: 22.8.2016).

de recipe, Beyoncé makes it clear just how much power exists between generations of women, and is testament to the resilience of black women in times of both collective and individual struggle."[20] Gesampelt werden hier nicht nur Textpassagen, sondern auch die Familie, die Geschichte Amerikas und die Lebenswelt einer Afroamerikanerin im 20. und 21. Jahrhundert, ihre Erfahrungen mit Rassismus und Sexismus sowie ihr Ehrgeiz, trotz aller Widrigkeiten etwas aus sich zu machen. Im Hinblick auf „Lemonade" lässt sich durchaus von einem Schlüsselwerk sprechen. Album und Film deuten auf ein avantgardistisches Verständnis von Kunst und Musikindustrie. Wie Rancière konstatiert, sind viele „zeitgenössische Kunstformen [...] Formen des Verhältnisses zwischen unterschiedlichen Medien, die das Verhältnis zwischen einer visuellen Form, Wörtern und dem Denkregime, indem diese visuellen Formen und Wörter zusammengehen können, in Frage stellen. Man denke an all diese Formen, die versuchen Performances zu kommentieren und eine Aktion oder Performance in Bilder oder in Worte zu fassen."[21]

Das *Andere* oder *Innovative* daran wird in der Rezeption oft erst nach und nach wahrgenommen, weil es Kriterien folgt, die noch nicht eingeführt sind, und den Rahmen dessen, was möglich ist, zugleich nachhaltig erweitern. Dieses Nicht- oder Noch-nicht-Begreifen-Können eines anderen Zugriffs lässt sich auch in der medialen Debatte von „Lemonade" nachvollziehen. In der Wochenzeitung „Die Zeit" war in Bezug auf Film und Album unter anderem von einem „Zirkelschluss kultureller Aneignungen"[22] die Rede. Die Kategorien – schwarz, weiß, männlich, weiblich –, die in dem Artikel von Daniel Gebhardt nebeneinander verwendet werden, um zu interpretieren, was in Kollaborationen und mit Verweisen auf historische Prozesse in einer gesampelten und damit vielfach verknüpften Weise passiert, scheinen angesichts der Hybridität von Beyoncés Ausdruck geradezu anachronistisch. Die Analyse wird ihrem Gegenstand nicht mehr gerecht, weil sie zwar über die Position verfügt, darüber zu sprechen, aber die Sprache nicht mehr oder noch nicht spricht. Rancière, der die Bezugssysteme zeitgenössischer Kunst in den Blick nimmt, spricht von sich verändernden Verbindungen und auch davon, dass die Künstler_innen gleichzeitig „eine Art sinnlichen Gefüges"[23] kreierten. Übertragen auf Beyoncé geht es um eine Positionierung, in der individuelle wie kollektive Erfahrungen mit zeitgenössischen Fragen von Teilhabe und Gesellschaft und einer ästhetischen Praxis verschmelzen. „Ok, Ladies. Now let's get in formation!", heißt es schließlich im Titeltrack.

---

20 Elder, „When Life Gives You Lemons", 25.4.2016.
21 Rancière, Politik und Ästhetik, 98.
22 Gerhardt, Daniel: Beyoncé: Die Limonade danach. In: Die Zeit, 27.4.2016. Online unter: http://www.zeit.de/kultur/musik/2016-04/beyonce-lemonade-album (Stand: 2.1.2017).
23 Rancière, Politik und Ästhetik, 98.

Simone Egger

Positionierung // The *MTV Video Music Awards*

Wie unter anderem der britische „Guardian" berichtete, lud Beyoncé zu einer der zentralen Veranstaltungen der Musikbranche, den *MTV Video Music Awards 2016*, unter anderem eine Gruppe von Frauen, die alle das gleiche Schicksal teilen. Von Jay-Z und Beyoncé ist bekannt, dass sie als populäre afroamerikanische Künstler_innen die antirassistische Kampagne *#BlackLivesMatter* unterstützen, die sich nach dem gewaltsamen Tod von Trayvon Martin gegründet hat und sich seit 2012 „for the validity of Black life"[24] einsetzt. Auf der Internetseite heißt es über die Ziele der Initiative: „We are working to (re)build the Black liberation movement."[25] Zu Gast bei den *MTV Video Music Awards 2016* waren die Mütter von Michael Brown, Trayvon Martin, Oscar Grant und Eric Garner, vier unbewaffneten schwarzen Männern, die in der jüngsten Vergangenheit in den USA im öffentlichen Raum getötet worden sind. Die Frauen sind auch im Film „Lemonade" zu sehen.

> „All of their sons were killed by people who were armed, including police officers, transit officers and a volunteer neighborhood security worker. Activists have used their deaths as examples of racism, especially in policing. Before the show began, Beyoncé posed on the awards show's special white carpet with Brown's mother, Lesley McSpadden-Head; Martin's mother, Sybrina Fulton; Grant's mother, Wanda Johnson and Garner's mother, Gwen Carr."[26]

Auf ihrer Homepage, die in Stil und Gestaltung der Ästhetik zeitgenössischer Kunst entspricht, ist die *Formation World Tour* in Fotografien dokumentiert. Die Bilder aus Glasgow zeigen im Anschnitt eine Videowand, auf der die Namen derjenigen Afroamerikaner_innen aufgeführt sind, die in den vergangenen Jahren in den USA gewaltsam zu Tode gekommen sind.[27] „We are sick and tired",[28] war analog auch auf der Internetseite von Beyoncé in Form eines Statements zu lesen, als im Juli 2016 wieder ein Afroamerikaner zu Tode gekommen war. „We are sick

---

24 About the Black Lives Matter Network. Online unter: http://blacklivesmatter.com/about/ (Stand: 2.1.2017).
25 Vgl. Ebd.
26 Holpuch, Amanda: Beyoncé brings mothers of four black men killed in the US to MTV VMAs. In: The Guardian, 29.8.2016. Online unter: https://www.theguardian.com/culture/2016/aug/29/mtv-vmas-2016-beyonce-brings-mothers-of-four-black-men-killed-in-the-us-to-awards?CMP=fb_gu (Stand: 2.1.2017).
27 Vgl. http://www.beyonce.com/the-formation-world-tour-glasgow-24/ (Stand: 2.1.2017).
28 Vgl. http://www.beyonce.com (Stand: 7.7.2017); Renner Brown, Eric: Beyoncé on police brutality: „We are sick and tired of the killings". In: Enertainment Weekly, 7.7.2016. Online unter: http://ew.com/article/2016/07/07/beyonce-police-brutality-2/ (Stand: 2.1.2017).

and tired of the killings of young men and women in our communities. It is up to us to take a stand and demand that they ‚stop killing us.' We don't need sympathy. We need everyone to respect our lives. We are going to stand up as a community and fight against anyone who believes that murder or any violent action by those who are sworn to protect us should be consistently go unpunished."[29]

Dass Beyoncé ihren Status und ihre Sprache als Popstar einsetzt, um damit eine direkte Botschaft zu vermitteln, stößt auf Zuspruch, aber auch auf Ablehnung. Ein Argument, das angeführt wird, ist, dass sie sich und ihre Weiblichkeit lediglich auf einer ästhetischen Oberfläche als politisches Subjekt positioniert, das heißt, die Kritik bezweifelt die *Authentizität* ihrer Aussagen.

„Schon als Beyoncé im Februar mit Formation einen Vorabsong aus Lemonade herausbrachte und ihn bei einem Superbowl-Auftritt in einer Rundumschlag-Hommage an Malcolm X, Black Panthers und Black Lives Matter zelebrierte, stellten viele Rezensionen ihre Befugnis zur politischen Äußerung infrage. Zu brav sei diese stets gefasste, stets makellose Sängerin immer gewesen. Ihre Neuerfindung als Bürgerrechtlerin markiere lediglich einen weiteren Versuch, den Zeitgeist zu melken. Diese Kritik hängt einem seit jeher zweifelhaften Bild von Beyoncé als früheres Teen-Pop-Sternchen und spätere Vorzeigeehefrau nach – als ob sich die Aussageabsichten und die künstlerische Schaffenskraft einer Frau mit Mitte Dreißig nicht mehr weiterentwickeln könnten. Das Große an Lemonade ist gerade seine Bereitschaft zur Versöhnung. Beyoncé biedert sich nicht bei etablierten Protestbewegungen an, sondern zeigt eine mögliche neue Richtung für deren musikalisches Begleitprogramm auf. Ist sie dem Zeitgeist damit sogar voraus? Noch nicht alle scheinen für Lemonade bereit zu sein."[30]

Die Bewegungen und Kostüme von Beyoncé, ihre Shows und Selbststilisierungen spielen mit der Rolle als Subjekt der Begierde, als Projektionsfläche ohne Widerständigkeit. Als Beispiel für sexualisierte schwarze Körper von Frauen, die in erster Linie als libidinöse Objekte gesehen werden, nennt die Physikerin und Kulturwissenschaftlerin Barbara Kirchner die Gruppe *TLC*.[31] Beyoncé war vor ihrer Solokarriere selbst Mitglied von *Destiny's Child* und ist in dieser Rolle auch als Vorgruppe von *TLC* aufgetreten. Mit dem Song „Unpretty" haben auch die Musiker_innen von *TLC* einmal versucht, eine inhaltliche Message abseits von Idealen zu transportieren, sind damit aber an ihrem selbst hergestellten und ebenso stimmlos wahrgenommenen Äußeren gescheitert. Die Zurschaustellung stum-

---

29 http://www.beyonce.com (Stand: 7.7.2017).
30 Gerhardt, Beyoncé.
31 Kirchner, Barbara: C-Mail oder Die Sozialisierung der Biochemie durch Popmusik. In: Bonz, Jochen (Hg.): Sound Signatures. Pop-Splitter. Frankfurt am Main 2001, 291-305, hier 292.

mer afroamerikanischer Frauen, die sich auf einen Unterhaltungswert reduzieren lassen, wird in der Öffentlichkeit als *normal* aufgefasst. Lange hat Beyoncé vor allem über Begehren gesungen: „If you liked it then you should have put a ring on it",[32] lautet einer ihrer eingängigsten Refrains.

Auf einer narrativen biografischen Ebene agiert die Sängerin auf „Lemonade" als Ich-Erzählerin, die Rede ist von einer Beziehungskrise, in den Songs werden Betrugsvorwürfe laut. Das Publikum versuchte nach dem Erscheinen des Albums mit voyeuristischer Begeisterung herauszufinden, mit wem Beyoncé nun betrogen worden war. Dass es sich dabei um einen artifiziellen Strang des Erzählens handeln kann, spielt dabei keine Rolle. Ihre Positionierung als weibliche Künstlerin und Familienmitglied ist auch in den Medien ein wiederkehrendes Thema.

> „Die Rezeption von Lemonade streift ähnliche Fragen, denn natürlich steckt große Symbolkraft in Beyoncés öffentlich ausgebreiteter Ehekrise. Der begleitende Film beschwört diese Symbolkraft selbst: Männer sind weitgehend abwesend, stattdessen zeigt er Gruppen schwarzer Frauen, vereint im gemeinsamen Feiern, Tanzen und Trauern. Ein Ausschnitt aus einer Rede von Malcom X erklingt: ‚The most disrespected person in America is the black woman', heißt es darin."[33]

Auch die Mütter der ermordeten Afroamerikaner werden als Beispiel angeführt. Dass auf dem gesamten Album ebenso Männer angerufen werden und der Song „Daddy Lessons" sogar explizit auf die Beziehung zu einer Vaterfigur eingeht, ist aus dieser Sicht nicht Bestandteil der Interpretation.

Ästhetische Praxis als Gesellschaftskritik

„Die politische Dimension des Ästhetischen hat in meinem Denken eine wichtige Rolle gespielt",[34] sagt Rancière.

> „Die Ästhetik ist nicht die Theorie der Kunst, die Theorie des Schönen, die Betrachtung des Schönen. ‚Ästhetik' definiert sich zuallererst als eine Weise der Erfahrung eines Sinneszustands, der die Hierarchien, die die Sinneserfahrung normalerweise organisieren, aufgegeben hat, etwa die Hierarchie zwischen der Sinnlichkeit, die emp-

---

32 Knowles, Beyoncé: Single Ladies (auf dem Single-Album „Single Ladies [Put a Ring on It]. USA 2008). Songtext online unter: http://www.songtexte.com/songtext/beyonce/single-ladies-put-a-ring-on-it-43cadb27.html (Stand: 2.1.2017).
33 Gerhardt, Beyoncé.
34 Rancière, Politik und Ästhetik, 37.

fängt, und des Verstandes, der organisiert, oder der Intelligenz, die bestimmt, und den Händen, die gehorchen."[35]

Es zählt zum Wesen der Kunst, sich neu zu erfinden oder anders zu definieren. Mit „Lemonade" ermächtigt sich Beyoncé als popkulturelles Subjekt gewissermaßen selbst. Die Rede von Black Power kommentiert eine Form von Empowerment. Das sichtbare Aktivieren ihrer Macht (91.172.114 Millionen Abonnent_innen auf *Instagram*[36]), um Aussagen zu treffen, irritiert offensichtlich. Barbara Kirchner kommt in ihren Ausführungen jedoch zu dem Schluss, dass „nur ein Selbst, das, außer (selbstverständlich) artifiziell außerdem radikal äußerlich, *oberflächlich, funktionalisiert, instrumentell, situativ* und *okkasionell* ist, mitsamt den dazugehörigen Identity politics, […] ein politisches [wird] sein können"[37].

Positionierungen lassen sich dabei nicht nur mittels Äußerungen vornehmen, die außerordentliche Qualität von „Lemonade", die Sprengkraft von Film und Album, manifestiert sich nicht zuletzt in der Setzung *des Politischen* durch Beyoncés ästhetische Praxis. Wie der Kultursoziologe Andreas Reckwitz meint, birgt diese ästhetische Praxis gleichwohl etwas, das deutlich über die soziale Praxis hinausgeht, sich von ihr geradezu emanzipiert. Ästhetische Praktiken folgen schließlich nicht dem Zirkelschluss der Zweck-Mittel-Rationalität, es geht um „Wahrnehmen und Empfinden und (gestalterisch-performatives) Handeln um ihrer selbst willen"[38]. Das Potenzial ist nun nicht an eine bürgerliche Mittelschicht geknüpft oder muss sich in hochkulturell konnotierten Formen ausdrücken, sondern kann sich zum Beispiel auch auf populäre Formen ästhetischer Vergnügungen oder erotisch-sexuelle Praktiken beziehen. Auf diese Weise kann sich eine neue Art der Gesellschaftskritik hervortun. Reckwitz spricht in dem Kontext ebenfalls von einer Formation, die sich einerseits auf die Herausbildung postfordistischer Arbeitsformen stützt und zum anderen auf den Möglichkeiten einer digitalen Kultur basiert. Die Kritik, die nun mittels ästhetischer Praktiken geäußert wird, muss dabei nicht explizit zur Sprache kommen, sondern liegt bereits darin begründet, dass „die Praxis selbst eine gegenüber dem formalen Rationalismus alternative Struktur besitzt"[39].

Die US-amerikanische Kulturwissenschaftlerin Angela Davis bezieht sich in ihren Texten immer wieder auf Malcom X, die Black-Panther- und die schwarze

---

35 Ebd.
36 Vgl. https://www.instagram.com/beyonce/?hl=de (Stand: 2.1.2017).
37 Kirchner, C-Mail, 304. Hervorh. im Original.
38 Reckwitz, Andreas: Ästhetik und Gesellschaft – ein analytischer Bezugsrahmen. In: Andreas Reckwitz; Sophia Prinz; Hilmar Schäfer (Hrsg.): Ästhetik und Gesellschaft. Grundlagentexte aus Soziologie und Kulturwissenschaften. Berlin 2015, 13-52, hier 44.
39 Ebd.

Bürgerrechtsbewegung, thematisiert Rassismus und Sexismus, nennt das System der Gefängnisse und die Praxis von Inhaftierungen eine Fortsetzung der Sklaverei.[40] Sozialkritik aber reicht an einem Punkt nicht weit genug. Selbst wenn all die von ihr notwendigerweise gesetzten Normen erreicht seien, so Reckwitz, sage das noch nichts darüber aus, ob die Gesellschaft nicht weiterhin Defizite aufweist.[41] Nach der Charta der Vereinten Nationen sind alle Menschen gleichgestellt, dennoch sind Rassismus und Sexismus in den USA, in Europa und den meisten anderen Teilen der Welt virulente Probleme. „Die Erfüllung sozial-moralischer Kriterien wie Gleichheit und Integration, aber auch Bürgerrechte oder soziale Anerkennung stellen aus der Sicht der ästhetischen Gesellschaftskritik nicht mehr und nicht weniger als die notwendigen Rahmenbedingungen dar, deren Sinn darin besteht, ästhetisch-selbstzweckhafte Praktiken des Arbeitens, des Konsums [...] etc. zu ermöglichen."[42]

Beyoncé transportiert ihre politische Haltung mittels expliziter Sozialkritik und zugleich über ihre ästhetische Praxis. Ihr Auftreten mit der afroamerikanischen Sportlerin Venus Williams, die sich immer wieder rassistischen und sexistischen Angriffen ausgesetzt sieht, steht dafür ebenso wie ihre glitzernden Kostüme, ihr Körper und eine Bühnenshow der Superlative. Gesellschaftskritik lässt sich nicht mehr nur in Gestalt einer Sozialkritik fassen, in der ästhetischen Praxis werden Bezugssysteme und Konstellationen erweitert und weitergedacht. Mark Costello und David Foster Wallace suchten im Rap nach diesen Möglichkeitsräumen, den lebensweltlichen Relationen, den Machtpositionen und Wissensbeständen, die mit dieser Musik aufgerufen und konterkariert werden. „Rap ist der selbstbewusste Selbstbewusstseins-Loop, an dem universitäre Feministinnen und Dekonstruktivisten ihre kindische Freude haben – und oft ist der Loop *genau da an der Oberfläche der Musik* und muss vom eifrigen Interpreten nicht wie Trüffeln ausgegraben werden, sondern ist vielmehr das Ergebnis vom vielen Graben des Rappers selbst."[43] Dieses „*offenkundig* Komplexe"[44] lässt sich nicht so einfach greifen, wie es aussehen mag. Auch möchten sich die entsprechenden Künstler_innen nicht schematisch analysieren lassen, halten nicht still, verhalten sich stattdessen ambivalent. Was für den *echten* Rap gilt, über den Foster Wallace und Costello sprechen, mag auch auf Beyoncé Knowles und ihre offenkundig überaus komplexe Formation zutreffen.

---

40 Vgl. Davis, Angela Y.: The Meaning of Freedom and other Difficult Dialogues. San Francisco 2012.
41 Reckwitz, Ästhetik und Gesellschaft, 44-45.
42 Ebd., 45.
43 Foster Wallace/Costello, Signifying Rappers, 151-152.
44 Ebd., 152.

„Okay, ladies, now let's get in formation, I slay
Okay, ladies, now let's get in formation
You know you that bitch when you cause all this conversation
Always stay gracious, best revenge is your paper

Girl, I hear some thunder
Golly, look at that water, boy, oh lord."[45]

---

45 Knowles, Formation.

Wir-Gefühle: Vergemeinschaftende Emotionspraktiken in Populärkulturen

Christoph Bareither

Populärkulturen – darunter auch Fan- und Subkulturen, die im Zentrum dieses Sammelbands stehen – zeichnen sich häufig durch Prozesse der intensiven Vergemeinschaftung aus.[1] Ein zentraler Aspekt dieser Vergemeinschaftungsprozesse sind Gefühle, Emotionen oder Affekte, die den Zusammenhalt von oftmals sehr heterogenen Akteur_innen prägen und durch die sich die Akteur_innen selbst als zusammengehörig empfinden. Ich werde dieses Phänomen „Wir-Gefühle" nennen – das allerdings vor allem, um zu argumentieren, dass solche Wir-Gefühle erst durch eine spezifische Form von Emotionspraktiken konstituiert und permanent aktualisiert werden. Diese Art von Emotionspraktiken bezeichne ich als *vergemeinschaftende* Emotionspraktiken. Es geht also nicht um die Behauptung, dass sich Akteursgruppen innerhalb von Populärkulturen durch einen ‚emotionalen Identitätskern' oder Ähnliches auszeichnen. Sondern es geht darum, *wie* Akteur_innen in Populärkulturen Wir-Gefühle routiniert herstellen und gestalten. Die Spezifik des folgenden Vorschlags in Abgrenzung zu anderen Perspektiven, die sich mit Vergemeinschaftungsprozessen innerhalb von Populär-, Fan- und Subkulturen auseinandersetzen, ist dabei der emotionspraxistheoretische Zugang.

---

1 Vgl. einführend zur Perspektive einer europäisch-ethnologischen Populärkulturforschung: Bareither, Christoph/Maase, Kaspar/Nast, Mirjam: Populäre Unterhaltung und Vergnügung als Forschungsfeld der Europäischen Ethnologie. In: Dies. (Hg.): Unterhaltung und Vergnügung. Beiträge der Europäischen Ethnologie zur Populärkulturforschung. Mit einem Vorwort von Hermann Bausinger. Würzburg 2013, 10-22; Maase, Kaspar: Populärkultur – Unterhaltung – Vergnügung. Überlegungen zur Systematik eines Forschungsfeldes. In: Ebd., 24-36; vgl. einführend in die Perspektive der Europäischen Ethnologie auf Subkulturen Lindner, Rolf: Subkultur. Stichworte zur Wirkungsgeschichte eines Konzepts. In: Berliner Blätter. Ethnographische und ethnologische Beiträge, 13 (1997), 5-12; vgl. einführend für die Perspektive der Europäischen Ethnologie auf Fankulturen die Beiträge in Frizzoni, Brigitte/Trummer, Manuel (Hg.): Erschaffen, Erleben, Erinnern. Beiträge der Europäischen Ethnologie zur Fankulturforschung. Würzburg 2016.

Vergemeinschaftung durch Verhalten

Dass Vergemeinschaftungsprozesse in Populärkulturen durch spezifische Verhaltensweisen der Akteur_innen mitgestaltet werden, ist keine neue Erkenntnis. Für die Europäische Ethnologie lässt sich als frühes Beispiel etwa Hermann Bausingers Schrift zu „Subkultur und Sprachen" von 1970 nennen.[2] Bausinger argumentiert darin, dass sprachliche Eigenheiten innerhalb von Subkulturen (gemeint sind nicht nur, aber auch populärkulturell orientierte Subkulturen) „Abwehr nach außen, Kohäsion nach innen" bewirken.[3] Und er weist darauf hin, dass sich Subkulturen oft durch „ein ausgeprägtes Wir-Gefühl"[4] auszeichnen und die gemeinsamen Erfahrungen einen „emotiven Zusammenhang"[5] unter den Angehörigen schaffen. Dieser Zusammenhang, so Bausinger, wird mitunter durch Sprache hergestellt: „[D]ie Wörter und Redewendungen [...] orientieren sich nicht ökonomisch am Sachzweck, sondern verfolgen auch und oft primär den Nebenzweck wechselseitiger Versicherung der Gemeinsamkeit."[6] Das *Wie* der sprachlichen Konversation arbeitet also an Wir-Gefühlen mit. Ähnliches lässt sich auch abseits von Sprache für verschiedene soziokulturelle Praktiken innerhalb von Populärkulturen beobachten: beispielsweise das Wie des Tanzens in bestimmten Musiksubkulturen, das Wie der Rezeption der Fans spezifischer Filmgenres, das Wie des Jubelns von Fußballfans – die Liste ließe sich lange fortsetzen. Kurzum: Das Wie routinierter Tätigkeiten in Populärkulturen ist konstitutiv für Prozesse der Vergemeinschaftung innerhalb derselben.

Um ein differenziertes Verständnis für solche Zusammenhänge zu erreichen, ist ein Rückgriff auf praxistheoretische Ansätze sinnvoll. Denn Praxistheorien interessieren sich für routinierte, historisch gewachsene und in permanente soziale Aushandlungsprozesse eingebundene Tätigkeiten (eben *Praktiken*) und sie stellen Denkwerkzeuge zur Verfügung, um diese besser zu verstehen.[7] Dabei schließen diese Tätigkeiten sowohl körperliches Handeln, Denken, sinnliches Wahrnehmen

---

2 Bausinger, Hermann: Subkultur und Sprachen. In: Jahrbuch des Instituts für deutsche Sprache, 5 (1970), 45-62.
3 Ebd., 53.
4 Ebd., 52.
5 Ebd., 54.
6 Ebd., 57.
7 Einige exemplarische Einführungen finden sich bei Hörning, Karl H./Reuter, Julia: Doing Culture. Kultur als Praxis. In: Dies. (Hg.): Doing Culture. Neue Positionen zum Verhältnis von Kultur und sozialer Praxis. Bielefeld 2004, 9-19; Reckwitz, Andreas: Grundelemente einer Theorie sozialer Praktiken. Eine sozialtheoretische Perspektive. In: Zeitschrift für Soziologie, 32 (2003), H. 4, 282-301; Schatzki, Theodore R.: Introduction. Practice Theory. In: Savigny, Eike von/Knorr-Cetina, Karin/Schatzki, Theodore R. (Hg.): The Practice Turn in Contemporary Theory. London/New York 2001, 10-23.

und – wie später ausführlich zu zeigen ist – auch Fühlen mit ein. Wichtig ist, es geht nicht um einzelne individuelle Handlungen, sondern immer um Routinen, die stets an soziale Konstellationen gebunden sind.

Aus praxistheoretischer Perspektive nach Vergemeinschaftungsprozessen zu fragen, bedeutet dementsprechend, nach Tätigkeitsroutinen zu fragen, die Gruppenzugehörigkeiten herstellen und repräsentieren. Es mag nahe liegen, dabei auf den im sozial- und kulturwissenschaftlichen Diskurs immer wieder auftauchenden Begriff der *community of practice* zurückzugreifen.[8] Allerdings ist dieses von Etienne Wenger geprägte Konzept, das vor allem in Hinblick auf Lern- und Identitätsbildungsprozesse von Gruppen entwickelt wurde und in unterschiedlichen Organisationen angewandt eingesetzt wird, nur bedingt anschlussfähig an dezidiert praxistheoretische kulturanalytische Perspektiven. Eine praxistheoretische Kritik an diesem Konzept formuliert Matthias Klückmann, der in seinem Denken insbesondere an die Arbeiten des Praxistheoretikers Theodor W. Schatzki anschließt.[9] Klückmann verweist darauf, dass das Konzept der *communities of practice* eine gemeinsame Intentionalität der Akteur_innen als konstitutiv für solche Gemeinschaften annehme, was in Konflikt mit praxistheoretischen Ansätzen stehe, die subjektorientierte und intentionalistische Handlungsmodelle überwinden möchten. Als Gegenvorschlag formuliert er: „I propose to understand community as qualified by a feeling of we-ness by means of participating in a practice instead of intentionality."[10] Klückmann argumentiert also, dass es die Partizipation an geteilten Routinen als solche (und eben nicht zwangsläufig ein geteiltes intentionales Ziel) sei, die aus praxistheoretischer Perspektive ein „feeling of we-ness", ein Wir-Gefühl und damit Zusammengehörigkeit schaffen kann.

Ich folge diesem Vorschlag und möchte ihn in Hinblick auf populärkulturelle Felder weiterführen. Ich werde argumentieren, dass ein solches Wir-Gefühl nicht nur durch Partizipation an gemeinsamen Tätigkeiten, sondern auch durch gemeinsame Arten und Weisen des Fühlens entsteht, und dass Akteur_innen in Populärkulturen dieses gemeinsame Fühlen durch spezifische Praktiken unterstützen und mitgestalten. Dafür werden im folgenden Abschnitt zuerst die Grundlagen der Emotionspraxistheorie in Hinblick auf Populärkulturen skizziert, bevor ich im übernächsten Abschnitt auf Vergemeinschaftungsprozesse zurückkomme.

---

8   Vgl. Wenger, Etienne: Communities of Practice and Social Learning Systems. The Career of a Concept 2010. Online unter: http://wenger-trayner.com/wp-content/uploads/2012/01/09-10-27-CoPs-and-systems-v2.01.pdf (Stand: 7.1.2017).
9   Vgl. Klückmann, Matthias: Practicing Community. Outline of a Praxeological Approach to the Feeling of We-ness. In: Cultural Analysis, 15 (2016), H. 1, 28-56, hier 37.
10 Ebd., 38.

Doing Emotion in Populärkulturen

Die Auseinandersetzung mit Emotionen erlebt in ethnografisch arbeitenden Disziplinen seit einiger Zeit eine Art Konjunktur.[11] Ohne die Vielfalt der Konzepte nachzeichnen zu können, greife ich zum Verständnis emotionaler Vergemeinschaftungsprozesse auf die Theorie der Emotionspraktiken zurück, wie sie durch Monique Scheer ausgearbeitet wurde.[12] Sie argumentiert, dass analytische Dichotomien in Bezug auf innere versus äußere Emotionen oder körperliche versus kognitive Emotionen (wie sie in einigen Denktraditionen und Disziplinen üblich sind) ethnografisch problematisch und wenig produktiv seien. Deshalb ist erstens die kategorische Unterscheidung zwischen Emotionen, Gefühlen und Affekten ethnografisch nicht weiterführend und wird aufgelöst. Zweitens wird gefragt, inwiefern Emotionen durch Tätigkeiten zustande kommen. Dadurch wird in der Theorie der Emotionspraktiken die Perspektive eingenommen, dass wir Emotionen nicht *haben*, sondern (im Sinne der Praxistheorie) *tun*. Scheer spricht dementsprechend von *Doing Emotion*. Darunter sind einerseits Emotionen selbst als von menschlichen Körpern ausgeführte Praktiken zu verstehen. Zugleich sind sie als solche immer eingelagert in umfangreichere Komplexe aus Alltagspraktiken, die auf spezifische Weise mit Emotionen umgehen und diese mitgestalten – diese Praktiken nennt Scheer Emotionspraktiken.

In Anschluss an letzteren Argumentationsschritt unterscheidet Scheer vier Arten von Emotionspraktiken: mobilisierende, kommunizierende, benennende und regulierende Emotionspraktiken.[13] In Populärkulturen lassen sich zahllose Beispiele für diese verschiedenen Arten von Emotionspraktiken finden.[14]

---

11 Vgl. stellvertretend für die Europäische Ethnologie die Beiträge der folgenden Sammelbände: Beitl, Matthias/Schneider, Ingo (Hg.): Emotional Turn?! Europäisch ethnologische Zugänge zu Gefühlen & Gefühlswelten: Beiträge der 27. Österreichischen Volkskundetagung in Dornbirn vom 29. Mai – 1. Juni 2013. Wien 2016; Braun, Karl/Dieterich, Claus-Marco/Hengartner, Thomas/Tschofen, Bernhard (Hg.): Kulturen der Sinne. Zugänge zur Sensualität der sozialen Welt: Beiträge zum 40. Kongress der Deutschen Gesellschaft für Volkskunde, Universität Zürich, Zürich, 22. – 25. Juli 2015. Würzburg 2017; Faust, Friederike/Heissenberger, Stefan (Hg.): Emotionen im Spiel. Beiträge zu einer Ethnologie des Sports. Berlin 2016; Seifert, Manfred: Die mentale Seite der Ökonomie. Gefühl und Empathie im Arbeitsleben. Dresden 2014.
12 Für grundlegende Einführungen vgl. Scheer, Monique: Emotionspraktiken. Wie man über das Tun an die Gefühle herankommt. In: Beitl/Schneider (Hg.), Emotional Turn?!, 15-36; Dies.: Are Emotions a Kind of Practice (And Is That What Makes Them Have a History)? A Bourdieuian Approach to Understanding Emotion. In: History and Theory, 51 (2012), 193-220.
13 Vgl. Scheer, Emotionspraktiken, 29-34.
14 Vgl. auch Bareither, Christoph: Vergnügen als Doing Emotion. Beispiel YouTube. In: Maase, Kaspar/Frizzoni, Brigitte/Bareither, Christoph/Nast, Mirjam (Hg.): Macher – Medien – Publika. Beiträge der Europäischen Ethnologie zu Geschmack und Vergnügen. Würzburg 2014, 36-49.

Mobilisierende Emotionspraktiken sind meist körperlich orientiert, beispielsweise die La-Ola-Welle im Stadion, gemeinsame Tanzpraktiken wie etwa das Headbangen in Musikszenen, der Konsum von Drogen in bestimmten Clubkulturen oder das Essen beziehungsweise Genießen besonderer Geschmäcker in der Foodie-Szene.

Kommunizierende Emotionspraktiken schließen sich direkt daran an und erfüllen einen „relationalen Zweck, denn sie dienen bewusst dem Austausch von Gefühlen":[15] beispielsweise das gemeinsame Jubeln im Stadion, das freudige Kreischen von Justin-Bieber-Fans bei der Begegnung mit dem Star oder das Hypen von Star-Wars-Filmen in Alltagskonversationen und auf Online-Plattformen.

Teil dieser kommunizierenden sind manchmal benennende Emotionspraktiken, das heißt „der Versuch, unsere Gefühle eindeutig wahrzunehmen und zu äußern, damit sie ihre soziale und relationale Funktion wahrnehmen können."[16] Johnny-Depp-Fans reflektieren in einschlägigen Online-Foren beispielsweise, das zeigt Ingrid Tomkowiak,[17] explizit ihre Gefühle für den Star und thematisieren die emotionale Funktion, die er für ihren Alltag einnimmt. Gerade dort, wo die emotionalen Erfahrungen mit populärkulturellen Gegenständen als ästhetische Erfahrungen, also als Erfahrungen des Schönen, empfunden werden – wie beispielsweise in spezifischen Musikszenen –, kann sich auch ein besonderes Vokabular für die Benennung solcher Erfahrungen ausbilden.[18]

Viertens lassen sich regulierende Emotionspraktiken in Populärkulturen ausmachen. In diesen steht die gezielte Lenkung hin zu einem als richtig gedeuteten Fühlen im Vordergrund. Das kann einerseits die Förderung erwünschter Fühlweisen, andererseits aber auch die Unterbindung unerwünschter Fühlweisen einschließen. Ein Beispiel für Letzteres bieten die oft subtilen Regulierungsmechanismen populärer Coolness. Hier geht es um die inkorporierte Fähigkeit, starke Gefühle und Emotionen zu unterbinden – eine Fähigkeit, die durch ‚coole' Stars und Ikonen (von James Dean bis zu den Held_innen in Tarantino-Filmen) reflektiert und zugleich vorgezeichnet wird.

---

15 Scheer, Emotionspraktiken, 32
16 Ebd.
17 Vgl. Tomkowiak, Ingrid: „Depp Daily Dose". Vom Glück der Johnny-Depp-Fans mit ihrem Star. In: Tomkowiak, Ingrid/Muri, Gabriela (Hg.): Alltagsglück. Populäre Befindlichkeiten, Sinnkonstrukte und Praktiken. Festgabe für Ueli Gyr. Schweizerisches Archiv für Volkskunde, 106 (2010), H. 1, 119-134.
18 Allgemein weist die ethnografische Analyse von Emotionspraktiken viele Gemeinsamkeiten mit der Analyse ästhetischer Erfahrungen und Praktiken in der Populärkulturforschung auf. Vgl. grundlegend zur Erforschung ästhetischer Erfahrungen Maase, Kaspar: Die Erforschung des Schönen im Alltag. Sechs Thesen. In: Ders. (Hg.): Die Schönheiten des Populären. Ästhetische Erfahrung der Gegenwart. Frankfurt/New York 2008, 42-57.

Um ein Missverständnis zu vermeiden: Diese vier Kategorien von Emotionspraktiken schließen sich nicht gegenseitig aus, sondern eine Emotionspraxis kann mehrere dieser Funktionen zugleich einnehmen. Der Jubel im Stadion beispielsweise kommuniziert *und* mobilisiert Emotionen. Die Kategorisierung der verschiedenen Emotionspraktiken verstehe ich deshalb vor allem als ein Angebot, unterschiedliche analytische Perspektiven einzunehmen, die jeweils unterschiedliche Aspekte emotionaler Prozesse aus ethnografischer Perspektive zu verstehen helfen.

Vergemeinschaftende Emotionspraktiken

Damit kehre ich zu den Prozessen der Vergemeinschaftung und der Gestaltung von Wir-Gefühlen zurück. Ich möchte in diesem Kontext vorschlagen, den vier Kategorien von Emotionspraktiken eine weitere hinzuzufügen: *vergemeinschaftende* Emotionspraktiken. Dabei sei (nochmals) betont: Eine vergemeinschaftende Funktion nehmen Emotionspraktiken nicht *anstatt* anderer Funktionen, sondern *zugleich* mit ihnen ein. Es geht mir nicht um eine ausschließende Kategorisierung, sondern um das Potenzial bestimmter Emotionspraktiken, Wir-Gefühle innerhalb von Populärkulturen zu konstituieren und zu aktualisieren.

Von Wir-Gefühlen spreche ich dabei in einem doppelten Sinne: einerseits Wir-Gefühle im Sinne einer *gefühlten Gruppenzugehörigkeit*, andererseits im Sinne *gemeinsamer Arten und Weisen des Fühlens*. Vergemeinschaftende Emotionspraktiken verbinden beides: Sie vergegenwärtigen gemeinsame Arten und Weisen des Fühlens und arbeiten genau dadurch besonders effektiv an gefühlten Gruppenzugehörigkeiten mit.

Um eine mögliche Unklarheit auszuräumen: Natürlich gibt es auch Praktiken, die wenig oder gar nichts mit gemeinsamen Arten und Weisen des Fühlens zu tun haben und die trotzdem an einer Art Wir-Gefühl mitwirken. So kann beispielsweise allein dadurch, dass Arbeitskolleg_innen am gleichen Arbeitsprozess teilhaben und täglich ähnliche Routinen durchführen, eine gefühlte Gruppenzugehörigkeit in der Belegschaft entstehen. Aber gerade für Populärkulturen (und ich meine, auch in zahlreichen nicht-populärkulturellen Feldern) gilt, dass *starke* Wir-Gefühle häufig in engem Zusammenhang mit gemeinsamen Arten und Weisen des Fühlens stehen.

Ein prägnantes Beispiel dafür ist der gemeinsame Jubel von Fußballfans, der, wie oben erwähnt, eine mobilisierende und kommunizierende Funktion einnimmt, der aber zugleich vergemeinschaftend wirken kann. Dass Fußballbegeisterung und Vergemeinschaftungsprozesse eng verflochten sind, ist keine neue Erkenntnis. Jochen Bonz beispielsweise formuliert in Anschluss an den Hinweis auf die Heterogenität und Vielfalt des Zuschauersports Fußball:

„Als ein solches Vielfaches weist er allerdings die einheitliche Tendenz auf, Gruppen und Gruppenzugehörigkeiten zu mobilisieren; Gruppen, zu denen man gehören oder im Verhältnis zu denen man eben auch die Nichtzugehörigkeit spüren kann. Damit erzeugt der Fußball eine Vielzahl an Identifikationsangeboten und er löst Prozesse der Identifikation und Re-Identifikation aus. Er ist eine Maschine zur Hervorbringung von Identifikationen [...]."[19]

Dabei hebt Bonz explizit die emotionale Dimension der Partizipation am Fußballsport hervor.[20] Im Kontext von Analysen der Fußballbegeisterung und methodischer Reflexionen in diesem Feld beschreibt er einen für das hier verfolgte Argument vielsagenden Moment.[21] Als Forschender im Stadion fühlt er sich selbst, der alleine gekommen war, zunächst fremd unter den anderen Fans. Im gemeinsamen Jubel nach einem Tor bietet ihm ein Fremder jedoch ein Abklatschen an, was Bonz dankbar annimmt; daraufhin freuen sich beide Fans gemeinsam. Bonz bezeichnet das Angebot zum Abklatschen treffend als ein „Jubel-Angebot"[22].

Auch wenn Bonz nicht praxistheoretisch argumentiert, liefert er damit ein griffiges Beispiel für eine vergemeinschaftende Emotionspraxis unter Fans im Fußballstadion. Fans jubeln gemeinsam, wodurch sie nicht nur ihre Freude teilen, sondern sie machen im Jubel auch sichtbar, dass sie auf ähnliche Art und Weise fühlen, wobei diese Ähnlichkeit des Fühlens eine verbindende Kraft entfaltet. Dadurch wachsen Fußballfans zu dem zusammen, was die Emotionshistorikern Barbara Rosenwein *emotional communities* nennt. Sie definiert:

„I postulate the existence of ‚emotional communities': groups in which people adhere to the same norms of emotional expression and value – or devalue – the same or related emotions. More than one emotional community may exist – inded normally does exist – contemporaneously, and these communities may change over time."[23]

---

19 Bonz, Jochen: Zur Interpretation von Emotionen in der ethnografischen Fankulturforschung. Verständnismöglichkeiten und Beispiele aus einer Studie über Fußballbegeisterung. In: Faust/Heissenberger (Hg.), Emotionen im Spiel, 17-25, hier 23.
20 Vgl. dazu auch Bonz, Jochen: Fußballbegeisterung. Annäherung an einen überwältigenden Untersuchungsgegenstand. In: Bareither, Christoph/Maase, Kaspar/Nast, Mirjam (Hg.): Kulturen populärer Unterhaltung und Vergnügung. Würzburg 2013, 95-113; vgl. allgemein zu Emotionen im Fußballstadion: Gamper, Susan: Vom Hexenkessel. Aura, Atmosphäre und Emotion im Fußballstadion. In: Faust/Heissenberger (Hg.), Emotionen im Spiel, 37-48.
21 Vgl. Bonz, Interpretation von Emotionen, 20.
22 Ebd.
23 Rosenwein, Barbara: Emotional Communities in the Early Middle Ages. Ithaca/London 2006, 2; vgl. auch Dies.: Worrying about Emotions in History. In: The American Historical Review, 107 (2002), H. 3, 821-845.

Es geht Rosenwein also nicht um ein statisches Konzept von Gemeinschaft, sondern um sich wandelnde Beziehungsgeflechte, die durch geteilte emotionale Werte und geteilte Fühlweisen entstehen. Obwohl auch Rosenwein nicht praxistheoretisch argumentiert, lässt sich dieses Konzept praxistheoretisch nutzbar machen und weiterdenken. Dafür ist entscheidend, was insbesondere in Anschluss an die Arbeiten Pierre Bourdieus als „praktischer Sinn" für alltägliches Handeln diskutiert wird.[24] Aus praxistheoretischer Perspektive sind routinierte Tätigkeiten – das schließt Emotionspraktiken ein – immer durch ein praktisches Wissen, ein implizites Know-how geleitet, das Akteur_innen sozial und kulturell erworben und inkorporiert haben. Auf Praktiken zu fokussieren, bedeutet immer auch zu analysieren, wie *knowing bodies* ihr Wissen routiniert in die Tat umsetzen.[25]

Aus dieser Perspektive ist zugleich – und das ist für mein Argument entscheidend – jede Ausführung von routinierten Tätigkeiten Ausdruck eines bestimmten körperlichen Wissens. Sie verrät den anderen beteiligten Akteur_innen auch immer etwas darüber, welches implizite Wissen in den Körper der ausführenden Akteurin oder des Akteurs eingeschrieben ist. Das ermöglicht es einer Gruppe, nicht nur Gemeinsamkeiten im Verhalten, sondern Gemeinsamkeiten in der Strukturierung der eigenen Körper und ihrer Dispositionen für bestimmte Arten und Weisen des Fühlens zu erkennen. Vereinfacht gesprochen: Wenn ein Fußballfan rückhaltlos und voller Begeisterung für den eigenen Verein jubelt, dann zeigt er nicht nur: „Ich mache das so, wie es andere Fans machen." Sondern dann zeigt er auch: „Das praktische Wissen meines Körpers ist durch meine Sozialisation als Fan dieses Vereins so strukturiert, dass es mir ein besonderes Verhalten – in diesem Fall: eine besondere Art des Fühlens für meinen Verein – nahelegt. Und in dieser Art der Strukturierung gleicht mein Körper den Körpern der anderen Fans meines Vereins, was eine tiefe emotionale Verbindung zwischen uns schafft."

Genau das wird von Fußballfans natürlich nicht durch den Jubel allein, sondern durch eine Vielzahl ineinander verschränkter vergemeinschaftender Emotionspraktiken in die Tat umgesetzt. Die Fußballforscherin Almut Sülzle bemerkt am Rande von methodologischen Reflexionen, dass „die unsterbliche Liebe zum Verein, die als notwendiges Grundgefühl den ‚echten Fan' ausmacht", sich in ihrer „Tiefe […] weniger im Jubeln als vielmehr im Mitleiden ausdrückt."[26] Und Stefan Heissenberger beschreibt (mit konkretem Bezug zur Theorie der Emotionspraktiken) die Humorpraxis des Frotzelns innerhalb eines schwulen Freizeitfußball-

---

24 Vgl. insbesondere Bourdieu, Pierre: Sozialer Sinn. Kritik der theoretischen Vernunft. Frankfurt am Main 1987.
25 Vgl. Scheer, Are Emotions a Kind of Practice, 199ff.
26 Sülzle, Almut: Emotionen pur? Feldforschungssupervision als Auswertungsinstrument in der ethnografischen Sportforschung. In: Faust/Heissenberger (Hg.), Emotionen im Spiel, 28-39.

teams, die durch „Anspielungen und Scherze implizit ein Gemeinschaftsgefühl" unter den Spielern festigt.[27] Jubeln, Mitleiden und Frotzeln in Fan- und Freizeitfußballkulturen haben aus praxistheoretischer Perspektive gemein, dass sie durch geteiltes Fühlen vergemeinschaftend wirken. Das Wir-Gefühl von *emotional communities* in Populärkulturen, so mein Argument, entsteht dabei nicht einfach durch die Ähnlichkeit geteilten Verhaltens, sondern dadurch, dass diese Ähnlichkeit ein geteiltes inkorporiertes Wissen über den richtigen Umgang mit Emotionen verdeutlicht, das die Akteur_innen als körperlich-emotionale Gemeinsamkeit erkennen und das sie dadurch verbindet. Kurzum: Ein Wir-Gefühl in Populärkulturen entsteht (häufig) durch die kommunikative Vergegenwärtigung eines geteilten praktischen Sinns für bestimmte Arten und Weisen des Fühlens.

Wir-Gefühle in Computerspielkulturen

Konkreter als an diesen geliehenen Beispielen kann ich solche vergemeinschaftenden Emotionspraktiken an eigenen ethnografischen Materialien aus dem Forschungsfeld des Computerspielens aufzeigen. Diese Materialien entnehme ich einer wesentlich breiter angelegten Studie zum Vergnügen an Gewalt in Computerspielen.[28] Die methodischen Zugänge der Studie umfassten circa 1200 Stunden teilnehmende Beobachtung online und auf zwei LAN-Partys, ethnografische Interviews mit 37 Spielern[29] sowie die Analyse von 310 sogenannten Let's-Play-Videos auf *YouTube* und von 600 Beiträgen aus Computerspielzeitschriften von 1983 bis 2014. Im Folgenden beziehe ich mich nicht auf die eigentliche Fragestellung der Studie nach dem Vergnügen an Computerspielgewalt, sondern nutze meine teilnehmenden Beobachtungen, um vergemeinschaftende Emotionspraktiken innerhalb von Spielergruppen in Online-Multiplayer-Games zu beschreiben.

Natürlich haben Computerspielkulturen viele Besonderheiten, die sie für Außenstehende ungewöhnlich oder befremdlich erscheinen lassen. Grundsätzlich ähneln die Spielprozesse und die sie umgebenden Praktiken denen anderer Spiel- oder Sportkulturen. Während die Akteure gemeinsam über das Netz spielen – ganz egal, ob nun in Ego-Shootern oder Massively Multiplayer Online Role Playing Games (MMORPGs) –, versammeln sie sich häufig auch in Audiosprachkanälen, die unabhängig vom Spiel laufen, und unterhalten sich während des

---

27 Heissenberger, Stefan: Humor als emotionale Praktik. Über ‚Dickenscherze' in einem schwulen* Fußballteam. In: Ebd., 60-71, hier 66.
28 Vgl. Bareither, Christoph: Gewalt im Computerspiel. Facetten eines Vergnügens. Bielefeld 2016.
29 Da durch das Forschungsdesign der Studie tatsächlich vorwiegend männliche Akteure im Fokus standen, verwende ich hier die männliche Form (Spieler), was aber grundsätzlich auch Spielerinnen mit einschließt.

Spielens permanent über ihre Headsets. Dabei gehört es zu den zentralen kommunizierenden Emotionspraktiken, erstens mit seinen eigenen Erfolgen zu prahlen und zweitens andere für ihre Erfolge zu loben. Beim Spielen des Ego-Shooters „Counter-Strike" beispielsweise sind Sätze gängig wie: „Boom Alter, hast du gesehen, wie ich den fertig gemacht hab?"; „Ja, haha, hast du das gesehen? Da hat die Maus gezuckt und auf'n Kopp!"; „Ich hab' mit der Autosniper [Scharfschützengewehr, C. B.] so krass geruled [dominiert, C. B.], Mann – bäm bäm! Hättest du sehen müssen."; „Ich bin so ein Tier ey!"; „War doch ein genialer Headshot, oder? Also ich fand den ganz geil."; „Alter, im Moment hab' ich so die harten Moves mit der AWP [Scharfschützengewehr, C. B.] drauf! Immer hundertachtzig Grad und Headshot!"[30] Auf Seite des lobenden Begriffsspektrums stehen Ausrufe wie „Schön!", „Nice!", „Sauber!", „Du Tier!" oder im Textchat auch „gj!" für „good job!", die Spieler für die Artikulation gegenseitiger Anerkennung nutzen.

Für Online-Vielspieler ist diese Art der Konversation völlig alltäglich. Einerseits geht es hier um das punktuelle Kommunizieren und Mobilisieren von als positiv empfundenen Emotionen, was das Vergnügen am Spielprozess steigern kann. Andererseits vergegenwärtigen die Spieler dadurch aber auch ganz grundsätzlich, dass innerhalb ihrer Gruppe der Spaß am Computerspielen – und der Spaß an virtueller Gewalt – legitim und sogar erwünscht ist. Das heißt, durch permanente Reflexion positiver emotionaler Erfahrungen beim Killen von Gegnern wird immer auch eine bestimmte Art und Weise des Fühlens vergegenwärtigt und diskursiv als angemessen vermittelt, die sich in diesem Fall von emotionalen Normen (grob gesagt: der Tabuisierung des Vergnügens an Gewalt) absetzt und im Umkehrschluss ‚die Gamer' als *emotional community* nach außen wie innen erkennbar werden lässt. Genau deshalb wirken die oben genannten kommunizierenden und mobilisierenden Emotionspraktiken zugleich *vergemeinschaftend*: weil sie die Spezifik der Art und Weise des Fühlens und damit einen geteilten praktischen Sinn einer Gruppe vergegenwärtigen und dadurch implizit an deren Wir-Gefühl mitarbeiten.

Das hier beschriebene Wir-Gefühl ist verhältnismäßig breit, insofern es sich auf eine sehr große Gruppe an Akteur_innen bezieht und diese eher lose verbindet. Diese Perspektive ist in etwa vergleichbar mit der Perspektive auf *alle* Fußballfans als eine gemeinsame *emotional community*. Doch sowohl Fußballfans als auch Computerspieler können durchaus in ihrer Breite Wir-Gefühle durch gemeinsame Arten und Weisen des Fühlens entwickeln. Relevant werden sie in spezifischen Momenten: etwa während einer Fußball-WM oder -EM, wenn sich Fußballfans (in Deutschland) für den ‚aufflammenden' Patriotismus und ihre Art und Weise des Fühlens verteidigen müssen; oder bei Computerspielern, wenn ihr Hobby

---

30 Vgl. für diese Zusammenstellung an Zitaten auch Bareither, Gewalt im Computerspiel, 236-237.

(wie nach verschiedenen Amokläufen geschehen) zum Gegenstand der Kritik in öffentlichen Debatten wird und sie sich dafür rechtfertigen müssen, sich mit virtueller Gewalt zu vergnügen. In beiden Fällen wird deutlich, dass Wir-Gefühle oftmals ruhen können und erst in Momenten des Konflikts und der Distinktion vergegenwärtigt werden, wo sie dann deutlich zutage treten. Dabei zeigt sich – das ist auch für Barbara Rosenwein entscheidend –, dass sich verschiedene *emotional communities* durchaus überschneiden können. Rosenwein schreibt über ihr Konzept:

> „Imagine, then, a large circle within which are smaller circles, none entirely concentric but rather distributed unevenly within the given space. The large circle is the overarching emotional community, tied together by fundamental assumptions, values, goals, feeling rules, and accepted modes of expression. The smaller circles represent subordinate emotional communities, partaking in the larger one and revealing its possibilities and its limitations. They too may be subdivided. At the same time, other large circles may exist, either entirely isolated from or intersecting with the first at one or more points."[31]

Fußballfans können dementsprechend Wir-Gefühle als allgemeine Gruppe teilen und zugleich spezifischere Wir-Gefühle innerhalb ihrer Fangemeinschaft rund um ihren Verein entwickeln. Sie können also durchaus Teil der gleichen und im selben Moment Teil einer spezifischeren *emotional community* sein, auch wenn letztere wie im Falle des Fußballs vielleicht in Rivalität zur *emotional community* anderer Fußballfans steht, mit denen sie wiederum im gemeinsamen Fühlen (in ihrer Begeisterung für den Fußball im Allgemeinen) emotional verbunden sind. Ähnliche Überschneidungen lassen sich in Computerspielkulturen beobachten. Während vergemeinschaftende Emotionspraktiken wie das Prahlen und Loben in allen mir bekannten Online-Spielkulturen gängig sind und den gemeinsamen Spaß am Spielen vergegenwärtigen, lassen sich innerhalb einzelner Spielergruppen deutliche Differenzen im *Wie* des Fühlens in Bezug auf das Spielvergnügen ausmachen.

Ein Beispiel dafür bieten Materialien aus meinen teilnehmenden Beobachtungen im Massively Multiplayer Online Role Playing Game (MMORPG) „The Elder Scrolls Online" (TESO). Zum Zeitpunkt meiner Feldforschung hatten (unbestätigten Angaben zufolge) etwa 775.000 Spieler TESO gegen monatliche Gebühren abonniert.[32] In diesem Spiel, dessen Szenario an das „Herr der Ringe"-Universum erinnert und das mit dem weltweit bekanntesten MMORPG „World

---

31 Rosenwein, Emotional Communities in the Early Middle Ages, 24.
32 Vgl. http://www.pcgames.de/TESO-The-Elder-Scrolls-Online-PC-239823/News/Knapp-775 000-Abonnenten-im-Juni-1129207/ (Stand: 10.7.2018).

of Warcraft" vergleichbar ist, meistert man als Heldin oder Held verschiedene sogenannte Quests. Dabei durchstreift man mit dem eigenen Avatar verschiedene Gebiete und erfüllt diverse Aufgaben, die meist mit dem Besiegen von immer stärker werdenden Gegnern einhergehen. In einem bestimmten Bereich der im Spiel repräsentierten Welt können die Spieler dreier unterschiedlicher Fraktionen in riesigen Schlachten mit teils mehreren hundert Teilnehmenden gegeneinander antreten.

Dabei kämpfen viele Spieler gemeinsam mit Freund_innen oder anderen Spielern, die sie erst online kennen gelernt haben. Größere Spielergruppen – sogenannte Gilden – können teils dutzende Akteur_innen gleichzeitig versammeln. Innerhalb einer solchen größeren Gilde, mit der ich über viele Wochen hinweg gemeinsam spielte, sollte eines Tages durch die Ernennung zweier erfahrener Spieler zu sogenannten PvP(Player-versus-Player)-Leitern erreicht werden, dass wir mit Erfolg auch an den großen Schlachten gegen andere Spieler teilnehmen konnten. Während kleinere Spielergruppen häufig ‚nur zum Spaß' an den Schlachten teilnahmen und kaum nennenswerten Einfluss hatten, sollte unsere Gilde nun zu einer einflussreichen und ernst zu nehmenden Macht auf den virtuellen Schlachtfeldern werden.[33] In einer Art Antrittsrede verkündeten die beiden neuen PvP-Leiter, dass im Gegensatz zur bisher eher lockeren Atmosphäre innerhalb der Gilde nun andere Saiten aufgezogen werden würden. Dazu sollte auch der Umgangston im Sprachkanal härter werden – ihr eigener Tonfall bei diesen Worten setzte dieses Versprechen bereits in die Tat um. Sie erklärten, welche Strategien man nun einüben würde, nannten einzelne Beispiele und betonten mit ernster Stimme: „Solche Sachen werden wir euch wirklich *bis auf's Erbrechen* beibringen!" Das sei zwar „viel Arbeit", aber hartes Training würde uns zum Erfolg verhelfen. Eine der wichtigsten Lektionen sei, dass man nicht einfach für sich selbst handele. Denn viele Spieler in TESO tendierten ihrer Meinung nach dazu, nach individuellen Erfolgen zu streben, die ihrem eigenen Avatar mehr Punkte einbringen und ihn dadurch stärker machen oder ihm bessere Ausrüstung verschaffen. Das war fortan verboten: „Ihr müsst die Scheuklappen wegnehmen und anfangen, für die Gruppe zu denken!", betonten die beiden Leiter.

Dadurch forderten sie nicht nur eine Art und Weise des Spielverhaltens, sondern eine bestimmte Art und Weise des Fühlens ein. Man solle das Vergnügen am eigenen, individuellen Erfolg zurückstellen und stattdessen eine Freude am effektiven Funktionieren der gesamten Gruppe als geschlossenem Kampfverband entwickeln. Dementsprechend betonten sie in Bezug auf egoistisches Spielverhalten:

---

33   Vgl. für das folgende Beispiel auch Bareither, Gewalt im Computerspiel, 241-246.

„Dieses *Ich* werden wir wirklich im Keim ersticken, hier geht es ums *Wir!*", und sie fügten hinzu: „Wir werden das Wir-Gefühl aufbauen. […] Wir wollen halt auf das Wir-Gefühl raus, damit wir später die Leute durch PvP begeistern können."

Hier wird explizit, dass die beiden neuen Trainer eine spezifische Art und Weise des Fühlens einfordern, die entgegen egoistischer Tendenzen auf den Aufbau eines Wir-Gefühls zielt. Dieses Wir-Gefühl soll sich durch einen geteilten praktischen Sinn für das Vergnügen am Spiel konstituieren, den die beiden Leiter etablieren möchten. Dadurch wird eine explizite Distinktionslinie zu anderen Arten und Weisen des Fühlens gezogen, wie es andere, ‚gewöhnliche' Spieler bevorzugen: nämlich dem schnellen Erfolg nachzujagen und sich dabei egoistisch zu verhalten. Solche Verhaltensweisen wurden an den folgenden gemeinsamen Spielabenden durch gemeinsames Training und dabei explizit durch regulierende Emotionspraktiken sanktioniert, wie beispielsweise die wiederholte Ermahnung, das „Frontogern" sein zu lassen, also nicht wie ein Oger (ein grobschlächtiges und instinkthaft agierendes Fantasy-Wesen) blind nach vorn zu stürmen (in der Spielkultur von „Counter-Strike" ist in ähnlichen Kontexten davon die Rede, nicht „killgeil" zu werden).

Stattdessen wurde den Mitgliedern der Gilde über die folgenden Wochen in zahlreichen Trainingseinheiten professionelles gemeinsames und nach strikten Regeln ablaufendes Kämpfen beigebracht, wobei wie versprochen ein rauer Umgangston und eiserne Disziplin herrschte. Ich selbst war anfangs überrascht, dass die Akteur_innen diesen emotionalen Wandel bereitwillig mitmachten – schließlich ging es ihnen um das Vergnügen am Spiel –, doch ganz wie in anderen sportlich-spielerischen Professionalisierungsprozessen entstand durch den zunehmenden Ernst der Tätigkeit eine neue emotionale Qualität für die Spieler. Sie empfanden sich als Teil einer eingeschworenen und aufeinander abgestimmten Einheit, die eben nicht das Vergnügen am individuellen Erfolg verfolgte, sondern die sich an gemeinsam hart erarbeiteten und aus ihrer Perspektive großen Siegen erfreute.

Obwohl es hier also erst einmal um die Regulierung von Emotionen geht, wirken die hier sichtbar werdenden Tätigkeiten der Akteur_innen (die Änderung des Umgangstons, das disziplinierte Training, die Ermahnungen, die Mobilisierung von teils grimmig anmutendem Ernst während des Spielens) als vergemeinschaftende Emotionspraktiken. In dieser Funktion gleichen sie insofern den gegenseitigen Jubel-Angeboten im Fußballstadion, als auch hier eine gemeinsame Art und Weise des Fühlens im Zentrum steht. Spezifisch an diesem Beispiel ist, dass dieses Fühlen beziehungsweise der ihm zugrunde liegende praktische Sinn ganz explizit einstudiert und antrainiert wird, um dadurch eine gefühlte Zusammengehörigkeit zu schaffen, die den Spielern Freude bereiten soll.

Ausblick

An diese Beispiele ließen sich zahlreiche weitere anfügen, doch für das zentrale Argument sollten die angeführten ausreichen: Vergemeinschaftende Emotionspraktiken sind Tätigkeiten, die innerhalb einer Gruppe einen geteilten praktischen Sinn für bestimmte Arten und Weisen des Fühlens vergegenwärtigen, wodurch sie zugleich an Wir-Gefühlen mitarbeiten. Populärkulturen sind voll von solchen vergemeinschaftenden Emotionspraktiken, die längst nicht immer explizit und so deutlich sichtbar wie in den Beispielen werden, sondern häufig als Teil impliziter Routinen in populärkulturelle Alltage integriert sind. Dabei sind diese Vergemeinschaftungsprozesse sicherlich kein zufälliges ‚Nebenprodukt' der Suche nach Unterhaltung und Vergnügung, die Populärkulturen auszeichnet, sondern sie selbst sind ein Teil des gesuchten Vergnügens. Vergemeinschaftung als solche hat offensichtlich für viele Akteur_innen eine als positiv empfundene emotionale Qualität.

Blickt man mit diesem Argument im Hinterkopf über den Tellerrand der Populärkulturen hinaus, stellt sich nicht zuletzt die Frage, inwiefern die emotional vergnügliche Dimension von Vergemeinschaftungsprozessen auch jenseits ‚klassischer' populärkultureller Felder eine Rolle spielt. Denn vergemeinschaftende Emotionspraktiken zur Mobilisierung von Wir-Gefühlen können beispielsweise auch in politische Machtstrategien eingewoben sein. Dass politische Strateg_innen viel über diese Zusammenhänge wissen, führen aktuelle politische Entwicklungen eindrücklich vor Augen. Was Menschen für „wahr" halten, wird in der sogenannten „post-faktischen" Gesellschaft zunehmend zu einer Frage der emotionalen Überzeugungskraft. Doch wie werden Emotionen hier wirksam? Relevant ist dabei sicherlich nicht allein, aber eben auch, dass geteilte Arten und Weisen des Fühlens vergemeinschaftend wirken und dadurch als positiv empfundene Gefühle mobilisieren können.

Damit soll die Kompetenz der Populärkulturforschung nicht überstrapaziert werden. Doch in einer Welt, in der sich populärkulturelle Prozesse längst nicht mehr auf abgegrenzte Bereiche unseres Alltags beschränken, sondern ihn im Gegenteil zunehmend durchdringen, wächst auch das kritische Erkenntnispotenzial einer ethnografischen Populärkulturforschung. Der Blick für vergemeinschaftende Emotionspraktiken und die Herstellung von Wir-Gefühlen können einen Teil dazu beitragen, Vergemeinschaftungsprozesse in und außerhalb von Populärkulturen besser zu verstehen.

Fotostrecke

Avantgarde-Festivals der Gegenwart

Bianca Ludewig

Seit Mitte der 1990er Jahre hat sich in verschiedenen Ländern und Städten eine neue Form der Festivals herausgebildet, die ich in meiner Dissertation „Avantgarde-Festivals der Gegenwart. Kulturelle Praktiken zwischen Musik, Kunst und Prekarität" untersuche. Ihre Besonderheit liegt im Zusammenbringen von Musik mit anderen Künsten, mit Medien, Technologien und Diskursen. Sie verfolgen einen transmedialen Ansatz, kuratieren also interdisziplinär über diverse künstlerische Praktiken hinweg und präsentieren ein Programm aus Performances, Konzerten, DJs-Sets, Visuals und Soundinstallationen; aber auch Filme, Ausstellungen, Vorträge, Diskussionen und Workshops gehören häufig dazu.

Festivals sind Orte der Sichtbarwerdung – es zeigen sich flüchtige Gemeinschaften, Szenen, Lebenswelten, Kulturtechniken, künstlerische Praktiken, Genres, Organisationsstrukturen und Netzwerke; aber auch Prozesse wie Eventisierung, Festivalisierung, Prekarisierung, Gentrifizierung, Kosmopolitisierung oder Glokalisierung. Es eröffnen sich vielschichtige Fragestellungen, die von dieser Schnittstelle ausgehen; einigen gehe ich in meiner Forschung nach.

Ich untersuche die Festivals mittels einer akteurszentrierten, ethnografischen Perspektive. Zwischen 2013 und 2018 habe ich wiederholt in Österreich und Deutschland Festivals besucht und ethnografisch erforscht. Die umfangreichste Forschung habe ich beim „CTM Festival" in Berlin durchgeführt. Weitere einmalige oder mehrjährige Kurzforschungen wurden bei den Festivals „Berlin Atonal", „3hd" (Berlin), „Cynetart" (Dresden), „Ars Electronica" (Linz), „Heart of Noise" (Innsbruck), „Elevate" (Graz) und „Hyperreality" im Rahmen der Wiener Festwochen sowie bei „Unsafe + Sounds" in Wien durchgeführt. Außerhalb des deutschsprachigen Raums habe ich das „Rokolectiv Festival" in Bukarest/Rumänien, das „UH Fest" in Budapest/Ungarn und das Festival „Next" in Bratislava/Slowakei besucht.

Festivals sind keine spontanen Zusammenkünfte, sondern werden akribisch von einer Gruppe, einem Organisationsteam und Kurator_innen geplant und unter Hinzunahme weiterer Helfer_innen und Spezialist_innen ausgeführt. Das Ereignis und die Interaktionen werden im Vorhinein gezielt gemanagt. Daher ist Festivalarbeit für das Team vor allem monotone Büroarbeit. Die meisten Akteur_innen, seien es Mitarbeiter_innen, freiwillige Helfer_innen oder Besucher_innen, sind entgrenzt, das heißt, die Grenzen zwischen Arbeit und Freizeit oder öffentlich und privat verschwimmen bei diesen temporären Zusammenkünften sowie im Alltag der Akteur_innen. Viele von ihnen gehen mehrfachen Beschäftigungen nach, meist auf freiberuflicher Basis. Daher gibt es kaum Absicherungen, auch ist die Bezahlung meist niedrig (oder symbolisch), unbezahlte Überstunden sind Standard. Networking ist ebenfalls essenziell. Das vorherrschende Arbeitsethos ist jenes der US-Start-ups. Die lokalen Bedingungen unterscheiden sich, das Phänomen hingegen ist nicht lokal, denn der Alltag der Akteur_innen ist allerorts gleichförmig. Eine meiner Thesen ist, dass der Arbeitsmarkt mittels eines Imperativs der Kreativität umgebaut wird, Vorbild ist hier die Figur des Künstlers, der aus Leidenschaft alles für seine Tätigkeit gibt und auch brotlose Zeiten aus Liebe zur Sache meistert. Vorreiter ist hier der Kultursektor, daher lässt sich auch von einer Kulturalisierung der Städte sprechen. Festivals sind Teil dieses Transformationsprozesses. Jedoch wird das Phänomen bislang kaum auf den Festivals thematisiert.(Bild 23, 24, 25)

Die transmedialen Musikfestivals finden nicht wie die meisten Musikfestivals auf einem Festivalgelände statt, sondern an verschiedenen Orten des urbanen Kultur- und Nachtlebens in den jeweiligen europäischen Großstädten, also in Museen, Galerien, Theatern, Konzertvenues oder Clubs. Diese Orte werden von den Festivals bespielt und darüber auch mitgestaltet. Neben langjährigen Kooperationen mit Kulturorten werden auch spektakuläre neue Orte aufgesucht (siehe z. B. Bild 2, 11, 14, 19).

Es zeigen sich flüchtige, unverbindliche Gemeinschaften, bei welchen die Immersivität und Affektivität von Musik, Kunst und Technologie eine tragende Rolle spielt (Bild 2–8, 11, 15, 16, 20). Die multisensorische Ausgestaltung der Räume ist von Relevanz. Das Spiel mit extremen Frequenzen und Lichtintensitäten sowie Stille und Dunkelheit ist charakteristisch (Bild 2–8). Während die experimentelle Komponente der präsentierten Kunst und Musik (größtenteils handelt es sich um elektronische Musik) die transmedialen Avantgarde-Festivals in einer Nische positionierte, rücken sie seit den 2000er Jahren zunehmend in die Nähe des Mainstream-Geschmacks. Auch deshalb entstehen seitdem immer mehr von diesen Festivals in ganz Europa. Von Affekt, Immersion und Experiment machen aber auch die kommerziellen Festivals elektronischer Musik zunehmend Gebrauch und präsentieren immer spektakulärere multisensorische Erlebniswelten (Bild 1), die immer mehr Publikum anziehen. Eine entscheidende Herausforderung ist es für die Avantgarde-Festivals, ihre eigene präsentierte Kritik ernst zu nehmen (z. B. Bild 1, 10, 17, 18, 21, 26, 28): Avantgarde-Festivals wollen stets den Zeitgeist einfangen oder ihm vorauseilen, Innovationen präsentieren und gesellschaftliche sowie kulturelle Entwicklungen kritisch begleiten. Multi-Konzerne wie Red Bull oder Telekom haben längst den Trend entdeckt und organisieren selbst Festivals mit ähnlicher Ausrichtung. Daher erscheint es umso wichtiger, sich von kommerziellen Events auch in Zukunft abzugrenzen und in Bezug auf Kommodifizierung und Ästhetisierung von Erlebnis und Erfahrung einen Unterschied zu machen.

Abb. 1: CTM 2018: Video-Installation „Critical Mass-Pure Immanence", Anne de Vries, Quelle: Bianca Ludewig (Abb. 1–29)

Abb. 2: Atonal 2017: Main Concert Hall Kraftwerk Berlin

Abb. 3: Donaufestival 2018: Konzert Minoritenkirche

Abb. 4: CTM 2016: Installation „Deep Web"

Abb. 5: Donaufestival 2018: Konzert Moor Mother

Abb. 6: CTM 2015: Installation „What We See Sees Us", Anita Ackermann

Abb. 7: Heart of Noise (HON) 2014: Konzert Lumisokea

Abb. 8: Atonal 2017: Beleuchtung

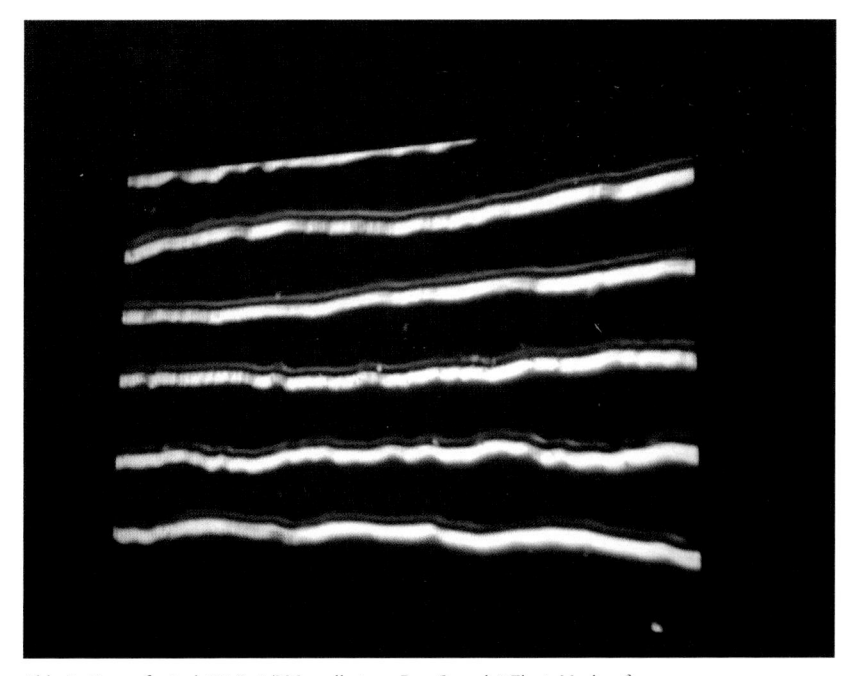

Abb. 9: Donaufestival 2018: A/V-Installation „Bug Sounds" Floris Vanhoof

Abb. 10: Atonal 2017: Simulation Livestream, John Gerrard

Abb. 11: HON 2014: Konzert Russell Haswell

Avantgarde-Festivals der Gegenwart

Abb. 12: CTM 2014: ReNoise Exhibition, Andrey Smirnov, former founding director of the Theremin Center for Electroacoustic Music at the Moscow State Conservatory

Abb. 13: Ars Electronica (AE) 2014: A/V-Soundinstallation, made and played by Ei Wada

Abb. 14: AE 2014: Installation Mariendom „Flying Records", Ei Wada

Abb. 15: Hyperreality 2018: Konzert Born in Flamez

Abb. 16: Unsafe and Sounds 2017: Konzertbesucherin

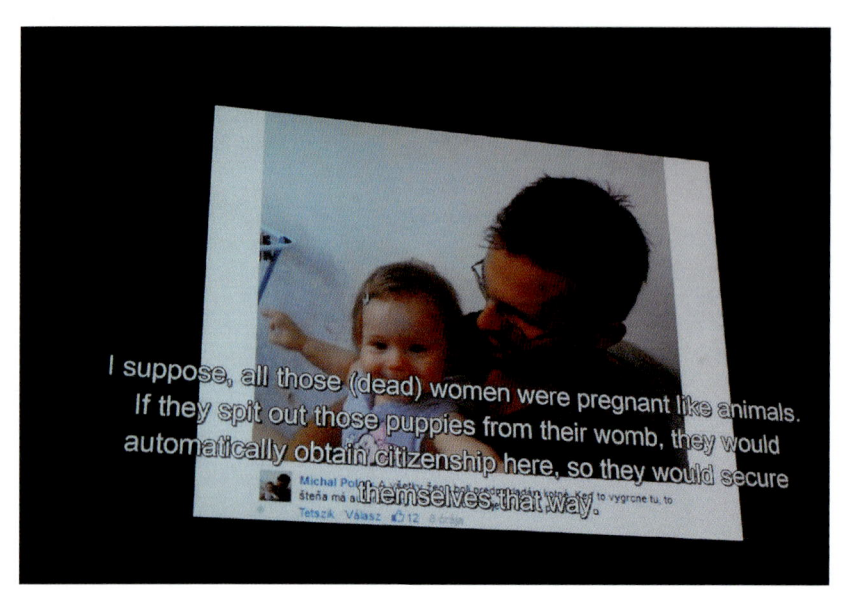

Abb. 17: CTM 2016: Presentation „DIY Sonic Topographies in Central and Eastern Europe", Lucia Udvardyova/Easterndaze

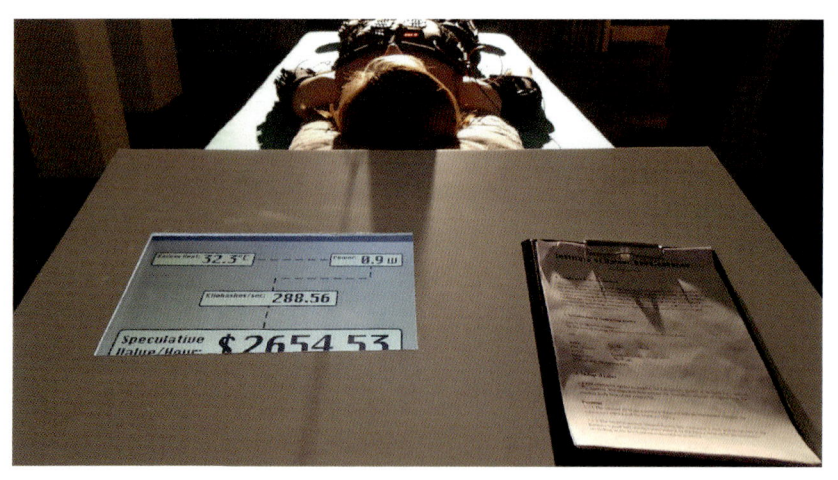

Abb. 18: Elevate 2017: Installation „Institute of Human Obsolescence"

Abb. 19: Märzmusik 2018/The Long Now, Kooperation mit Atonal Berlin

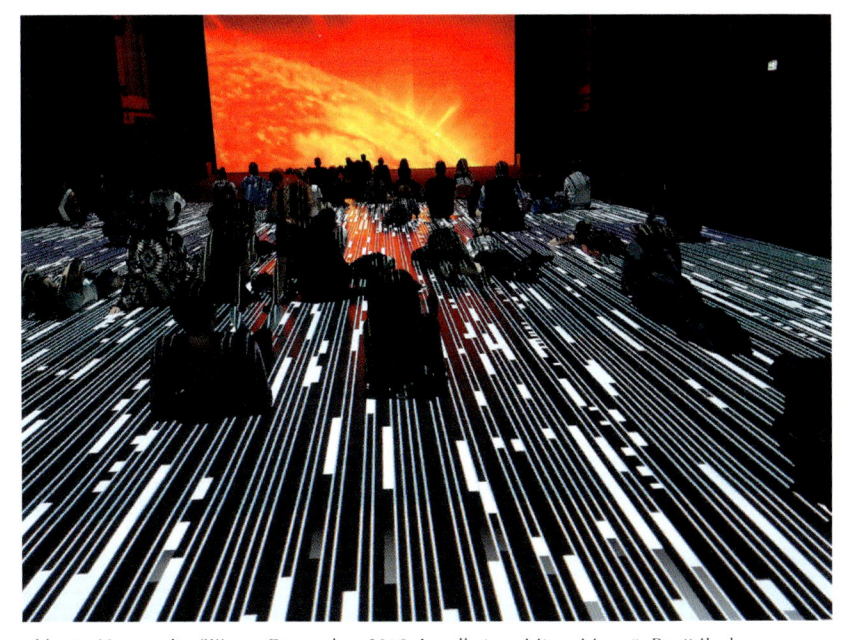

Abb. 20: Hyperreality/Wiener Festwochen 2018: Installation „Micro-Macro", Ryoji Ikeda

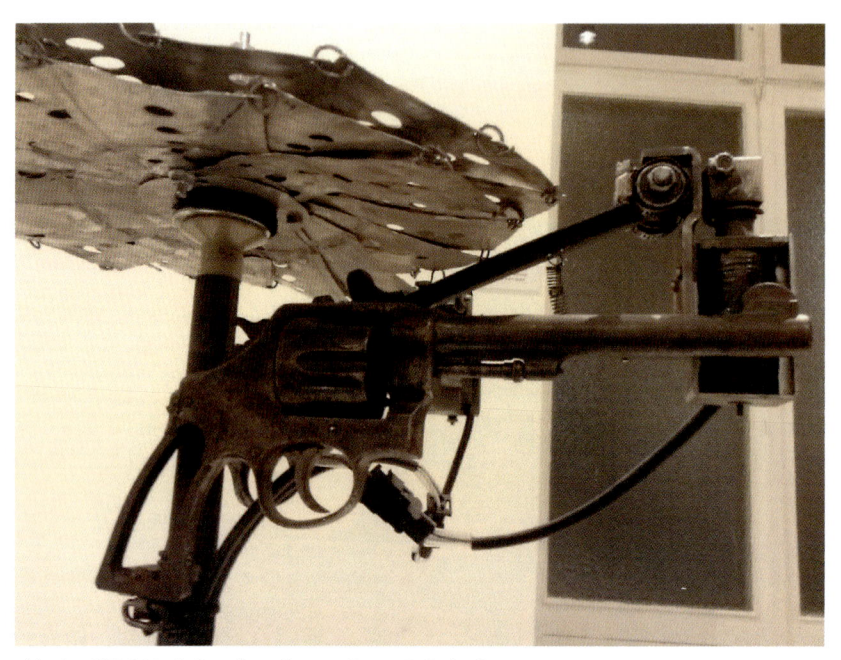

Abb. 21: CTM 2016: Soundinstallation „Disarm", Pedro Reyes

Abb. 22: HON 2014: Konzert Holly Herndon

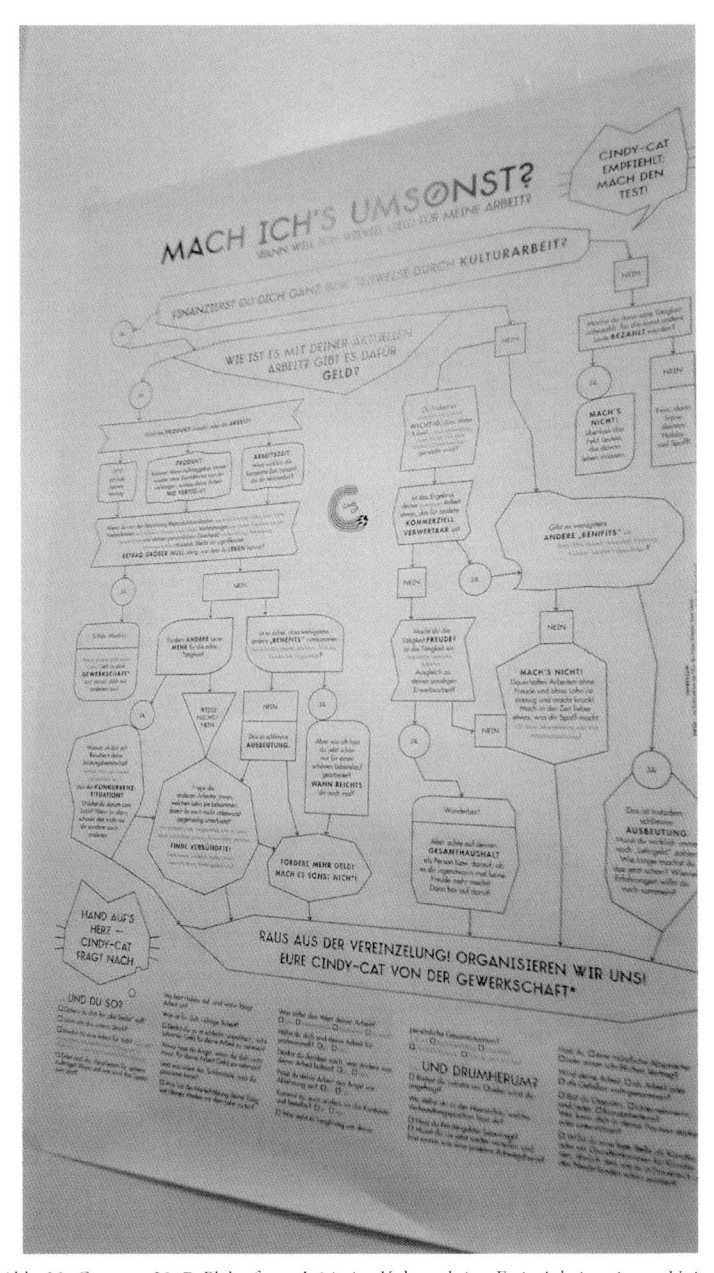

Abb. 23: Cynetart 2017: Plakatfoyer, Initiative Kultursektion Freie Arbeiter_innen Union

Abb. 24: 3HD 2017: Ausschnitt Artwork Anja Kaiser

Abb. 25: 3HD 2017: Artwork Anja Kaiser

Abb. 26: Atonal 2017: Schneiders Büro, Schaltzentrale Kraftwerk

Abb. 27: HON 2014: Getränkekarte, Drinks benannt nach teilnehmenden Noise Artists

Abb. 28: Atonal 2015: Plakatwand vor Festivalvenue

Abb. 29: AE 2014: Exhibition „Buddha on the Beach"

Exemplarische Felder

Abheben im Park
Wie zeigt sich Unsicherheit in der Goa-Subkultur und wie gehen die Akteur_innen damit um?

Elisabeth Waldhart

Ausgangspunkte – Goa als Subkultur

> „Paul erzählt mir von der Musik, die er gerne hört und die wichtig für ihn ist. Da er mir die Lieder teilweise vorspielt, glaube ich zu verstehen, wovon er redet, wenn er über Klangteppiche redet, über kristalline Klänge und ruhige Lieder, zu denen er meditieren und das Kopfkino einschalten kann. Ich versuche nachzuvollziehen, wie man sich in der Musik verlieren kann, die mit Elementen aus Alice in Wonderland spielt, und in welche Träume und Traumwelten man so abheben kann. Sich einfach in die Musik fallen lassen ist für mich nicht möglich, stattdessen scheitere ich daran, bekannte Muster darauf anzuwenden, die alle einfach nicht richtig passen wollen."[1]

Wovon erzählt mir Paul in unseren Gesprächen? Was fesselt ihn an der Musik, aber auch an den dazugehörenden Ideen? Mit dieser Fragestellung begann für mich meine Forschung im Feld der *Goa-Subkultur*. Psytrance und Ambient, die Musikrichtungen, über die Paul hier berichtet, sind Subgenres von *EDM* (*Electronic Dance Music*). Im deutschsprachigen Raum wird auch der Begriff *Goa*[2] verwendet. Die Kleidung der *Goa-Leute* fällt durch ihre Buntheit auf, sie ist geprägt von ‚hippiesken' Elementen[3], psychedelischen Motiven, ein Spiel mit Naturmaterialien, geometrischen Formen wie Spiralen und indisch inspirierten Teilen. Beliebt sind Rastalocken, das Zeigen von viel Haut und Barfußgehen. Der Stil ist geprägt von inszenierter Naturverbundenheit ebenso wie von technischen Elementen. Zur Zeit der Forschung wurden einzelne Teile davon wieder von der Modeindustrie aufgegriffen. Zum weiteren Lebensstil gehört die Hinwendung

---
1 Feldtagebuch, Elisabeth Waldhart, 19.1.2015, Gespräch mit Paul.
2 Dieser ist recht unscharf, kann er doch eine Region in Indien ebenso meinen wie ein spezielles Genre von Partys oder die gesamte Bewegung.
3 Damit meine ich das Bild der Hippies, das durch die Modeindustrie geprägt wurde und von dem Bild abweicht, wie es Willis in seiner Arbeit zur Hippiekultur beschreibt. Vgl. Willis, Paul: „Profane Culture". Rocker, Hippies: Subversive Stile der Jugendkultur. Frankfurt 1981 [engl. Erstausgabe 1978].

zu einer veganen Lebensweise und das Interesse an anderen Teilen fernöstlicher Kultur wie Meditation und religiösen Elementen ebenso wie das Interesse an verschiedenen Drogen. Die verschiedenen Einzelteile werden in einer Art *Bricolage*[4] miteinander verwoben.

Die von mir gewählte Bezeichnung *Goa-Subkultur* bezieht sich auf die unscharfe Bezeichnung *Goa* ebenso wie auf den umstrittenen Begriff der *Subkultur*. Erstmals 1920 in Arbeiten der *Chicago School of Sociology* aufgetaucht, erfuhr *Subkultur* in den britischen Cultural Studies eine neue, klassen- und schichtspezifische Deutung. Eine Grundidee hinter dem Begriff war ein Netz aus Bedeutungen, die von einer Eltern- oder Stammkultur übernommen und umgedeutet oder überspitzt wurden. Damit konnten gelebte Erfahrungen einer Gruppe (mit) geteilt werden. Abhängig von ihrem Produzenten können die Bedeutungen mit mehr oder weniger Gewicht ausgestattet sein. Mit Raymond Williams gesprochen, trachten die Mächtigen danach, die Zeichen eindeutig zu machen.[5] Im Verständnis der Cultural Studies agieren Subkulturen gegen diese hegemonialen Bedeutungen, indem sie alltägliche Gegenstände umdeuten und *semiotic disorder*[6] herstellen – wie es Dick Hebdige für den Punk beschreibt.[7] Mit *conjuncture* und *specificity* als weitere Begriffe verortet Hebdige sein Subkulturkonzept in einem zeitlichen und gesellschaftlichen Kontext. Mit diesem Begriffspaar fasst er die historische und geografische Verortung einer Subkultur, die in einem spezifischen Rahmen entsteht. So adaptiert er dieses Konzept auch für eine durch Konsumkultur geprägte Perspektive.[8]

In den *Post-Subculture Studies*, die in den 1990er Jahren entstehen, wird dieser Begriff abgelöst durch *Geschmack*, *Distinktion* und *Kapital* im Sinne von Pierre Bourdieu sowie durch *Performanz* im Sinne von Judith Butler. Mit dem Übergang der Moderne in die Postmoderne werden neue Konzepte wie lokal/global, fragmentierte Lebenswelten und ein Wechselspiel zwischen Sicherheit und Unsicherheit in die Diskussion eingebracht.[9]

---

4 Zum Begriff der *Bricolage* vgl. Hebdige, Dick: Subculture. The meaning of style [1979]. London/New York 1997, 102-106.
5 Vgl. Storey, John: Kultur in den britischen Cultural Studies. In: Schneider, Ingo/Sexl, Martin (Hg.): Das Unbehagen an der Kultur. Hamburg 2015, 67-83.
6 Vgl. Hebdige, Subculture, 90.
7 Vgl. Hebdige, Subculture.
8 Vgl. Hebdige, Dick: The function of subculture. In: During, Simon (Hg.): The cultural studies reader [1993]. London/New York 1999, 441-450.
9 Vgl. Moser, Johannes: Kulturanthropologische Jugendforschung. In: Ders. (Hg.): Jugendkulturen. Recherchen in Frankfurt am Main und London (= Kulturanthropologie-Notizen, Bd. 66). Frankfurt am Main 2000, 11-58; Greener, Tracey/Hollands, Robert: Beyond Subculture and Post-Subculture? The Case of Virtual Psytrance. In: Journal of Youth Studies, 9 (2006), 4, 393-418; Marchart, Oliver: Briding the Micro-Macro Gap: Is There Such a Thing as a Post-subcultural

Den Boden verlieren – Unsicherheiten

Versteht man eine Subkultur als *Way of Life*, als gelebte Erfahrungen, die in einer Inszenierung ausgedrückt werden, so findet Goa-Subkultur auf Partys statt. Diese können überall veranstaltet werden – ob kommerziell in einem Club, als Festival oder als kleiner Rave unter freiem Himmel. Herzstück dieser Partys sind die Musik und die Location, die in ihrer Verschmelzung einen eigenen Raum ausbilden.[10] Betrachtet man diesen, so ist er fundamental von einer Mischung aus Sicherheit und Unsicherheit durchzogen, wie ich bei meinem ersten Besuch im *Queens Club*, dem größten Veranstalter kommerzieller Goa-Partys in Innsbruck, erfahren habe:

> „Der Dancefloor selber war ein wenig versenkt zum restlichen Boden und wurde durch Lichter von ihm abgetrennt. Ein paar der Besucher, die sich hier zur Musik bewegten, hatten sich bunte Muster mit Leuchtfarben auf die Haut gemalt. Die Muster und Farbwirbel verwischten und verschmolzen mit den Tanzbewegungen, was ihnen flüchtig Bedeutung verlieh, obwohl sie keine konkreten Symbole waren. Sie leuchteten und sahen einfach nur toll aus und der Effekt, den sie hervorriefen, passte zur Atmosphäre im Raum. Die Leute tanzten leichtfüßig zur Musik, es sah aus, als würden ihre Füße den Boden gar nicht wirklich berühren, sondern irgendwie knapp darüber schweben, von der Musik getragen. Obwohl ich versuchte, mich ganz auf die Musik einzulassen und auch auf diesem Klangteppich zu stehen, hatte ich das Gefühl, das der Dancefloor sandig war, dass meine Füße in diesem Matsch festklebten und ich einsinken könnte, wenn ich nicht aufpasste. In diesem Moment schien sich alles in Kreisen zu bewegen, was sich an einem Jungen festmachte, der öfter an mir vorbeikam. Zuerst hatte er ein mit Leuchtfarben bemaltes T-Shirt an, dann war er am Oberkörper nackt. Er kam immer mit dem gleichen, riesigen Sonnenscheinlächeln an mir vorbei, um wieder zwischen den anderen Tänzern zu verschwinden und später wiederaufzutauchen. Generell tauchten Leute auf, um gleich wieder zu verschwinden, um zurückzukommen oder auch nicht. Es hatte auch nicht wirklich Bedeutung. Ein junger Mann, der gerade an der Kante zwischen dem normalen Boden und dem Dancefloor stand, sodass genau seine Fußspitzen über die Kante ragten, schien ebenso Bedenken über die Beschaffenheit des Bodens zu haben. Ich dachte mir, eigentlich könnte er auch an einem Abgrund stehen, es sind nur ein paar Zentimeter, aber es könnte doch auch ein Abgrund sein. Und dann sprang er fast hinein in den Dancefloor, über die Kante drüber, als wäre

---

Politics? In: Muggleton, David/Weinzierl, Rupert (Hg.): The Post-Subcultures Reader. Oxford 2003, 83-97; Huq, Rupa: Beyond subculture. Pop, youth and identity in a postcolonial world. London/New York 2006; Weinzierl, Rupert/Muggleton, David: What is „Post-subcultural Studies" Anyway? In: Dies., The Post-Subcultures Reader, 3-23.

10 Vgl. Schwanhäußer, Anja: Kosmonauten des Underground. Ethnografie einer Berliner Szene. Frankfurt am Main 2010, 116-125.

es ein ganz besonderer Schritt. Sobald er den Dancefloor betreten hatte, bewegte er sich auch anders, irgendwie. Ich beobachtete andere Leute, die über die Kante gingen, als wäre da nichts, nur dieses eine Mal, bei diesem einen jungen Mann war es so ein besonderer Schritt gewesen. Ein anderer Mann versuchte etwas abseits der Tanzfläche Rosen zu verkaufen. Er wirkte für mich verloren und nicht am richtigen Ort. Er versuchte, durchzugehen, wo alle anderen tanzten, und wirkte einsam. Niemand schien ihm Rosen abzukaufen, da niemand flirtete. Die Leute berührten sich beim Tanzen nicht einmal, vielmehr entschuldigten sie sich, wenn sie es taten, so als hätten sie einen bei etwas Wichtigem gestört."[11]

Diese Auflösung von Raum und Körpern, wie hier durch die Musik, die plötzlich als Boden dient, oder die verwischenden Farbwirbel auf den Tänzer_innen, findet sich auch an anderen Stellen.

Alltägliche Orte und die mit ihnen verbundenen Symbole können sich durch Neuinszenierung bei einer Party zersetzen oder komplett neue Bedeutungen erhalten. In ihrer Studie über die Berliner Techno-Szene „Kosmonauten des Underground" beschreibt Anja Schwanhäußer, wie die Kuppel des Kongresszentrums am Alexanderplatz durch eine Diskokugel in ein Sternenfirmament verwandelt wird, wie Neonröhren mit ihrem künstlichen Licht Linien und Kanten eines Gebäudes betonen und den Ort damit symbolisch überhöhen und zerstören und wie Muster, die – in dunkle Ecken und Winkel projiziert – den Anschein einer zum Leben erwachten Feenwelt erwecken.[12] Wichtig an all diesen Inszenierungen von Raum und Körpern ist ihre Flüchtigkeit: Sie existieren nur so lange, wie Leute dort sind, die sie inszenieren und die die neuen, flüchtigen Bedeutungen aufrecht erhalten.

Die Bedeutung der Inszenierung durch die Akteur_innen zeigt sich in meiner Feldforschung anhand des Rapoldiparks, eines öffentlichen Parks in Innsbruck. Bei einem Besuch erlebe ich diesen als uneinsichtig und kleinteilig, er ist geprägt von Bäumen, Büschen, kleinen Rasenflächen, Hügelchen und Nischen. Von keinem Punkt im Gelände aus lässt sich der ganze Park einsehen.[13] Dadurch bietet er sich als ein Raum zwischen öffentlich und privat an. Paul beschreibt ihn als einen der angenehmeren Plätze im Stadtraum, den er einen Sommer lang fast jeden Tag besucht hat. Hier gebe es viele Freiräume, man könne machen, was man will, und am Abend gebe es hier nicht die Leute, die sonst im Nachtleben negativ auffallen. Für ihn stellt der Park eine kleine grüne Oase im Stadtraum dar.[14]

---

11 Feldtagebuch, Elisabeth Waldhart, 4.3.2016, Party im Queensclub.
12 Vgl. Schwanhäußer, Kosmonauten des Underground, 118.
13 Vgl. Feldtagebuch, Elisabeth Waldhart, 25.6.2015, Rapoldipark.
14 Vgl. Interview mit Paul (Jg. 1993), geführt von Elisabeth Waldhart, Innsbruck, 5.7.2015.

Anhand des Rapoldiparks werden die verschiedenen Konstruktionen des Raums in der hegemonialen Sichtweise einerseits und in der Sichtweise der Subkultur andererseits sichtbar. So stellt sich der Rapoldipark, von Paul als eine grüne Oase und Freiraum innerhalb der Stadt beschrieben, zugleich auch als medial konstruiertes *Stereotyp eines unsicheren Ortes* dar. Hier gebe es Schlägereien, polizeiliche Schutzzonen wurden ausgewiesen, der Park wird videoüberwacht.[15] Die Akteur_innen der Goa-Subkultur wehren sich nicht öffentlich gegen dieses Bild, übernehmen den Park aber trotzdem für sich. Dabei gehen sie nicht offensiv gegen die Spielregeln des öffentlichen Lebens, des Marktes und der industriellen Produktion vor, wie dies die Punks in der Form, wie die Cultural Studies sie porträtierten, wahrscheinlich getan hätten. Stattdessen überlagern sie die medial konstruierten Bedeutungen mit ihren eigenen, die sie aber nicht nach außen kommunizieren. Sie machen aus dem Park ihre eigene Welt. Oft sind es Räume, denen eine gewisse Unsicherheit innewohnt, die von den Akteur_innen der Goa-Subkultur bespielt werden – zum Beispiel Brachen, verlassene Häuser oder eben der Rapoldipark. Der Park als ein Graubereich zwischen drinnen und draußen, zwischen öffentlich und privat kann so auch stellvertretend für eine der großen Dichotomien der Moderne stehen. In seinen Qualitäten als privater Raum lässt er sich mit dem Innenraum vergleichen, der von Elisabeth Katschnig-Fasch nicht nur als ein physisch und rechtlich geschützter Raum konzipiert wird, als Ort, an dem die direkte soziale Kontrolle durch verinnerlichte Selbstzwänge ersetzt ist. Es werden auch Teile des menschlichen Seins, die sich den Spielregeln des öffentlichen Lebens, der Logik des Marktes und der industriellen Produktion nicht fügen wollen, in den geschützten Innenraum verlagert.[16] Diese Teile werden von der Goa-Subkultur in Räume eingeschrieben, die zwischen Sicherheit und Unsicherheit changieren.

Dieser Befund des Flüchtigen und Unsicheren ist in Bezug auf elektronische Musik und die dazu in Beziehung stehenden Kulturen nicht neu. Jochen Bonz spricht von einer Kultur des Tracks, die eine eigene, postmoderne Welt ausbildet, in der sich die Akteur_innen bewegen. Als solche ist sie beständig in Auflösung begriffen und bezieht sich so in zugespitzter Art auf eine postmoderne basale Kultur, die von Auflösung und Fragmentiertheit geprägt ist. Diese Bindung ist jedoch

---

15 Vgl. Sailer, Sarah: Zur Kontextualisierung der Triade Sauberkeit, Ordnung, Sicherheit. Am Beispiel des Innsbrucker Rapoldiparks. In: Bricolage 6: „SOS. Sauberkeit Ordnung Sicherheit in der Stadt". Innsbruck 2010, 168-181;.; Eingabe bei der Stadt Innsbruck: Lebensgefahr im Rapoldipark. 22.6.2015. Online unter: https://www.buergermeldungen.com/Innsbruck/Buergermeldungen/Kinderspielplaetze-Sportplaetze-Gruenanlagen/Lebensgefahr-im-Rapoldipark (Stand: 18.7.2018). Die Schutzzonen wurden auch für 2018 weiter verlängert.

16 Vgl. Katschnig-Fasch, Elisabeth: Möblierter Sinn. Städtische Wohn- und Lebensstile (= Kulturstudien, Bibliothek der Kulturgeschichte, Sonderband 24). Wien/Köln/Weimar 1998, 81-82.

nicht stark, da sich die Kultur des Tracks vielmehr auf sich selbst bezieht und sich so von früheren Subkulturen abhebt.[17] Dieses Gefühl von Auflösung, Fragmentiertheit und Unsicherheit findet sich in verschiedenen Ausprägungen auch in der Goa-Subkultur. Sie kann damit als postmodernes Phänomen interpretiert werden. Katschnig-Fasch spricht in der Einleitung zu ihrem Buch „Möblierter Sinn", das anhand der Wohnsituationen und Lebenswelten den Begriff Lebensstil kulturwissenschaftlich neu fasst, von einer räumlichen und zeitlichen Expansion, die die Postmoderne präge. Alles passiere gleichzeitig, den Menschen stünden unbegrenzte individuelle Möglichkeiten zur Verfügung. In ihrer Bestimmung des Begriffes werden traditionelle Bindungen wie Beruf, Alter, Bildung oder Herkunft bedeutungslos. Sie weichen einer tiefgreifenden Orientierungslosigkeit.[18] Diese Orientierungslosigkeit lerne ich auf der Party kennen, wenn Leute vorbeikommen, um wieder zu verschwinden, und sich alles in Kreisen dreht. Sie ist aber nicht an sich negativ, sondern birgt durch ihre Offenheit schöpferisches Potenzial. Durch die Ziellosigkeit und das Kreisen eröffnen sich beständig neue Möglichkeiten.

In der Musik – Orientierungslosigkeit und Offenheit

Diese Orientierungslosigkeit findet sich in der Musik, in der konkrete Verweise fehlen, wie sie in der klassischen Popmusik durch den Text, aber auch durch Rückgriffe auf Stile vorgenommen werden. Dies wird mir auch beim gemeinsamen Musikhören mit Paul deutlich:

> „Wir hören das Lied ‚Tales of the Coin Spinner' von Easily Embarrassed. Mir fällt als Erstes der Name dieses Interpreten auf, und Paul meint, dass der Interpret auch sehr speziell ist und ihm außerordentlich gut gefällt. Wir reden darüber, dass bei dieser Art von Musik keine Texte da sind, die etwas erzählen könnten, und die Narrative immer sehr vage sind. Er meint, irgendwie spielt dieses Album mit Elementen aus Alice in Wonderland. Das Cover ist schön gemacht und ich frage, ob es wohl im Booklet eine Art Narrative gibt, was Paul nicht weiß. Ich finde interessant, dass es für ihn offenbar Sinn macht, Verbindungen herzustellen, obwohl nur gewisse Geräusche an etwas erinnern oder Klangwolken etwas erzählen."[19]

---

17 Vgl. Bonz, Jochen: Subjekte des Tracks. Ethnographie einer postmodernen/anderen Subkultur. Berlin 2008, 147-152.
18 Vgl. Katschnig-Fasch, Möblierter Sinn, 11-17.
19 Feldtagebuch, Elisabeth Waldhart, 19.1.2015, Gespräch mit Paul.

Das Fehlen eines Erzählfadens, der durch das Musikstück führt, lässt sich als Offenheit oder Unbestimmtheit deuten. Die Musik gibt keinen Weg vor, an dem man sich orientiert, vielmehr eröffnet sie einen Raum, in dem man sich verlieren kann.

Dabei dient die Musik nicht nur als Umgebung oder Untergrund, sie kann sich auch direkt auf den Körper auswirken.[20] Nach außen sichtbar gemacht wird das an der lockeren, bequemen Kleidung und der Körperhaltung der Akteur_innen. Darin drücken sich Nonkonformität und ein Bruch mit bürgerlichen oder marktwirtschaftlichen Zwängen aus. Diese Haltung lässt sich mit jener vergleichen, die Paul Willis in seiner Studie über eine Gruppe von Hippies in den 1960er Jahren zur Körpersprache beschreibt. Er liest an der eigenwilligen Art der Bewegungen ab, dass der Körper in dieser Subkultur nichts Selbstverständliches sei, sondern eine „Fiktion, an die man besser glaubte". Der Körper, so beschreibt er, sei ein Ausdrucksmittel, aber nicht mehr, während sich die eigentliche Realität im Kopf abspiele.[21] Diese betont lockere und entspannte Haltung tauchte ein weiteres Mal in den 80er Jahren auf, wenn die Rückkehrer_innen aus Ibiza – die dort auf Acid House gestoßen waren – ihre Urlaubskleidung auch in den englischen Clubs anbehielten. Mit diesem Mittel bildeten sie eine Gegenbewegung zur durch Anzüge und förmliche Kleidung geprägten *Style Culture* ab.[22] Bei meinen Beobachtungen im Feld begegnet mir diese Lockerheit in einer Anekdote, die mir über ein Fest erzählt wird, bei dem die Besucher_innen in den Whirlpool „kugelten", oder wenn mein Feldpartner Lukas in viel zu weiten Hosen und mit hüftlangen Rastalocken in seiner ganz eigenen ruhigen, lässigen und langsamen Art daherschlendert; aber auch, wenn Paul selbstvergessen in der Wiese steht und tanzt, sodass ich es nur mit der Umschreibung „wie eine Alge im Meer" fassen kann.

An diese Beobachtungen der Unbestimmtheit lassen sich Überlegungen von Toshiya Ueno anschließen: Da im Techno der Text fehlt, der ausgesprochene Bedeutungen transportieren kann, würden diese subtiler in den Tracks und im damit verbundenen Bewegen und Tanzen transportiert. Ueno versteht das Tanzen als eine unkonventionelle Form von Widerstand, einen *(un)learning process*, bei dem der sozial konstruierte Körper infrage gestellt wird. Die Bewegungen folgen keinem fixen Schema, sie werden erfahren und sind wiederholend, experimentell, nachahmend, sie werden unbewusst von Körper zu Körper übertragen. In diesem Prozess wird das eigene Selbst infrage gestellt, und das Andere kann in diesem

---

20 Vgl. Bonz, Jochen: Alltagsklänge – Einsätze einer Kulturanthropologie des Hörens. Wiesbaden 2015, 47-54.
21 Vgl. Willis, „Profane Culture", 126-131.
22 Vgl. Collin, Matthew/Godfrey, John: Im Rausch der Sinne. ecstasy-kultur & acid house. St. Andrä/Wördern 1998, 69-70.

Raum als das Eigene erfahren werden.[23] Die lockere Haltung, ausgedrückt in der Körperhaltung, ermöglicht eine Öffnung – Konventionen werden gelockert oder aufgelöst, den Bewegungen wohnt etwas Spielerisches inne. Man kann sich in die Musik und in den Moment versenken, und man kann sie ernst nehmen.

Im Erfahrungsraum, der sich hier eröffnet, ist das Zusammenspiel von vertraut und verborgen[24] prägend. Eine äußere Realität wird dabei mit eigenen Überlegungen und Ideen überlagert. Ein Verwischen zwischen Phantasie und Realität findet statt, in diesem Dazwischen entsteht ein Möglichkeitsraum. Dessen Unsicherheiten beruhen darauf, dass etwas Vertrautem neue oder bisher versteckte Bedeutungen gegeben werden oder ihm einfach alle realen Bedeutungen genommen werden. Die Bedeutungen, die auf diese Weise kreiert werden, können flüchtig sein: Wenn die Party vorbei ist, wird aus der bespielten Location wieder ein normales Lokal oder eine Brachfläche, bei Tageslicht erweist sich der aufregende, neu entdeckte Ort als normale Wiese. Eine Welt, die entstanden ist, löst sich wieder auf. Für die Akteur_innen der Subkultur ist dieses Dazwischen nicht unangenehm, sondern zeigt vielmehr Möglichkeiten auf. Alles kann alles sein oder auch einfach nichts. Wer hingegen nicht dazugehört, spürt dies oft als etwas Unheimliches. Bei meinem Besuch im *Queens Club* zeigt sich dieses Unheimliche als ein Verlorensein, ein zielloses Treiben:

> „Nachdem ich eine Weile auf der Tanzfläche versucht hatte, den Faden zu finden, der nicht auftauchen wollte, gingen meine Begleiter zu einer der Sitzgruppen. Zuvor holten sie sich noch Eistee von der Bar, jetzt drehten sie sich Zigaretten. An uns irrte ein Typ vorbei, er sah ganz verloren aus. Generell fiel mir auf, dass viele Leute, die nicht auf dem Dancefloor waren und nur herumgingen, verloren wirkten, vor allem, wenn sie allein waren. Irgendwie einfach treibend. Ein Bild geisterte in meinem Kopf herum, von einem kleinen Mädchen, im Supermarkt, das irgendwie seine Eltern verloren hatte und weinte. Irgendwie diese Art von Verlorensein. Die Menschen am Dancefloor oder die, die sich darum herum zur Musik bewegten, die wirkten nicht verloren. Die wirkten ganz bei sich und zusammen in der Gruppe, irgendwie gemeinsam auf der Musik."[25]

Für die Goa-Bewegung charakteristisch, geht es nicht um das Finden einer endgültigen Lösung, sondern um das Ausprobieren und Wieder-Verwerfen von vielen

---

23 Vgl. Ueno, Toshiya: Unlearning to Raver: Techno-Party as the Contact Zone in Trans-Local Formations. In: Muggleton/Weinzierl, The Post-Subcultures Reader, 101-117.
24 Zu diesen beiden Begriffen, und wie sie das Unheimliche (oder eben auch Unsichere) konstituieren, vgl. Freud, Sigmund: Das Unheimliche. Kleine Schriften II, Kapitel 29. Online unter: http://gutenberg.spiegel.de/buch/kleine-schriften-ii-7122/29 (9.5.2016).
25 Feldtagebuch, Elisabeth Waldhart, 4.3.2016, Party im Queensclub.

kleinen Ideen und Lösungen. Es ist ein Dazwischen-Schweben, in dem sich auch Orte für Utopien eröffnen können.[26]

Dieser offene Umgang mit den Orten und Körpern lässt sich, ebenso wie das kreative Schöpfen aus den unsicheren Räumen, als ein Verhältnis zu einer Welt sehen, die ebenfalls unsicher und flüchtig ist. Die Reaktion darauf ist kein Rückzug beziehungsweise keine Flucht, sondern eine Öffnung. Das Private wird in Räume verlagert, die potenziell für jeden zugänglich sind. Gerade in diesen unsicheren Räumen werden Potenziale und Möglichkeiten entdeckt und, wenigstens für kurze Zeit, ausgeschöpft. Wie auch Schwanhäußer in ihrer Studie „Kosmonauten des Underground" zeigt, befinden sich die Akteur_innen in einem ewigen Übergang, in dem die Zukunft offen bleibt.

Auf der Reise – fremde Welten

Neben dieser dauernden Unsicherheit und dem Verbleiben in einem Schwebezustand gibt es den Versuch, eine Form von Wirklichkeit zu fixieren. Dazu dienen konstruierte Welten und Geschichten, die in einem Graubereich zwischen Phantasie und Wirklichkeit liegen und in denen etwas über diese Welt erzählt wird.

Eine solche Erzählung findet Paul Willis in ähnlicher Weise bei den Hippies. Er bezeichnet es als „ein unendliches, symbolisches Spiel",[27] das die Lösung eines der grundlegenden Probleme der Hippies darstelle. Durch eine Kreisbewegung in ihren Erzählungen verhinderten sie es, sich einer endgültigen Lösung stellen zu müssen. Die Hippies könnten so „ewig auf der Schwelle zur Erfahrung der äußersten Wahrheit verweilen"[28]. Sie bezeichneten Dinge, ohne sie tatsächlich zu bezeichnen. Willis stellt auch heraus, dass es oft nicht wichtig sei, was gesagt wird, sondern vielmehr, wie es erzählt wird. In der Sprache wurde aus den alltäglichen Erlebnissen eine Art Kunstwerk. Auch Erzählungen, wie sie mir in der Subkultur begegneten, können diese Qualitäten annehmen. Sie klingen für Nichteingeweihte absurd, machen aber für die Akteur_innen absolut Sinn. Eine solche Geschichte erzählt mir Lukas, als er von einer Reise zu einem großen Festival berichtet:

> „Er meint, ihm hat Paris nicht gefallen, er war einmal eine Nacht dort, als er mit einem Freund zum Boom Festival nach Portugal fuhr. Es klingt nach einer unglaublich verrückten Reise. Sie hatten kein Geld mehr, es gab Probleme mit der Bankomatkarte seines Freundes. Offenbar hatte die Fahrt damit angefangen, dass sie von Niederöster-

---

26 Zu diesem offenen Raum vgl. auch das Chillen bei Bonz, Alltagsklänge, 97-98.
27 Willis, „Profane Culture", 114.
28 Ebd.

reich aus einen Bekannten in Ungarn besuchen wollten, den sie von einem Schulaustauschprojekt kannten. Dorthin nahmen sie ein Einmachglas voller Dope aus eigenem Anbau mit. Unterwegs wurden sie von der Polizei erwischt, glücklicherweise war der Polizist auch Kiffer. Deswegen endete es damit, dass er ihnen das halb volle Glas wieder zurückgab, den Rest behielt er für sich. Sie waren auch in Norditalien, wo ihnen dann das Geld ausging. Nicht einmal etwas zu trinken konnten sie sich kaufen. Offenbar wollte ihnen irgendwann ein Obdachloser etwas abgeben. Irgendwo auf der Reise, war es in Paris? Ich kann mich nicht mehr erinnern, Lukas hat die Geschichte weniger linear erzählt, etwas mehr durcheinander. Jedenfalls bot ihnen ein Obdachloser einen angebissenen Burger an, den er selber gefunden hatte. Lukas meint, dass es ein scheiß Gefühl ist, wenn man so weit kommt. Offenbar hatte der Mann sie wegen etwas Geld angesprochen, dann hatten sie ihm klar gemacht, dass sie selber gar nichts mehr hatten, und dann wollte er ihnen etwas von sich abgeben. Irgendwie schafften sie es dann doch aufs Festival. Am Ende der Reise, am Weg vom Bahnhof in Richtung Festivalgelände, war es richtig heiß, die Sohlen der Schuhe schmolzen auf dem Asphalt fast. Irgendwer nahm sie per Autostopp das letzte Stück mit. Die Leute in Portugal sind laut Lukas nett und entspannt. Sie haben die Freunde nicht verstanden, aber sie haben sie mitgenommen. Vom Festival selber erzählt er kaum etwas, außer dass es super war."[29]

Charakteristisch für die in dieser Erzählung dargestellte Reise ist ihr Verlauf: Sie beginnt unaufgeregt, im Verlauf ergeben sich verschiedene, lose miteinander verknüpfte Szenen, am Ende führt alles zu einem Happy End.

Mich erinnert diese Erzählweise an Lewis Carolls „Alice in Wonderland"[30]; typisch für diese Art von Narration sind verschiedene Figuren, die die Geschichten bevölkern. Graham St. John findet in seinen Studien zu Psytrance ebensolche, er benennt sie als *liminale Figuren*. Dabei kann es sich um Aliens, Ungeheuer, den Outlaw oder „Ureinwohner" handeln. Bei ihnen handelt es sich um Derivate aus populärkulturellen Figuren und Archetypen, die in verschiedenen Formen in die Subkultur eingebracht werden. Man kann diesen Figuren begegnen, man kann sich selbst in diese verwandeln, jemand anders kann eine dieser Rollen einnehmen, sie können abstrakte Bedeutung haben oder einfach nur dazu dienen, Erfahrungen zu illustrieren.[31]

---

29 Feldtagebuch, Elisabeth Waldhart, 1.–12.6.2015, Archäologische Exkursion, Situation 5 – Längeres Gespräch am letzten Abend.
30 Alice in Wonderland stellt eine Narration dar, die in der Goa-Subkultur öfter – sei es in Samples, Art-Works oder Dekoration bei Partys – rezipiert wird. Vgl. dazu beispielsweise: Schwanhäußer, Kosmonauten des Underground, 239 sowie Fußnote 56.
31 Vgl. St. John, Graham: Liminal Being. Electronic Dance Music Cultures, Ritualization and the case of psytrance. In: Bennett, Andy/Waksman, Steve: The Sage Handbook of Popular Music. New York 2015, 243-260, insbesondere 254. Von St. John in ihren Bedeutungen ausbuchstabiert

Diese *liminalen Figuren* laden ebenso wie die flüchtigen Orte dazu ein, sich dort einzurichten. Sie sind Teile einer Welt, in der sich die Akteur_innen der Goa-Subkultur bewegen. In und mit diesen kann man sich nicht einfach nur bewegen, sie bieten an, sich in dieser Welt in alles Mögliche zu verwandeln. In ihrer Funktion als Welt, die man zu der seinen gemacht hat, bieten sie aber auch einen Anker an. Hier findet sich Bekanntes im Unbekannten. Sie lassen es zu, dass man in der Musik versinkt, alles sein kann, ohne sich dabei endgültig zu verlieren und ganz aufzulösen. So lässt sich auch der Obdachlose in Lukas' Erzählung als eine solche Figur deuten. Die beiden Reisenden erleben es, unten angekommen zu sein, aber nur für eine begrenzte Zeit, bis sie wieder weiterziehen.

Innerhalb dieser Erzählung finden sich Narrative, die in der Goa-Subkultur öfter auftauchen. Das der Reise ist dabei häufig – es verweist auf die ersten Akteur_innen der Subkultur, die ebenfalls Reisende waren, aber auch auf die Reise, auf die man sich in einer Partynacht begibt. Der Verweis auf die ersten Akteur_innen der Subkultur zeichnet eine Spur vor, auf der man die Konstruktionen innerhalb der Subkultur weiter nachvollziehen kann. Diese Entstehungsgeschichten werden meist aus einer Innensicht heraus erzählt. Ein Narrativ, an dem die Gemachtheit dieser Erzählungen besonders klar wird, besteht im Mythos über den Ursprung der Goa-Subkultur in der indischen Region Goa in den 80er Jahren. Die Entstehungsgeschichte taucht innerhalb der Subkultur immer wieder auf. Als Paul sie mir erzählt, klingt es sagenhaft: „Wichtig ist, dass es Hippies waren, die am Strand von Goa zu der Musik getanzt haben und damals auch noch eigene Instrumente eingebracht haben. Ich finde es bemerkenswert, wie wichtig es Paul ist zu betonen, dass die Leute am Strand getanzt haben. Nirgendwo sonst, nein, sie waren am Strand, um zu tanzen."[32]

Erik Davis, der Goa 1990 besuchte, um den Ursprung der Goa-Subkultur zu suchen, berichtet in seiner Studie „Hedonic Tantra" über eine Begegnung mit Goa Gil, einem der berühmtesten DJs in dieser Zeit, auf einer New Year's Eve Party:

> „Behind the mixing table stood an old-school hippie: long dreads, black jacket and leathery, sunburned face. The man was slapping tapes into two DAT players run through a pint-size mixer. Alongside his stacks of black-matte cassettes stood a candle, a few

---

werden die Begriffe *Zombies* (vgl. St. John, Graham: Rave from the Grave. Dark Trance and the Return of the Dead. In: Moreman, Christopher M./Rushton, Cory James: Zombies are US: Essays on the Humanity of the Walking Death. Jefferson 2011, 24-39) und *Aliens/Astronauten* (vgl. St. John, Graham: Aliens Are Us: Cosmic Liminality, Remixticism and Alienation in Psytrance. In: The Journal of Religion and Popular Culture, 25 (2013), 2, 186-204).

32 Feldtagebuch, Elisabeth Waldhart, 19.1.2015, Gespräch mit Paul.

sticks of Nag Champa incense, and a small devotional portrait of Shiva Shankar, sitting in ardha-padmasana on a tiger skin."³³

An diesem Abend erlebt er auch die Veränderungen auf der Tanzfläche und die wechselnden Menschen. Am Morgen, bei Sonnenaufgang, erscheinen die älteren Hippies, um den besonderen Moment zu genießen:

„As the dawn rays floated through the dusty clearing, a crazy quilt of beautiful people slowly emerged from the gloom: Australians, Italians, Indians; Africans in designer sweatshirts, Japanese in kimonos, Israelis in polka-dot overalls. A crowd of old-time Goan hippies ringed the clearing, gray-haired and bearded creatures who dragged themselves out of bed just to taste this moment."³⁴

Davis beschreibt den Ursprung der Subkultur anhand der persönlichen Geschichte von *Goa Gil*, der 1969, verärgert über die Abzocker und Junkies in San Francisco, nach Goa reist. Dort schließt er sich Sadhus an, den herumziehenden heiligen Männern des Hinduismus. Von ihnen lernt er verschiedene spirituelle Techniken. Jeden Winter kommt er nach Goa, um dort zunächst an den Trommelkreisen am Lagerfeuer teilzunehmen und dann Rockplatten zu hören. Er ist auch 1983 dabei, als die beiden DJs Fred und Laurent, gelangweilt von Reggae und Rock, beginnen, mithilfe zweier Kassettendecks elektronische Musik abzumischen. *Goa Gil* schließt sich ihnen an und beginnt ebenfalls, als DJ zu arbeiten.³⁵ Davis benennt die Ursprungsgeschichte in Goa als eine *construction of desire*, eine kontextualisierende Hintergrundgeschichte, nach der die Szene verlangt habe. Anhand seiner Beschreibungen kann man der Magie nachspüren, die diesen Ort ausmacht. Es geht weniger um die Menschen, die dort leben, als vielmehr um die Landschaft, die *Traveller*, die hierher gekommen sind, und die besondere Atmosphäre mit Dschungel, Strand und Wasser. Aber auch um die Geschehnisse, die Mischung aus verschiedenen Elementen und Einflüssen, die sich verflechten und aus denen etwas Neues entsteht. Indem die Erzählung immer wieder aufgegriffen wird, so oder anders, in Teilen oder auch nur in einem Satz, können die damit verbundenen Elemente verwendet werden.

Ein solches Element der Geschichte rund um die Entstehung der Subkultur ist die Vorstellung einer fremden Welt. Das können exotisierte Orte sein, die mit utopischen Vorstellungen und Träumen aufgeladen werden. Einmal ist dies Goa,

---

33 Davis, Erik: Hedonic Tantra. Golden Goa's Trance Transmission. In: St. John, Graham (Hg.): Rave Culture and Religion. London 2004, 256-272, hier 259.
34 Ebd., 262.
35 Vgl. Ebd., 256-272.

das namensgebend für die Szene ist, ein anderes Mal Ibiza. An diesen Orten scheinen alle Möglichkeiten offen zu sein – sie sind eine veränderte Form der flüchtigen Orte, die sich in der Vorstellung der Akteur_innen entfalten. Insgesamt geht es um eine Idee, was diesen Ort ausmachen könnte, auch wenn man selbst nie da war. Ob es den Ort gibt und wie er ist, wenn man dort ist, ist gar nicht wichtig.

Wichtig ist, dass man diese Welten zu eigenen Welten machen kann, dass man dort einen Bezug findet und in Beziehung dazu treten kann. Für die Goa-Subkultur sind diese exotischen Orte solche, an denen man einen Platz hat, an dem man sich vorstellen kann, frei zu sein. Sie bieten einen Raum an, den man mit eigenen Bedeutungen füllen kann. Graham St. John zeigt auf, dass dafür nicht nur exotische Orte verwendet werden, sondern auch extraterrestrische. Auch hierhin können Ideen einer Reise, nicht nur nach außen, sondern auch nach innen, verlegt werden.[36]

Ein anderes Element in diesen Ursprungsgeschichten bilden die Hippies. Sie sind es, die am Strand die elektronische Musik entdecken. Es scheint, dass auch sie sich, neben Alice im Wunderland, Aliens, Zombies und anderen als *liminale Figuren* lesen lassen. Als Narrativ bewegen sie sich zwischen Realität und Traum, sie stehen zwischen Welten.[37] Die Bilder und Erfahrungen, die innerhalb der Subkultur mit den Hippies verbunden sind, sind stark medial geprägt. Dick Hebdige spricht davon, dass viel davon, was innerhalb einer Subkultur an Bedeutungen auftaucht, von den Medien vorformuliert worden sei. Er bezieht sich dabei insbesondere auf Bilder und Vorstellungen von Arbeiterklasse.[38] Die Aussage lässt sich aber auch auf die hier formulierten Narrative übertragen und dabei insbesondere auf die Hippies als bürgerliche Gegenbewegung. Dabei obliegt es immer den Akteur_innen der Subkultur, welche Elemente dieser Bedeutungen sie übernehmen, welche sie ablehnen und wie sie dies in ihre subkulturelle Identität einbinden.

Die Erzählungen um die Entstehung der Goa-Subkultur und eine subkulturelle Vergangenheit, die hier mit den Hippies als Bindeglied hergestellt werden, sind aber nicht nur mit Unsicherheit verbunden, sondern stellen auch etwas Fixes her. Durch die Verbindung zwischen den beiden Dingen können Bedeutungen oder Ideen transferiert werden. In der Geschichte geht es nicht um die Hippies an sich, sondern um eine Idee, wie sie gewesen sein könnten, oder darum, wie die Akteur_innen der Goa-Subkultur sie gerne sehen würden. Und damit auch darum, wie sie sich selbst gern sehen und darstellen würden. Alle diese Konstruktionen verbindet, dass sie eine Klammer bilden, die die Goa-Subkultur in ihrer Flüchtigkeit zusammenhält, und einen Rahmen bieten, auf den man sich berufen

---

36 Vgl. St. John, Aliens Are Us, 190.
37 Eine ähnliche Überlegung formuliert auch St. John, Rave from the Grave, 35.
38 Vgl. Hebdige, The function of subculture, 441-450.

kann. Die Elemente der Erzählung müssen nicht verbalisiert werden, es können auch andere Versatzstücke wie Kleidung sein. Für die Leute, die aus Ibiza zurückkehrten, waren es bunte Shorts, Turnschuhe und T-Shirts, die die Baleareninsel widerspiegelten: Egal, wo sie sind, ihr Urlaub ist nicht vorbei.

Wie Unsicherheit wirkt

Wie gehen die Akteur_innen der Subkultur mit der Unsicherheit und der ständigen möglichen Auflösung von Realitäten um? Für mich hat sich herausgestellt, dass diese Unsicherheit und Auflösung nicht als Bedrohung wahrgenommen wird, sondern als ein spezieller Zustand, der es zulässt, neue Möglichkeiten zu entdecken und auszuprobieren. In verschiedenen Ausprägungen finden sich diese an den Orten der Subkultur, wie bei der Party, im Park, aber auch an Brachflächen und alltäglichen Orten, die mit neuen Bedeutungen versehen werden. Die Möglichkeiten spiegeln sich auch in den Räumen, die die Musik eröffnet, und in den Körpern der Tänzer_innen, genauso wie in den *liminalen Figuren*, die den subkulturellen Kosmos bevölkern.

Gleichzeitig zeigen sie aber auch eine Ablösung von traditionellen Bedeutungsmustern an. Werden diese bei den klassischen Pop-Subkulturen aus der zweiten Hälfte des 20. Jahrhunderts aufgegriffen und umgeformt, oder auch symbolisch zerstört, verflüchtigen sie sich in der Goa-Subkultur. Um dies zu illustrieren, kann das Beispiel der Kleidung herangezogen werden, wie John Fiske dies anhand der Jeanshose tut. Diese ist mit verschiedensten Bedeutungen belegt. Die meisten Leute kennen diese Bedeutungen und besitzen auch eine solche Hose, sie ist Teil des populären Textes. Als solcher wird sie von verschiedensten Subkulturen aufgegriffen und modifiziert, die Hose wird gefärbt, gebleicht, eng oder weit geschnitten oder es werden Löcher hineingerissen.[39] In der postmodernen Goa-Subkultur sind die alten Bedeutungen weitaus weniger wichtig. Die Akteur_innen haben keine Jeanshosen mehr an, sondern bunte, weite Stoffhosen. Diese werden als „irgendwie indisch" verortet; wie die ebenfalls bestehende Bezeichnung *Haremshose* aufzeigt, haftet ihnen etwas Exotisches an. Mit ihr verbunden sind wiederum verschiedene Bedeutungen, sie ist Erkennungsmerkmal der Subkultur, beeinflusst die Bewegungen der Träger_innen und das Bild des Körpers. Sie kann aber auch einfach nur bequem oder „eine coole Hose" sein. Die Bindungen zwischen den Objekten und den damit verknüpften Ideen werden in einer postmodernen Subkultur schwächer.

---

39 Vgl. Fiske, John: Understanding Popular Culture [1989]. 2. Auflage, London/New York 2010, 1-18.

Von dieser Diagnose einer postmodernen Subkultur ausgehend, stellt sich die Frage, wie sich Subkultur auf ihre Akteur_innen auswirken kann. Die Wissenschaftler_innen des *Centre for Contemporary Cultural Studies* sprechen von einer magischen Lösung, die Subkultur biete. In dieser könnten die Probleme der Jugendlichen in ihrem historischen und sozialen Umfeld artikuliert und aufgelöst werden. Die Welten der Goa-Subkultur scheinen keine einzelne, große Lösung für die Probleme der Akteur_innen anzubieten. Vielmehr artikulieren sich in ihnen viele kleine, vielleicht auch flüchtige Lösungsansätze. In den Träumen und Utopien, dem Spiel mit Identität, wird es möglich, sich in andere Perspektiven zu versetzen. Graham St. John schreibt dazu:

> „But whether redressive or simply fun, the party, as nurtured by its many and varied exponents in global psyculture, is always potent with possibility – and as such is always more than just a party. Whether optimised in the pursuit of alternative nights out or alternative modernities, temporary utopias or lasting visions, these transitional worlds are infused with potential."[40]

Die Subkultur bietet sich dafür an, in ihr Möglichkeiten zu entdecken. Die Erzählungen, Figuren, Orte, kurz: das, was St. John *Utopien* nennt, lassen sich den Alltagserfahrungen entgegensetzen. Dieser ist selbst von Zerrissenheit und Heterogenität geprägt, von Unsicherheiten durch prekäre Arbeitsplätze, Studium und unsichere Zukunftsaussichten.

Die ständige Unsicherheit, die sich wie ein roter Faden durch die gesamte Subkultur zieht und die hier betont und gewollt wird, steht quer zu den Sicherheitsdiskursen, die in unserer Gesellschaft allgegenwärtig sind. Wie Tom Holert in seinem Beitrag zu „Sicherheit" im „Glossar der Gegenwart", einem Sammelband zu 50 Leitbegriffen der Gegenwart, feststellt, wird das Bedürfnis nach Sicherheit zu einem neuen Geschäftszweig gemacht. Medial dargestellte Unsicherheit in allen Bereichen des Lebens führen nicht nur zur Verunsicherung des Einzelnen, sondern auch zu Gegenmaßnahmen von Politik und Wirtschaft, diese konvertieren permanent Sicherheit in Unsicherheit und Unsicherheit in Sicherheit. Dieses Oszillieren zwischen stabil und instabil, Sicherheit und Unsicherheit macht neue Strategien erforderlich, um damit zurechtzukommen.[41]

Die Goa-Subkultur löst diese Fragen, indem sie die Unsicherheit zu einem begehrenswerten Zustand macht. In den gesamten kleinen, flüchtigen Ideen, den Utopien, wird aus der Unsicherheit keine Bedrohung, sondern ein Raum für Mög-

---

40 St. John, Liminal Being, 257.
41 Vgl. Holert, Tom: Sicherheit. In: Bröckling, Ulrich/Krasmann, Susanne/Lemke, Thomas (Hg.): Glossar der Gegenwart. Frankfurt am Main 2004, 244-250.

lichkeiten. Dabei spielt es keine Rolle, dass es nicht die eine große Lösung gibt, die für jede Akteurin und jeden Akteur passt, oder dass diese Utopien flüchtig sind und sich wieder auflösen können. Sie funktionieren trotzdem.

„Das Buch ist immer besser"
Konstruktion narrativer Identitäten von Fans der Buchreihe „A Song of Ice and Fire"

Hannah Kanz

„I have my mind ... and a mind needs books as a sword needs a whetstone, if it is to keep its edge."[1] Diese Worte lässt George R. R. Martin seinen Romancharakter Tyrion Lannister im ersten Buch der Reihe „A Song of Ice and Fire" sagen. Das Zitat deutet an, dass das Lesen nicht nur eine wichtige kulturelle Praktik zur Wissensaneignung, sondern auch eine Projektionsfläche für unterschiedliche Zuschreibungen darstellt. In diesem Fall wird mit dem Lesen Bildung und Training der geistigen Fähigkeiten assoziiert. Diese kulturell geprägten Zuschreibungen machen das Lesen zu einem für Kulturwissenschaften interessanten Thema. Wie stark das Sprechen über Bücher und das Lesen nach wie vor von bildungsbürgerlichen Idealen geprägt ist, wird im Anschluss diskutiert werden.

Im Zentrum dieses Artikels stehen die Bücherreihe „A Song of Ice and Fire" (seit 1996) und die darauf basierende Fernsehserie „Game of Thrones" (2011–2019) als Fan-Objekte. Die Serie des amerikanischen Fernsehprogrammanbieters *Home Box Office* (*HBO*), die bisher 38 Emmys[2] verliehen bekam, hat der Fantasy-Saga zu großer Popularität verholfen. Aus diesem Grund wird im Alltagsgebrauch meist vom „Game of Thrones"-Fandom gesprochen, welches sowohl die bücherlesenden also auch die serienschauenden Fans umfasst. Auf Basis von fünf Interviews[3] soll hier der Frage nachgegangen werden, aus welchen zentralen Elementen „A Song of Ice and Fire"-Fans ihre Fan-Identität narrativ konstruieren.

---

1 Martin, George R. R.: A Game of Thrones (= A Song of Ice and Fire, 1) [1996]. New York 2011.
2 Vgl. Emmy. Academy of Television Arts & Sciences. Online unter: http://www.emmys.com/shows/game-thrones (Stand: 17.10.2016).
3 Es handelt sich um fünf Interviews mit Personen, die sich selbst als Fans bezeichnen und die sowohl die Bücher lesen als auch die Fernsehserie schauen. Die Feldforschung wurde von mir im Februar und März 2015 im Rahmen meiner Bachelorarbeit durchgeführt. Die Interviews wurden in Anlehnung an GAT 2 transkribiert und narrationsanalytisch ausgewertet. Siehe dazu: Selting, Margret u. a.: Gesprächsanalytisches Transkriptionssystem 2 (GAT 2). In: Gesprächsforschung – Online-Zeitschrift zur verbalen Interaktion, 10 (2009), 353-402; Lucius-Hoene, Gabriele/Deppermann, Arnulf: Rekonstruktion narrativer Identität. Ein Arbeitsbuch zur Analyse narrativer Interviews. Wiesbaden 2004.

Außerdem wird besprochen, welche Bedeutungen die Fans den Büchern, dem Lesen und – in Abgrenzung dazu – dem Fernsehen zuschreiben.

Bei der narrativen Identität handelt es sich um einen Aspekt der eigenen Identität, der während eines Gespräches oder, in diesem Fall, eines Interviews, also durch den Akt des Sprechens hergestellt wird.[4] Narrative Identität kann nicht für sich alleine und isoliert entstehen, sondern wird durch Interaktion und Positionierungen konstituiert. Während des Aktes des Sprechens laufen somit gleichzeitig Prozesse des Darstellens sowie Herstellens ab. Identität muss verbal permanent neu ausgehandelt werden, ein Mensch leistet also sein Leben lang Identitätsarbeit. Mit anderen Worten: Während eines Gespräches wird die eigene Identität sowohl konstruiert als auch explizit artikuliert, also dargestellt.[5]

Charakteristiken des Fan-Seins

Laut Henry Jenkins[6], einem der Pioniere der Fankulturforschung, sind Fans auf fünf verschiedenen Ebenen aktiv: (1) in der Rezeption des Fan-Objekts, (2) über kritische und interpretierende Praktiken, (3) als Konsument_innen, (4) mittels Fan-Art und (5) innerhalb der Fan-Community, die eine Alternative zur sozialen Gesellschaft darstellt. Für die vorliegende Studie sind besonders die ersten beiden Ebenen relevant. Jenkins unterscheidet bei der Rezeption zwischen *semiotic productivity* und *enunciative productivity*. Erstere bezeichnet den Prozess der Rezeption selbst, also das Anschauen einer Serie oder das Lesen eines Buches. Letztere bezieht sich auf den Austausch über die rezipierten Inhalte mit anderen Fans. Diese zweite Ebene besteht aus kritischen und interpretierenden Praktiken; sie lässt sich weiter untergliedern in die kritische Betrachtung und Weiterentwicklung von Handlungssträngen, die genaue Analyse von Details und das Diskutieren von offenen Fragen. Durch diese Praktiken wird von den Fans ein Meta-Text konstruiert, der über die Handlungen des originalen Fan-Objektes hinausgeht.[7] In den Interviews findet sich dieser Meta-Text in Form von Theorien, die von den Fans aufgestellt und diskutiert werden und die zum Beispiel den zukünftigen Handlungsbogen von Figuren oder offene Fragen zu deren Vergangenheit beziehungsweise ihren Handlungen zum Inhalt haben.

---

4   Vgl. Lucius-Hoene/Deppermann, Rekonstruktion narrativer Identität, 47.
5   Vgl. Ebd., 56.
6   Henry Jenkins ist Professor für Journalismus, Kommunikation und Cinematic Arts an der University of Southern California. Sein Forschungsschwerpunkt liegt im Bereich der Pop- und Medienkulturen.
7   Vgl. Jenkins, Henry: Textual Poachers. Television Fans and Participatory Culture. 2. Auflage, New York/Abingdon 2013, 277-278.

Die öffentliche Wahrnehmung und Verhandlung von Fans hat sich in den letzten Jahrzehnten stark verändert: „Rather than ridiculed, fan audience are now wooed and championed by cultural industries."[8] Dazu hat in erster Linie die Medienindustrie beigetragen, die begann, Fans als spezialisierte Konsumentengruppen durch Marketing anzusprechen.[9] Trotz dieser Akzeptanz durch die Öffentlichkeit findet sich im Zusammenhang mit Fan-Identitäten laut Kristina Busse[10] neben dem Stolz auf die eigene Andersartigkeit und Individualität auch ein Bewusstsein über die Kritik, welche die Mainstreamgesellschaft an den Fans übt. Bei der Konstruktion interner Hierarchien im Fandom werde, so Busse weiter, oft auf Stereotype zurückgegriffen, die von außen an die Fan-Gemeinschaft gerichtet werden, wodurch sie von den Fans selbst reproduziert werden. Es handelt sich dabei insbesondere um eine Internalisierung der Definition von ‚normalem' Verhalten. Ein häufig verwendetes Distinktionsmerkmal ist zum Beispiel die Besessenheit. In vielen Fällen ist das Ziel dieser Hierarchiebildung, jemanden zu finden, der noch weniger der Mainstreamvorstellung von ‚Normalität' entspricht als man selbst.[11]

Auch die „Game of Thrones"-Fangemeinschaft ist durch hierarchische Strukturen geprägt. Neben einer Positionierung gegenüber der angenommenen Norm sticht im Fall der „A Song of Ice and Fire"-Fans besonders die Distinktion zu den Serienfans hervor. Die Rangordnung funktioniert aber auch im Sinne eines Verständnisses davon, wer der bessere Fan sei. Francesca Coppa geht davon aus, dass grundsätzlich das Original eine dominante Stellung gegenüber der Nachahmung einnimmt.[12] Von den Fans wird daher oft der Bücherreihe als Fan-Objekt eine Vorrangstellung gegenüber der Serie eingeräumt, da es sich bei ersterer um das Original handle. Ein guter Fan zeichnet sich demnach durch das Lesen und den Besitz des originalen Fan-Objekts, in diesem Fall der Bücher der Reihe „A Song of Ice and Fire", aus. Weitere wichtige Distinktionsmerkmale sind Faktenwissen und die Dauer des Fan-Seins.[13] Von einem engagierten Fan wird zudem erwartet, dass

---

8   Gray, Jonathan/Sandvoss, Cornel/Harrington C. Lee (Hg.): Introduction. Why Study Fans? Afterword by Henry Jenkins. In: Dies.: Fandom. Identities and Communities in a Mediated World. New York 2007, 1-17, hier 4.
9   Vgl. Ebd.
10 Kristina Busse ist Sprachwissenschaftlerin an der University of South Alabama. Ihr Forschungsschwerpunkt liegt im Bereich Fan Fiction und Fan Communities.
11 Vgl. Busse, Kristina: Geek Hierarchies, Boundary Policing, and the Gendering of the Good Fan. In: Participations. Journal of Audience & Reception Studies, 10 (2013), H. 1, 73-91, 76-80.
12 Vgl. Coppa, Francesca: Writing Bodies in Space. Media Fan Fiction as Theatrical Performance. In: Hellekson, Karen/Busse, Kristina (Hg.): Fan Fiction and Fan Communities in the Age of the Internet. Jefferson N. C. 2006, 225-244, 231.
13 Vgl. Busse, Hierarchies, 74.

er up to date ist, sich mit anderen austauscht und die Sprache der Fan-Gemeinschaft beherrscht, dass er also zum Beispiel Andeutungen oder Witze versteht.[14]

Fan-Identitäten in den Interviews

Ein zentrales Distinktionsmerkmal für die interviewten Personen ist ihr Detailwissen, das sie von anderen, speziell aber von den Serienfans abgrenzt. Umfangreiches Wissen wird von ihnen als natürliche Folge des Buchlesens verstanden. Der Zugang zu mehr Details und grundsätzlich zu mehr Informationen stellt einen der zentralen Gründe für sie dar, die Bücher zu lesen. Die Erzähler_innen heben außerdem immer wieder die Komplexität der Geschichte an sich hervor. Eine wiederkehrende Schwierigkeit für die Fans sind die vielen Charaktere. Die Kenntnis der Figuren und deren Verwandtschaftsverhältnisse werden für die Bücherfans zu einem weiteren Distinktionsmerkmal gegenüber anderen Fans. Den Serienfans wird zugeschrieben, dass diese von der Unmenge an Namen und Charakteren verwirrt seien und oft den Überblick verlieren würden. Eine der von mir Interviewten steht als Lesende zwar vor demselben Problem, macht sich aber die Mühe, nachzuschauen: „also wenn=s im buch hasch isch=s schon schwierig die ganzen personen aber ich hab halt immer hinten nachgeschaut."[15] Sie bezieht sich hier auf den in den Büchern angefügten Appendix, der die wichtigsten familiären Häuser und Gruppierungen mit all ihren Mitgliedern und Verbündeten umfasst. Mit dieser Aussage positioniert sie sich als echter Fan, der Zeit und Mühe investiert hat, um ein solcher zu werden und zu bleiben.

Auf verschiedenste Arten beanspruchen die Erzählenden durch ihr Detailwissen die Position der Expertin beziehungsweise des Experten für sich. Der Expert_innenstatus beinhaltet aber nicht nur, dass Fans den Überblick über die vielen Charaktere behalten können, sondern auch, dass sie durch ihr detailliertes Wissen zu den Figuren beurteilen können, wie diese sich in bestimmten Situationen verhalten würden. Das zeigt sich immer wieder an der Art, wie über den Charakter Daenerys Targaryen gesprochen wird. In den Augen der Erzählenden handelt die Schauspielerin in der Fernsehserie nicht gemäß dem Naturell der Figur in „A Song of Ice and Fire", was für die Interviewpartner_innen Grund zur Kritik an der Serie bietet. Den TV-Serienfans wird damit die Kompetenz abge-

---

14 Vgl. Straps, Tim/Milan, Stefania/Spotti, Maximilian: A Good-Enough Fan Within an Online Fan Community of Game of Thrones. An E-Ethnographic Enquiry. Online unter: http://www.academia.edu/9222952/A_Good-Enough_Fan_Within_an_Online_Fan_Community_of_Game_of_Thrones_An_An_E-Ethnographic_Enquiry (Stand 17.8.2015), 5ff.
15 Interview mit Frau T. S. (24 J.), geführt von Hannah Kanz, Innsbruck, 25.2.2015, Z. 388-389.

sprochen, die Figuren und Inhalte der Geschichte richtig einzuschätzen. Neben dieser Form der Positionierung präsentieren sich die Erzählenden auch als Fachleute im Bereich des Genres Fantasy und verorten die Geschichte somit in einem größeren Kontext. Eine der Erzähler_innen erklärt, dass sie bei der Auswahl von Fantasybüchern anspruchsvoll sei, was sie mit ihrer ausgezeichneten Kenntnis des Genres begründet: „[Von] zehn fantasybücher die du mir vorlegsch lies ich vielleicht eines."[16] Da es „A Song of Ice and Fire" aber geschafft hat, sie zu fesseln und zu überzeugen, dient dieses Erzählmuster dazu, die Bücherreihe als qualitativ wertvoll darzustellen. Die Erzählerin positioniert sie als ausgezeichnete Fantasybücher und sich selbst als Leserin, die höchste Ansprüche an ihren Lesestoff stellt.

Neben dem umfangreichen Detailwissen zum Inhalt der Buchreihe und der Serie verfügen die Erzählenden auch über Insiderwissen zur Produktion der Serie und zum Entstehungskontext der Bücher. Dies entspricht dem Anspruch, stets informiert zu bleiben, der Fans auszeichnet.[17] Eine Erzählerin führt zum Beispiel das Wissen zu historischen Vorlagen der Buchserie an, um sich als Expertin auszuweisen: „man merkt schon bei manchen dingen dass der autor inspiriert worden is von wahren begebenheiten und des hat er auch in interviews gesagt."[18] Sie zeigt hier, dass sie sich über das Fan-Objekt hinaus mit dem Thema beschäftigt und sich nicht nur mit dem Inhalt, sondern auch mit den Hintergründen auskennt.

Ihr umfassendes Wissen befähigt die Fans zum Erstellen von Prognosen für das Finale der Geschichte. Im Zusammenhang damit nimmt auch das Diskutieren dieser von ihnen erdachten Theorien eine starke Rolle für die Identitäten der Befragten ein. Dieses Thema eignet sich besonders zur Abgrenzung gegenüber anderen Fans, da eine gute Diskussion nur möglich ist, wenn die Gesprächspartner_innen über das nötige Kontextwissen verfügen. Die zentrale Quelle für gedankliche Anstöße zum Diskutieren und zum Rezipieren der Theorien selbst ist das Internet. Die größte Plattform für Theorien zu „Game of Thrones" bietet *westeros.org*. Nach Einschätzung der Erzählenden diskutieren in diesem Forum „eher bücherfans weil die nehmen viel heraus was du nur wissen kannsch vom buch"[19]. Dadurch charakterisieren sie das Diskutieren und Entwerfen von Theorien als eine Aktivität, die nur von Buchleser_innen ausgeführt werden kann. Als Legitimation dient das Detailwissen, das nötig ist, um den Theorien folgen zu können, und das nur aus den Büchern gewonnen werden kann. Als eine Begründung dafür, warum sie sich mit den Theorien im Internet beschäftige, führt eine der Erzähler_innen an, sie möchte wissen, „was sich andere user denken (.) ich

---

16 Interview mit Frau A. R. (22 J.), geführt von Hannah Kanz, Innsbruck, 25.2.2015, Z. 234-235.
17 Vgl. Straps/Milan/Spotti, Good-Enough Fan, 5.
18 Interview mit Frau A. R. (22 J.), geführt von Hannah Kanz, Innsbruck, 25.2.2015, Z. 492-494.
19 Ebd., Z. 523-525.

schreib des zwar nit rein aber ich möchte halt gern wissen ob andere leut genau es gleiche denken wie ich"[20]. Hier findet eine Art der Vergemeinschaftung statt, indem sich die Erzählerin mit den Meinungen der anderen Fans auseinandersetzt. Durch die Re-Formulierung („ich möchte halt gern wissen ob andere Leute genau es gleiche denken wie ich") betont die Erzählerin ihre eigene Leistung. Sie verwendet das Forum nicht primär als Input, sondern zur Bestätigung ihrer eigenen Ideen. Anstatt sich nur den Ansichten anderer anzuschließen, bildet sie sich ihre Meinung eigenständig und überprüft die Plausibilität ihrer Theorie anhand der Diskussionen im Forum. Es scheint ihr dabei aber wichtig zu sein, festzuhalten, dass sie an den Forumsdiskussionen nicht aktiv teilnimmt. Diese Aussage kann mit der Befürchtung in Zusammenhang gesetzt werden, durch zu viel Engagement als ‚Freak', als jemand, der sich zu weit von den gesellschaftlichen Normen entfernt hat, gesehen zu werden.

Dieses Abgleichen der eigenen Meinung mit jener von anderen wird auch in der „E-Ethnographic Enquiry" zur Fan-Hierarchie innerhalb der „Game of Thrones Online"-Fangemeinschaft von Tim Straps, Stefania Milan und Maximilian Spotti thematisiert: Fan-Sein sei davon geprägt, dass der Fan sich in anderen wiedererkennt beziehungsweise erkennt, dass andere Fans Interessen und Ansichten mit ihm teilen.[21] Auch wenn dieses Wiedererkennen hier meist über Posts im Internet geschieht, findet dadurch eine Vergemeinschaftung statt, welche den einzelnen Fans das Gefühl gibt, Teil einer größeren Gruppe zu sein. Die Verärgerung über die langen Wartezeiten zwischen den Veröffentlichungen der einzelnen Bücher bildet ein weiteres verbindendes und kollektivierendes Element, durch das ein Gruppenzugehörigkeitsgefühl entsteht.

Gespräche über Prognosen des weiteren Verlaufs der Saga finden auch abseits des Internets, mit befreundeten Personen und Bekannten der Erzählenden statt. An diesen in den Interviews geschilderten Gesprächssituationen werden die Mechanismen der Distinktion zwischen ihnen und anderen Fans besonders deutlich. Eine Erzählerin beschreibt zwei für sie typische Gesprächssituationen: die erste mit Freundinnen, welche die Inhalte aus der Serie kennen, und die zweite mit einem Freund, der die Bücher auf ihre Empfehlung hin gelesen hat. Mit ihren Freundinnen spricht sie „über die letzte episode oder (.) über unsere lieblingscharaktere oder so weiter und zum beispiel bei mir is es halt so da ich s=buch les (.) erzähl ich dann ihn=n oft von den theorien"[22]. Die Erzählerin positioniert sich in dieser Situation klar als Buchleserin, die durch ihr umfassendes Wissen in der Lage sei, den Serienfans gängige Theorien zu erläutern. Sie stellt sich damit auch

---

20 Ebd., Z. 516-519.
21 Vgl. Straps/Milan/Spotti, Good-Enough Fan, 5.
22 Interview mit Frau A. R. (22 J.), geführt von Hannah Kanz, Innsbruck, 25.2.2015, Z. 934-938.

als Expertin für die Inhalte der Serie und Bücher, aber auch für Fan-Theorien dar. Dabei kritisiert sie an ihren Freundinnen deren mangelndes Verständnis aufgrund von fehlendem Kontextwissen. Diese Gesprächssituation wird damit von der Erzählerin, basierend auf den Unterschieden in den Wissensbeständen, als stark von einem hierarchischen Gefälle geprägt charakterisiert. Die Erzählung zur zweiten Gesprächssituation ist von einer anderen Art der Distinktion geprägt. Die Interviewpartnerin positioniert sich selbst und ihren Freund als aufmerksame und kritisch reflektierende Leser_innen. Während sie mit ihren Freundinnen nur oberflächliche Themen besprechen kann, wird klar, dass sie im Austausch mit ihrem Freund viel tiefer in die Thematik eintauchen kann. Zwar stellt sie die zweite Gesprächssituation als Expertengespräch dar, nichtsdestotrotz beschreibt sie die Situation nicht als Gespräch unter Gleichberechtigten, sondern eher als ein Lehrerin-Schüler-Verhältnis: „weil er fragt mich dann oft sachen weil ich les mich da halt voll ein [...] <<lachend>> und ich les immer des wikipedia da von game of thrones."[23] Die Erzählerin kann nicht nur auf Informationen aus dem Buch zurückgreifen, sondern informiert sich zusätzlich im Internet und so entsteht auch hier eine Hierarchie durch ein Wissensgefälle. In ihrer Ausführung dessen, wie sie die Fragen ihres Freundes beantworte beziehungsweise warum sie dazu in der Lage sei, bricht sie abrupt ab: „und er fragt mich dann halt oft voll oft sachen und fragt dann ja warum is des jetzt aber so weil (.) weil ich merk (.)"[24] – hier ändert sie plötzlich das Narrativ von der omniszienten Expertin hin zum, ob der Datenmenge, leicht überforderten Fan –, „weil ich muss mir im nachhinein (–) echt des oft nochmal nachblättern (.) weil weil es isch echt schwierig sich des zu merken genau"[25]. Während sich die Erzählerin im ersten Beispiel – aufgrund der Lektüre der Bücher – problemlos deutlich abgrenzen und hierarchisch höher positionieren kann, muss sie ihre Positionierung hier relativieren. Dadurch, dass der von ihr beschriebene Gesprächspartner über dasselbe Kontextwissen verfügt und die beiden sich in Bezug auf das Fan-Engagement (Serieschauen und Bücherlesen) auf demselben Level befinden, läuft die Erzählerin Gefahr, von der Forscherin als arrogant und angeberisch wahrgenommen zu werden. Dieser Fremdpositionierung versucht sie zu entgehen, indem sie betont, dass auch sie sich nicht alles merken könne und selbst nachschlagen müsse. Diese Relativierung, wie schwierig es sei, all die Einzelheiten im Kopf zu behalten, stellt aber gleichzeitig das Detailwissen der Erzählerin als intellektuelle Leistung dar.

Inwiefern die Konstruktion von Rangfolgen mit Macht verbunden ist, zeigt sich am Themenkomplex „Spoiler". Ganz im Sinne des Sprichwortes „Wissen

---

23 Ebd., Z. 966-969.
24 Ebd., Z. 972-974.
25 Ebd., Z. 974-977.

ist Macht" verhilft das Detailwissen den Erzählenden dazu, ihre Position in der hierarchischen Konstruktion einzunehmen und zu behalten. Ein Spoiler ist laut Duden eine „Zusammenfassung eines Films, Buchs oder Ähnlichem, die dem Leser oder Zuschauer das Interesse an der Geschichte verdirbt, indem für Spannung sorgende Informationen aus der Handlung verraten werden"[26]. Im Kontext von „Game of Thrones" wird meist, bevor eine Theorie besprochen wird, abgeklärt, wie weit die Gesprächspartner_innen die Serie schon gesehen beziehungsweise wie weit sie die Bücher schon gelesen haben. So soll verhindert werden, dass wichtige Inhalte im Vorhinein unabsichtlich verraten werden. Durch die Informationen aus den Büchern verfügen „A Song of Ice and Fire"-Fans über die Macht, einem serienschauenden Fan oder Personen, die gerade erst angefangen haben die Bücher zu lesen, den Überraschungseffekt zu nehmen, indem sie vorab wichtige Ereignisse verraten können. In den Interviews drücken die Erzählenden den Wunsch danach aus, dass möglichst schnell das sechste Buch veröffentlicht werden soll. Mit der Vorfreude sind dabei auch Unsicherheiten in Bezug auf die eigene Identitätskonstruktion verbunden. Hier spielt die Tatsache eine Rolle, dass die Serie – während die Forschung durchgeführt wurde – den Vorgaben der Bücher gefolgt war. Das Buch hatte damit den Status des Originals. Im April 2016 wurde allerdings die sechste Staffel von „Game of Thrones" veröffentlicht, obwohl George R. R. Martin den sechsten Bücherband bis dahin noch fertig geschrieben hatte. Das bringt mit sich, dass die Erzähler_innen ihre Identität als Fans zum Teil neu aushandeln müssen, da sie nun über kein Vorwissen mehr verfügen und ihre bisherigen Positionierungen teilweise ihre Wirksamkeit verlieren.

Die Bedeutung der Bücher für die Fan-Identität

Obwohl es sich bei „A Song of Ice and Fire" um eine Fantasy-Buchreihe und nicht um ein Werk der Hochkultur handelt, argumentieren die Erzählenden für das Medium des Buches auf Basis von bildungsbürgerlichen Werten. Im 19. Jahrhundert kam es im Zuge der Aufklärung zu einem massiven Aufschwung des Lesens. Wissensdrang beschränkte sich nun nicht mehr auf die adelige Elite, sondern breitete sich auf andere Gesellschaftsschichten aus. Das Bildungsbürgertum etablierte sich als neue kulturelle Elite, in Konkurrenz zum alten Ständemodell.[27] Diese neue Schicht grenzte sich vor allem durch Bildung von anderen Milieus ab. Merk-

---

26 O. A.: Spoiler. In: Duden online. Online unter: http://www.duden.de/node/795858/revisions/1622616/view (Stand: 18.10.2016).
27 Vgl. Schenda, Rudolf: Volk ohne Buch. Studie zur Sozialgeschichte der populären Lesestoffe 1770–1910. München 1977, 40.

male des Bildungsbürgertums waren daher eine akademische Ausbildung und ein starkes Gruppenzugehörigkeitsgefühl durch Herkunft und Mitgliedschaften in Institutionen.[28] Unter Bildung wurde die Veredelung der geistigen Fähigkeiten verstanden – mit dem Ziel, den Menschen zu perfektionieren. Ausschlaggebend bei der Aneignung war die selbstbestimmte, freie und eigenständige Selbsterziehung. Bildung formte im damaligen Verständnis den Schlüssel zur Inbesitznahme des ‚Guten und Schönen'. Zu Distinktionsmerkmalen des Bildungsbürgertums als kulturelle Elite wurden das einwandfreie Beherrschen der deutschen Sprache und, damit verbunden, eine gehobene Ausdrucksweise. Das Lesen wurde außerdem als Zeichen der Bildung aufgefasst und das eigene Wissen sowie der Grad der Bildung wurden meist durch die in der eigenen Bibliothek präsentierte Literatur demonstriert.[29] Auch wenn sich das Verständnis von Bildung und Hochkultur gewandelt und gelockert hat, wirken diese Vorstellungen des Bildungsbürgertums immer noch nach und nehmen Einfluss auf das, was heute als ‚kulturell wertvoll' betrachtet wird. Bildung wird nach wie vor stark mit Literatur und der Aneignung von Wissen durch das Lesen assoziiert und Bücher werden als Kulturträger erachtet.[30]

Wie zuvor ausgeführt wurde, wird die Bücherreihe oft als Original und die Serie im Gegensatz dazu als Nachahmung positioniert. Eine Erzählerin hält fest, dass die Serie nicht mit dem Buch mithalten könne. Nichtsdestotrotz kommt sie nicht umhin, die Serie für ihre Ausstattung zu loben. Die Erzählenden bezeichnen die Serie oft als „gut gemacht". Damit wird einerseits dem Umstand Anerkennung gezollt, dass die Serie aufwendig ausgestattet und produziert wird, was Kostüme und Settings betrifft. Andererseits verweisen die Aussagen darauf, dass die Serie sich, das Aussehen der Figuren und die Handlungen betreffend (besonders in den ersten beiden Staffeln), stark an den Vorgaben der Bücher orientiert. „Gut gemacht" wird in den Interviews im Sinne von originalgetreu, also möglichst nahe am Inhalt der Bücher, verwendet. Das stärkt wiederum die Stellung von „A Song of Ice and Fire" als Original, denn die Serie wird dann positiv erwähnt, wenn sie die literarische Vorlage möglichst genau nachahmt.

Die Verbindung zwischen Lesen und Bildung kommt bei einer Erzählerin explizit zum Ausdruck. Sie beschreibt Bücherfans als Personen, die gerne lesen,

---

28 Vgl. Vondung, Klaus (Hg.): Das wilhelminische Bildungsbürgertum. Zur Sozialgeschichte seiner Ideen. Göttingen 1976, 25-26.
29 Vgl. Schulz, Andreas: Lebenswelt und Kultur des Bürgertums im 19. und 20. Jahrhundert. 2. Auflage, Göttingen 2014, 19-20.
30 Vgl. Moser, Doris: Vom Fernsehen und vom Bücher Lesen. Anmerkungen zum Verhältnis von Fernsehen und Literatur. In: Aspetsberger, Friedberg/Rußegger, Arno (Hg.): Die Ungetrennten und Nichtvereinten. Studie zum Verhältnis von Film und Literatur. Innsbruck 1995, 141-155, 143.

„eher so vielleicht studenten",[31] und damit auch einer höheren Bildungsschicht angehören würden: „vielleicht (.) ein bisschen gebildetere".[32] In dieser Fremdpositionierung liegt auch eine Selbstpositionierung als gebildete Leserin. Implizit wird von den Erzählenden ihr eigener Bildungsgrad durch den Hinweis auf das Lesen der englischen Originale und die Kritik an der deutschen Übersetzung angesprochen. Auch hier wirkt das Narrativ „Das Original ist immer besser". Die Erzählenden heben ihren Bildungsgrad hervor, indem sie betonen, dass es ihnen durch ihre guten Sprachkenntnisse möglich sei, Bücher von englischsprachigen Autor_innen im Original zu lesen und sie damit in der ursprünglichen Version zu rezipieren. Dadurch wird impliziert, dass sie die Bücher schon früher lesen können als diejenigen, die auf die Übersetzung warten müssen, und dass sie sie in bester Qualität, eben im Original, lesen können. Die Erzählenden positionieren sich außerdem als Leser_innen mit hohen Ansprüchen, die nur Bücher von höchster Güte lesen. Dies bekräftigt wiederum ihre Selbstpositionierung und steigert gleichzeitig den Wert der Bücher zusätzlich. Für die hohe Qualität von „A Song of Ice and Fire" wird darüber hinaus mit dem hervorragenden Schreibstil des Autors und der Komplexität der Erzählung argumentiert.

Der zentrale Vorteil des Lesens der Bücher gegenüber dem Serienschauen ergibt sich für die Erzählenden dadurch, dass in diesem Fall die *Agency* bei ihnen liegt: Sie können selbst über die Rezeption bestimmen, besonders in Bezug auf die Zeiteinteilung und das Tempo. Selbstbestimmung wird hier einem Gefühl der Machtlosigkeit beim Serienschauen gegenübergestellt. Die Episoden werden wöchentlich ausgestrahlt und enden oft mit einem sogenannten Cliffhanger[33]: Die Zuseher_innen bleiben in einem Zustand äußerster Spannung zurück und sind gezwungen, sich dem Rhythmus der Ausstrahlung zu unterwerfen. Die Dimensionen Geschwindigkeit und Selbstbestimmtheit werden in den Argumentationen auch im Zusammenhang mit Zivilisationskritik eingebracht. Sie schließen damit an einen bestimmten öffentlichen Diskurs an, der geprägt ist durch Beschwörungen von Veränderung, die Kritik der Beschleunigung unserer Lebenswelt und den Aufruf zur Entschleunigung.[34]

---

31 Interview mit Frau T. S. (24 J.), geführt von Hannah Kanz, Innsbruck, 25.2.2015, Z. 531.
32 Ebd., Z. 540.
33 Die Episode endet in einem Moment größter Spannung, die den weiteren Verlauf der Handlung nicht abschätzen lässt.
34 Vgl. dazu zum Beispiel: Keupp, Heiner/Ahbe, Thomas/Gmür, Wolfgang/Höfer, Renate/Mitzscherlich, Beate/Kraus, Wolfgang/Sraus, Florian: Identitätskonstruktionen. Das Patchwork der Identitäten in der Spätmoderne. Reinbek bei Hamburg 1999, 35; Meyhöfer, Annette: Entschleunigung. Der Trend zu weniger Tempo. In: Der Spiegel, 24.3.2001. Online unter: http://www.spiegel.de/netzwelt/web/entschleunigung-der-trend-zu-weniger-tempo-a-123584.html (Stand 21.8.2015) oder Schnabel, Ulrich: Einladung zur Langsamkeit. Über die Suche nach der richtigen Geschwindigkeit und die Rückeroberung der Muße. In: Die Zeit (Online-Ausgabe),

Das Lesen wird als „langsamer" beschrieben. Das funktioniert hier in Abgrenzung zum Fernsehen, das damit implizit als Gegenstück und als beschleunigt kategorisiert wird. Beim Lesen wird die/der Rezipierende selbst zur Regisseurin, zum Regisseur und kann entscheiden, wie schnell oder langsam sie/er in der Geschichte voranschreiten will. Die Erzählenden unterscheiden zwischen Lesen und Serienschauen darüber hinaus meist, indem sie Ersteres als aktiv und Letzteres als passiv kategorisieren. Eine der Interviewpartner_innen beschreibt das Lesen als eine aktive und geistige Tätigkeit, dabei betont sie das Involviert-Sein und die denkerische Eigenleistung: „[Da ist man] irgendwie mehr halt drin wo man sich selber dann (.) überlegt und (.) find ich aktiver weil man ja mit seiner fantasie des irgendwie (--) erst zammstöpseln muss."[35] Das Lesen wird grundsätzlich als eine geistig anspruchsvollere Tätigkeit dargestellt, „weil des entsteht ja im eigenen kopf mehr oder weniger"[36]. Während die Fernsehserie einen Bildschirm braucht, benötigen die Bücher in gewisser Weise ein menschliches Gehirn oder den menschlichen Geist und Verstand als Projektionsfläche, damit die Geschichte Gestalt annehmen kann. Die visuelle Darstellung der Figuren im Fernsehen gibt ihnen eine Wahrhaftigkeit, aber auch eine Unveränderlichkeit. Durch die Dominanz des Sehsinnes beim Menschen prägen sich die Bilder der Figuren in die Erinnerung der Zuseher_innen ein und deren optische Gestalt ist durch die eigene Vorstellungskraft kaum mehr zu verändern.

Neben diesem geistigen Beitrag, den die Lesenden erbringen, führen die Erzählenden das Lesen selbst oft als Leistung an. Lesen wird als etwas charakterisiert, das mit großem Zeitaufwand, aber auch mit einer gewissen Anstrengung beziehungsweise einem Leistungserfordernis verbunden ist. Eine Erzählerin stellt eine gewisse Arroganz bei „A Song of Ice and Fire"-Fans fest und erklärt diese mit der Leistung, welche die Leser_innen erbracht haben, und ihrem Stolz darauf. Ihnen gegenüber sieht sie die serienschauenden Fans, die sich das Wissen über passives Fernsehschauen aneignen, welches sich die Leser_innen mühsam erarbeiten müssen. Diese Darstellung impliziert die Zuschreibungen der Attribute *faul* (Serienschauer_innen) und *fleißig* (Buchleser_innen).

16.12.2012. Online unter: http://www.zeit.de/2012/50/Entschleunigung-Langsamkeit-Musse (Stand 21.8.2015).
35 Interview mit Frau T. S. (24 J.), geführt von Hannah Kanz, Innsbruck, 25.2.2015, Z. 469-472.
36 Interview mit Frau C. H. (44 J.), geführt von Hannah Kanz, Innsbruck, 3.3.2015, Z. 414.

Bücherlesen als Kapital

Pierre Bourdieu adaptierte den Begriff des *Kapitals* von Karl Marx und erweitert seine wirtschaftliche Ausprägungsform um eine kulturelle und soziale Dimension, um so der Funktionsweise der sozialen Welt gerecht zu werden.[37] Dadurch ergeben sich neben dem ökonomischen auch ein soziales und kulturelles Kapital, das jeder Mensch in der einen oder anderen Variation besitzt. Beim kulturellen Kapital handelt es sich um Besitz, der sich direkt in Geld umwandeln lässt. Das kulturelle Kapital umfasst Dinge wie (Aus)Bildung und akademische Titel, während das soziale Kapital die sozialen Beziehungen und Ressourcen bezeichnet, die aus der Zugehörigkeit zu bestimmten Gruppen gewonnen werden können. Diese drei Kapitalformen in Verbindung ergeben das symbolische Kapital. Dabei handelt es sich um das Ansehen oder das Prestige einer Person.[38] Bei kulturellem Kapital unterscheidet Bourdieu zwischen inkorporierter und objektivierter Erscheinungsform sowie dem institutionalisierten Zustand. Das inkorporierte Kapital bezeichnet die Verinnerlichung oder Akkumulation von Bildung und Kultur. Um dieses zu erweitern, muss eine Person Zeit in Bildung beziehungsweise die Aufnahme von Wissen investieren. Die darauf verwendete Zeit, also die Zeitspanne des Wissenserwerbs, wird dabei als Maßstab für verinnerlichtes kulturelles Kapital verwendet.[39] Wendet man diese Form des Kapitals nun auf „Game of Thrones"-Fans an, dann gewinnen die bücherlesenden Fans dadurch an Prestige, dass sie viel Zeit in das Lesen und somit die Aneignung von Wissen investieren. Wie auch schon zuvor gezeigt wurde, ist die Dauer des eigenen Fan-Seins ein wichtiges Distinktionsmerkmal. Es wird oft mit der Zeit in Verbindung gesetzt, die investiert wurde, um sich den Inhalt der Bücher anzueignen.

Bei der objektivierten Form von kulturellem Kapital handelt es sich um materielle Ausformungen von Kultur.[40] Das können zum Beispiel wertvolle Gemälde sein – oder eben Bücher. Die Bände von „A Song of Ice and Fire" stehen damit stellvertretend für das inkorporierte Wissen der Besitzer_innen und haben damit eine ähnliche Funktion wie die repräsentativen Bibliotheken von Angehörigen des Bildungsbürgertums im 19. Jahrhundert. Durch den Kauf der Bücher wird die Aneignung des Wissens in materialisierter Form sichtbar, deren Besitz weist die entsprechenden Fans als aktiv und interessiert aus. Der Kauf von Büchern wird in den Interviews grundsätzlich als vernünftige Investition dargestellt. Eine Erzähle-

---

37 Vgl. Bourdieu, Pierre: Ökonomisches Kapital, kulturelles Kapital, soziales Kapital. In Kreckel, Reinhard (Hg.): Soziale Ungleichheit (=Soziale Welt, 2). Göttingen 1983, 183-198.
38 Vgl. Ebd., 183ff.
39 Vgl. Ebd., 185ff.
40 Vgl. Ebd., 188.

rin argumentiert: „kauf ich mir vorher manchmal sogar das buch um es zu lesen weil (.) da gib ich zum teil nit so viel aus wie für=s für a kinoticket (lacht)."[41] Hier argumentiert sie mit den Kategorien *sinnvoll* und *billig*, wodurch der Kauf des Buches als absoluter Gewinn auf jeder Ebene dargestellt wird. Die Bücher stehen aber nicht nur für Wissen und somit auch für den Status ihrer Besitzer_innen in der Fan-Gemeinschaft, sondern das Lesen selbst wird von den Erzählenden mit Bildung assoziiert. Meist wird ein belesener Mensch als gebildet betrachtet. Das Lesen wird dadurch gleichzeitig zur Quelle und zum Aushängeschild der Bildung. Die Bücher aus der Reihe „A Song of Ice and Fire" dienen also sowohl als Grundlage des inkorporierten als auch zur Repräsentation des objektivierten kulturellen Kapitals. Das Lesen an sich ist dabei Ausweis und Indikator des Bildungsgrades der Fans.

Die narrative Identität in Kürze

Anhand des Interviewmaterials lassen sich mehrere Bereiche identifizieren, die für die Konstruktion der Fan-Identität von „A Song of Ice and Fire"-Liebhaber_innen einen besonderen Stellenwert einnehmen. Die Basis der Fan-Identitäten bildet das Detailwissen. Durch ihr ausgeprägtes Wissen, das die Fans aus den Büchern generieren, ist es ihnen möglich, für sich selbst die Expert_innenrolle in Bezug auf „Game of Thrones" einzunehmen. Sie grenzen sich gegenüber anderen Fans dadurch ab, dass sie in der Lage sind, den komplexen Handlungssträngen zu folgen und diese zu verstehen. Aufbauend auf dem Detailwissen ist es den „A Song of Ice and Fire"-Fans möglich, sich als Expert_innen in Bezug auf den Entstehungskontext der Bücher und die Produktion der Serie zu positionieren. Die Erzählenden weisen sich dadurch als aktive Fans aus, die up to date bleiben und sich Informationen aneignen, die über den eigentlichen Inhalt der Geschichte hinausgehen. Durch ihre Expert_innenrolle sind sie außerdem in der Lage, Theorien über den Ausgang der Geschichte zu erstellen. Durch das Verfolgen von Diskussionen auf Internetplattformen kommt es zur Vergemeinschaftung zwischen den Fans. Im Zuge des Abgleichens der eigenen Theorien mit jenen von anderen entsteht das Gefühl von Gruppenzugehörigkeit, da sich die Fans ineinander wiedererkennen. Durch die Praktik des Spoilerns beanspruchen die „A Song of Ice and Fire"-Fans ihre Position in der Fan-Hierarchie. Das Lesen und die Bücher werden in positiven Konnotationen und in verschiedenen sinnstiftenden Aspekten in den Interviews erwähnt. Der Buchreihe, als Original, wird dabei eine übergeordnete Rolle

---

41 Interview mit Frau A. R. (22 J.), geführt von Hannah Kanz, Innsbruck, 25.2.2015, Z. 1081-1082.

gegenüber der Serie als Nachahmung zugeschrieben. Dadurch begründen die Erzählenden auch die Qualität ihrer Fan-Identität, wenn sie Anhänger_innen des Originals sind. Gleichzeitig zeigen die Fans ihren Bildungsgrad dadurch, dass sie in der Lage sind, die Bücher in der Originalfassung, also auf Englisch, zu lesen. Zudem spielen Fantasie und *Agency* in Verbindung mit dem Lesen eine zentrale Rolle: Durch die Charakterisierung des Lesens als selbstbestimmte Tätigkeit wird es als aktive und geistig anspruchsvolle Beschäftigung kategorisiert, welche die Fantasie der Leser_innen anspricht. Es wird damit als Leistung – gegenüber der als untätig empfundenen Unterhaltung des Fernsehens – aufgewertet. Lesen wird von den Erzählenden mit Zeitaufwand und Anstrengung in Verbindung gesetzt. Jedes durchgelesene Buch wird dadurch zum Erfolg, auf den man mit Stolz blicken kann.

Im Bourdieu'schen Sinn kann das Detailwissen der Fans als inkorporiertes kulturelles Kapital verstanden werden. Die Zeit, die zur Aneignung verwendet wurde, wird zum Gradmesser des Wissensumfanges. Das Buch in seiner materialistischen Form dient als objektiviertes kulturelles Kapital. Es repräsentiert das Wissen seiner Besitzer_innen. Lesen wird im Sinne der bildungsbürgerlichen Werte mit Bildung gleichgesetzt. Das Buch als Medium und die Menge der gelesenen Bücher werden daher zum Ausweis für den Bildungsgrad.

Reziprozität bei Online-Fanfiction

Elisabeth Summerauer

Unter den Verfasser_innen von Online-Fanfiction stellt es sich als gängige Praxis dar, dass sie ihre Geschichten kapitelweise veröffentlichen, um von ihren Leser_innen jeweils Kommentare, Empfehlungen und Vorschläge für stilistische Änderungen oder für den bisherigen sowie den weiteren Verlauf der Geschichte zu erhalten.[1] Diese Ratschläge werden von der/dem Schreibenden im nächsten Kapitel angenommen oder auch abgelehnt, und anschließend kann darauf geantwortet werden. Dadurch entsteht ein Prozess der Wechselwirkung zwischen Lesenden und Schreibenden, und dieser gemeinschaftlichen Produktion von Texten widme ich mich in diesem Aufsatz. Dabei stehen solche Fanfiction-Texte im Mittelpunkt, welche unentgeltlich verfügbar gemacht werden. Die Fanfiction-Autor_innen zielen hier also nicht auf finanziellen Gewinn ab, sondern empfinden es als Ehre, ein Werk zu veröffentlichen und Rückmeldungen in Form von Reviews oder Kommentaren auf dem jeweiligen Internetportal zur Verfügung gestellten Kommunikationsmittel zu erhalten.[2] Aus der Annahme heraus, dass diese Interaktion zwischen Fanfiction-Autor_innen und Leser_innen als ein reziprokes Verhältnis gedeutet werden kann, widmet sich diese Arbeit der Frage, inwiefern sich die klassischen Instrumente der europäisch-ethnologischen Tauschtheorien auf diese kollektiven Online-Produktionen anwenden lassen. Diese Abhandlung setzt sich also zum Ziel, die Konzepte von Marcel Mauss und Marshall Sahlins, welche als Begründer der ethnologischen Tauschtheorien gelten und sich mit der Konstruktion von sozialen Gesellschaftsstrukturen durch materiellen und immateriellen Gabentausch beschäftigten, auf Fanfiction-Werke anzuwenden. Hierfür wird zunächst das soziale Geflecht der Akteur_innen im Netz betrachtet und anschließend werden, am Beispiel einer Fanfiction-Plattform, mögliche Kommunikations- und somit Interaktionsformen anhand der Gattungsanalyse herausgearbeitet, welche schlussendlich in Verbindung zu den Tauschtheorien gesetzt werden.

---

1 Vgl. Lötscher, Christine: „Boah, ist die Story geil!!!!". Fan Fiction als Identitäts- und Gestaltungsraum für Jugendliche. In: leseforum.ch. Online-Plattform für Literalität 2001, Nr. 2, 5. Online unter: http://www.leseforum.ch/sysModules/obxLeseforum/Artikel/452/2011_2_Loetscher.pdf &sa=U&ved=0CBMQFjAAahUKEwiqrfHNuN3HAhWF7BQKHdGiD5c&usg=AFQjCNF_UsWo1LTVFBSQ0VsA7P7ctdtHtA (Stand: 12.3.2015).
2 Vgl. Parrish, Juli J.: Inventing a Universe. Reading and Writing Internet Fan Fiction. Dissertation (Philosophie), Pittsburgh 2007, 34-39, 118-121.

Elisabeth Summerauer

Soziale Strukturen von Fanfiction-Autor_innen und -Leser_innen im World Wide Web

In das Genre *Fanfiction* fallen jegliche narrative Texte, die von Rezipierenden im Hinblick auf bereits bestehende künstlerische Werke konzipiert und innerhalb einer Fan-Gemeinschaft publiziert werden.[3] Ideengehalte, Hingabe, Zeitaufwand sowie Pflichtbewusstsein und Zusammenhalt werden innerhalb der Gemeinschaft von Fanfiction-Schreiber_innen und Leser_innen gemeinhin hochgehalten.[4] Dieser Sachverhalt steht meiner Meinung nach in enger Beziehung zur affektiven Aufgeladenheit der Fanfiction-Werke. Die Autor_innen schreiben gemäß ihrer Fantasien und Leidenschaften und verleihen den Texten so emotionalen Gehalt. Sie häufen in der Erzählung persönliche Elemente an und schreiben sich und ihre Empfindungen in die Geschichte mit ein. Auch die Reaktionen des Publikums mit Empfehlungen, Wünschen und Vorschlägen für den weiteren Verlauf der Geschichte sind stark mit Emotionen angereichert und mitunter wird es deswegen als eine Art Verpflichtung des Schreibenden gegenüber der Fan-Community betrachtet, die begonnene Erzählung zu vollenden. Umgekehrt gilt es als verpönt, ein Werk zu lesen, ohne im Anschluss daran Feedback zu geben.[5] Die Leser_innen von Online-Fanfiction können also, im Gegensatz zu herkömmlichen Büchern, Einfluss auf den Verlauf der Geschichte nehmen, indem sie sich direkt an die/den Schreibenden wenden und sich so aktiv am Erschaffen der Geschichte beteiligen. In den Nachrichten zwischen Autor_in und Publikum werden aber nicht nur inhaltliche Zusammenhänge der Story thematisiert, sondern auch soziale Positionen ausgehandelt.

„Fan Fiction-Foren sind nicht nur Plattformen, auf denen sich LeserInnen als Schreibende ausdrücken können. Sie sind auch Social Media. Die Community entsteht dadurch, dass die Mitglieder ihre Texte gegenseitig lesen – und kommentieren. Die SchreiberInnen publizieren jeweils ein Kapitel eines Textes und warten auf Reviews,

---

3   Vgl. Frizzoni, Brigitte: Weiter- und Umerzählungen. Neuere Formen von Fan Fiction zu TV-Serien. In: Marzolph, Ulrich (Hg.): Narrative Strategien des populären Erzählens. Kongressakten der Bursfelder Tagung der Kommission Erzählforschung in der Deutschen Gesellschaft für Volkskunde. Münster 2010, 51.
4   Vgl. Hipeli, Eve: Von aktiver Partizipation und virtuellen Stolpersteinen. Eine Untersuchung über die kreative Internetnutzung von Jugendlichen, ihre Kritikfähigkeit online und ihre Einstellung gegenüber Netzguidance. In: Tomkowiak, Ingrid (Hg.): Perspektiven der Kinder- und Jugendmedienforschung. Zürich 2011, 83.
5   Vgl. Parrish, Universe, 42–47.

bevor sie weiterfahren. Gefragt ist konstruktive Kritik und vor allem Motivation zum Weiterschreiben."[6]

Es werden folglich einerseits inhaltliche Elemente und andererseits soziale Artigkeiten, wie beispielsweise Lob, Anerkennung und Dank, übermittelt. Somit sind die sozialen Strukturen und Hierarchien innerhalb der Fan-Gemeinde ein entscheidendes Faktum beim Austausch.

Kommunikation und Interaktion auf *figment.com*

Um die theoretischen Überlegungen greifbarer zu machen, wird exemplarisch ein Blick auf die gegebenen Kommunikationsmöglichkeiten auf der Internetseite *figment.com* geworfen. Es handelt sich hierbei um eine Online-Plattform für ungeübte Autor_innen, auf welcher diese ihre Werke hochladen, sich untereinander austauschen und gegenseitig dabei helfen können, ihr Schreiben zu verbessern. Außerdem bietet die Seite mit ihren cirka 210.000 registrierten Mitgliedern[7] zugleich die Vorteile eines sozialen Netzwerks. Da es sich bei *figment.com* um eine Online-Plattform für unerfahrene Autor_innen handelt, liegen die Motivationen der User_innen hauptsächlich darin, Ratschläge in Bezug auf das Schreiben sowie auf das Autor_innen-Dasein zu bekommen, in der Freude darüber, andere an dem Geschaffenen teilhaben zu lassen sowie Anerkennung dafür zu erhalten, und in der Absicht, neue Kontakte zu Gleichgesinnten zu initiieren. Im Folgenden werden die von den Administrator_innen der Website vorgesehenen sowie die von den User_innen zusätzlich eingeführten kommunikativen Formen, welche die Grundlage für diesen Austausch und somit für die weitere Interpretation bieten, in Anlehnung an Hubert Knoblauchs und Thomas Luckmanns *Gattungsanalyse*[8] unterschieden und analysiert.

---

6   Lötscher, „Boah ist die Story geil!!!!", 5.
7   Vgl. Juris, Carolyn: Figment Acquires Inkpop from HarperCollins. In: Publishers Weekly, 1.3.2012. Online unter: http://www.publishersweekly.com/pw/bytopic/childrens/childrens-industry-news/article/50886-figment-acquires-inkpop-from-harpercollins.html (Stand: 7.2.2016).
8   Vgl. Knoblauch, Hubert/Luckmann, Thomas: Gattungsanalyse. In: Flick, Uwe/Von Kardorff, Ernst/Steinke, Ines (Hg.): Qualitative Forschung. Ein Handbuch. 5. Auflage, Reinbek bei Hamburg 2007, 538-546.

Theoretischer Hintergrund: Die Gattungsanalyse

Die Gattungsanalyse als wissenschaftliches Instrument zielt darauf ab, kommunikative Handlungen auf die in ihnen enthaltenen Strukturen und vorgefertigten Muster, sogenannten ‚Gattungen', hin zu untersuchen und diese aufzuzeigen. Die Analysetechnik basiert daher auf der Annahme, dass kommunikative Handlungen die wesentlichen Strukturen sozialen Handelns widerspiegeln. Kommunikative Gattungen werden als in der Gesellschaft verfestigte kommunikative Muster definiert, welche den Handelnden einen Orientierungsrahmen bieten und somit die Produktion und Rezeption alltäglicher Kommunikationsprozesse erleichtern.[9] Als Beispiele für solche kommunikativen Gattungen führen Knoblauch und Luckmann unter anderem Streitgespräche, Notrufe, Interviews, Nachrichtensendungen oder Klatschgespräche an. Weiters stellen sie fest, dass bestimmte großflächige *Außenstrukturen* bestimmte kommunikative Gattungen bevorzugen und sich im Weiteren durch sie definieren lassen. Mit anderen Worten: Kommunikative Gattungen sind eng verknüpft mit sozialen Milieus.[10] Neben dieser Verbindung zum sozialen Umfeld der Akteur_innen spielt auch die *Binnenstruktur* der kommunikativen Gattungen eine entscheidende Rolle bei kommunikativen Handlungen.[11] Innerhalb der Binnenstruktur von transkribierten Gesprächen werden sprachliche Attribute und Eigenheiten untersucht und kategorisiert. So werden zum Beispiel Sprechrhythmen und Pausen, Dialekte, Alliterationen und Metaphern, Redewendungen und Sprichwörter sowie textliche Gliederungskennzeichen analysiert. In Bezug auf Kommunikationsmedien, welche nicht rein sprachlich sind, zielt die Analyse der Binnenstruktur auch auf andere Merkmale ab. Bei Nachrichtensendungen beispielsweise wird „das Verhältnis von Wort-, Musik- und Bildbeiträgen, ‚On'- und ‚Off-Text', Zeichentrick und Computeranimation, Farben und Beleuchtung" sowie von „Kameraeinstellungen, Schnitt, Dramaturgie, Figuren und Setting"[12] untersucht. Eine ähnliche Anpassung der Kategorien ist bei der Anwendung der Prinzipien der Gattungsanalyse auf *figment.com* im nächsten Abschnitt notwendig.

---

9 Vgl. Ebd., 539.
10 Vgl. Ebd., 544-545.
11 Vgl. Ebd., 542.
12 Ebd., 542.

Anwendung der Gattungsanalyse auf *figment.com*

Obwohl die Gattungsanalyse vor allem zur Untersuchung und Weiterverarbeitung der Transkription gesprochener Texte vorgesehen ist, werden zunehmend auch elektronische Medien unter ihren Paradigmen betrachtet. Im Verständnis der Autoren bildet beispielsweise das Internet eine kommunikative Gattung mit Homepages als dessen Binnenstrukturen, während das Milieu der User_innen abseits der Online-Welt als großflächige Außenstruktur betrachtet wird.[13] Bei der Übertragung der Prinzipien der Gattungsanalyse auf *figment.com* – und in Hinsicht auf die Anwendbarkeit der Tauschtheorien – stellt es sich jedoch als zweckdienlich dar, nicht die Gesamtheit des Internets als kommunikative Gattung anzusehen, sondern die kommunikativen Möglichkeiten innerhalb der Website einzeln zu analysieren. So repräsentiert in diesem Fall die Website selbst die Außenstruktur, innerhalb derer den User_innen vielzählige Methoden oder Gattungen der Kommunikation zur Verfügung stehen. Nichtsdestotrotz wird bei der folgenden Analyse der kommunikativen Möglichkeiten der Website nicht von kommunikativen Gattungen die Rede sein, sondern der Begriff der *kommunikativen Form* verwendet werden, um Verwirrung zu vermeiden und Missverständnissen vorzubeugen.

Kommunikative Formen auf *figment.com*

Es lassen sich auf *figment.com* grundsätzlich drei Orte feststellen, an welchen die Voraussetzungen für Kommunikation unter den User_innen gegeben sind. Erstens bietet die eigentliche Website in ihrer Grundstruktur eine Vielzahl von Kontaktaufnahmemöglichkeiten an; zweitens verfügt jede/r Benutzer_in über ein eigenes Profil, auf welchem sich wiederum verschiedene Schaltflächen des Miteinander-in-Kontakt-Tretens finden; und drittens gibt es die Gelegenheit, das veröffentlichte literarische Werk zu kommentieren und zu rezensieren.

Den verfestigten kommunikativen Mustern entsprechen hier die von den Urheber_innen der Website vorgesehenen Kommunikationsformen, wie Foren, Chats, Gruppen und Gruppendiskussionen. Bei den Chats besteht für Mitglieder von *figment.com* die Möglichkeit, sich wöchentlich mit renommierten Autor_innen via Instant Messenger auszutauschen oder frühere Chats nachzulesen. In den Foren („forums") werden Angelegenheiten wie Verbesserungsvorschläge für die Website, Leseempfehlungen innerhalb und außerhalb von *figment.com* oder das Bewerben einer Gruppe („group") thematisiert.[14] Weiters werden von den

---
13 Vgl. Ebd., 545.
14 Vgl. Foren auf *figment.com*. Online unter: http://figment.com/forums (Stand: 20.8.2015).

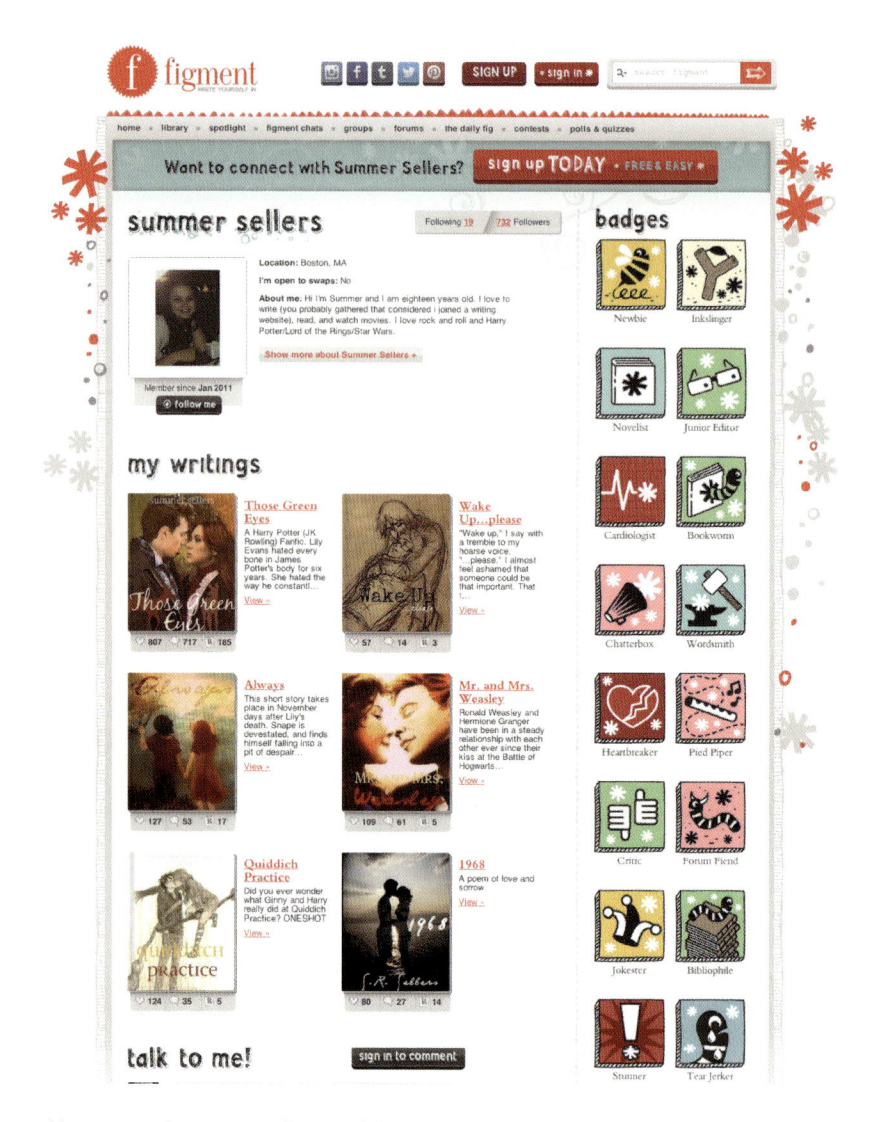

Abb. 1: Screenshot einer Profilseite auf *figment.com*, 1 (http://figment.com/users/14895-Summer-Sellers, Stand:18.8.2015)

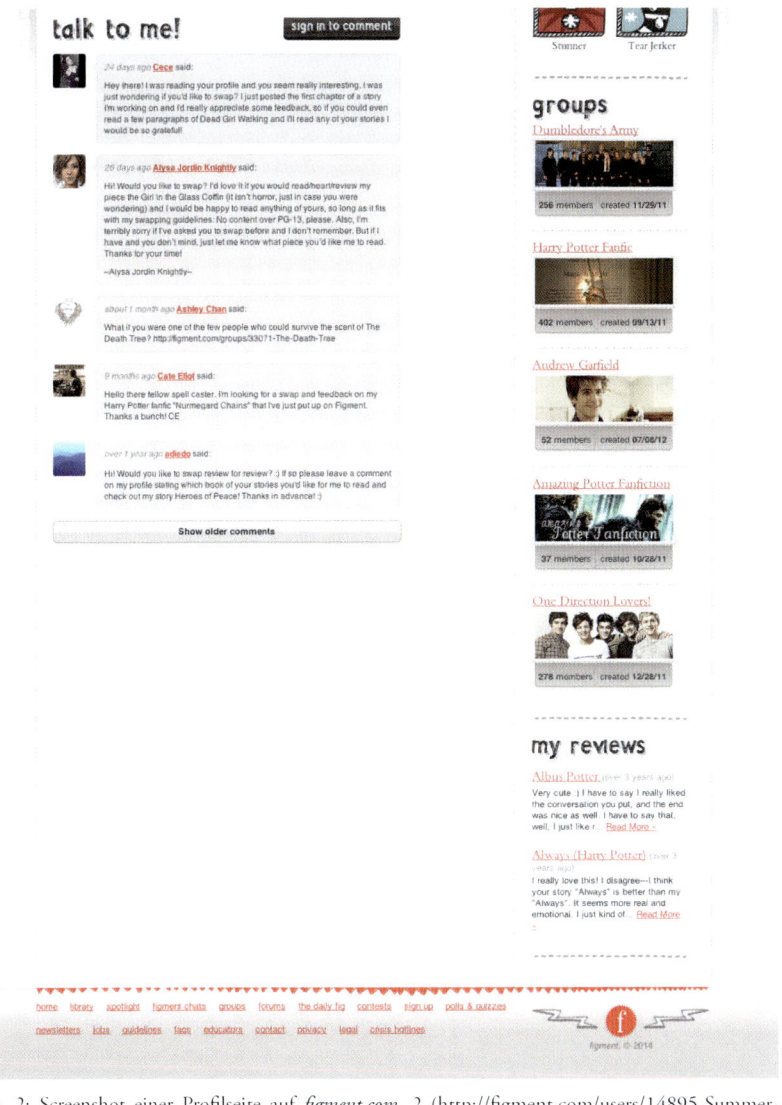

Abb. 2: Screenshot einer Profilseite auf *figment.com*, 2 (http://figment.com/users/14895-Summer-Sellers, Stand:18.8.2015)

Administrator_innen Umfragen („polls") und Wettbewerbe („contests") durchgeführt, welche ebenfalls die Gelegenheit zur Interaktion bieten.[15] Nicht zuletzt werden „share"-Buttons bereitgestellt, um die URL der Homepage auf anderen sozialen Netzwerken zu veröffentlichen (Abb. 1 u. 2). All diese im Internet gängigen Instrumente ermöglichen und fördern die Interaktion und Kommunikation unter den Besucher_innen der Website, wobei die Thematiken der Foren, Wettbewerbe und Umfragen von den Betreuer_innen der Homepage vorgegeben sind, während die Materien der Gruppen und Gruppendiskussionen den User_innen selbst überlassen werden.

Um ein Mitglied von *figment.com* zu werden, ist es Voraussetzung, ein Profil anzulegen, auf welchem ebenfalls auf verschiedene Weisen miteinander in Kontakt getreten werden kann. Hierbei reichen die kommunikativen Formen von Nickname, einem Profilbild und der Beschreibung der eigenen Person („about me") über Profilkommentare hin zum Sammeln von Bändern („badges"), welche je nach erreichter Leistung – beispielsweise bei Veröffentlichung einer bestimmten Anzahl von Texten oder beim Gewinn eines Wettbewerbs – vergeben werden[16] (Abb. 1 u. 2). Darüber hinaus besteht die Möglichkeit, anderen Benutzer_innen zu folgen („follow") oder diese bei als unangebracht empfundenem Verhalten zu blockieren und deren Benehmen an die Administrator_innen zu melden („flag").

Außerdem können bei den veröffentlichten literarischen Werken der Titel, das Coverbild, das Summary, das Genre und auch der eigentliche Inhalt als Formen der Kommunikation angesehen werden. Ferner besteht die Möglichkeit, Kommentare und Reviews zu hinterlassen oder einen „heart"-Button sowie „This story made me …"-Buttons zu drücken (Abb. 3). Diese Schaltflächen sind die einfachsten und schnellsten Möglichkeiten, Gefallen an einer Geschichte auszudrücken und Autor_innen ein Feedback zu geben. Der „heart"-Button drückt Vergnügen an der Erzählung und Lob im Generellen aus. Obwohl solch eine positive Rückmeldung auch auf anderen Wegen möglich ist, bedeutet es einen zusätzlichen Ansporn, wenn man ein Herz erhält: Die Schriftstücke mit den meisten Herzen werden – nach Genre sortiert – auf einer öffentlich zugänglichen „most hearted"-Liste verzeichnet, wobei die Werke mit den meisten „hearts" zuerst aufscheinen.[17] Mithilfe der „This story made me …"-Buttons können spezifischere Rückmeldungen gegeben werden. Je nach Gefühlsempfindungen der/des Rezipierenden während des

---

15 Beispielsweise konnte an einem Wettbewerb teilgenommen werden, mit der Vorgabe, in 1.000 Worten über eine zum Leben erweckte literarische Figur zu schreiben. Vgl. Wettbewerbe auf *figment.com*. Online unter: http://dailyfig.figment.com/category/contests/ (Stand: 20.8.15).
16 Vgl. Profil von Summer Sellers auf *figment.com*. Online unter: http://figment.com/users/14895-Summer-Sellers (Stand:18.8.2015).
17 Vgl. ‚Most hearted'-Liste auf *figment.com*. Online unter: http://figment.com/books (Stand: 7.2.2016).

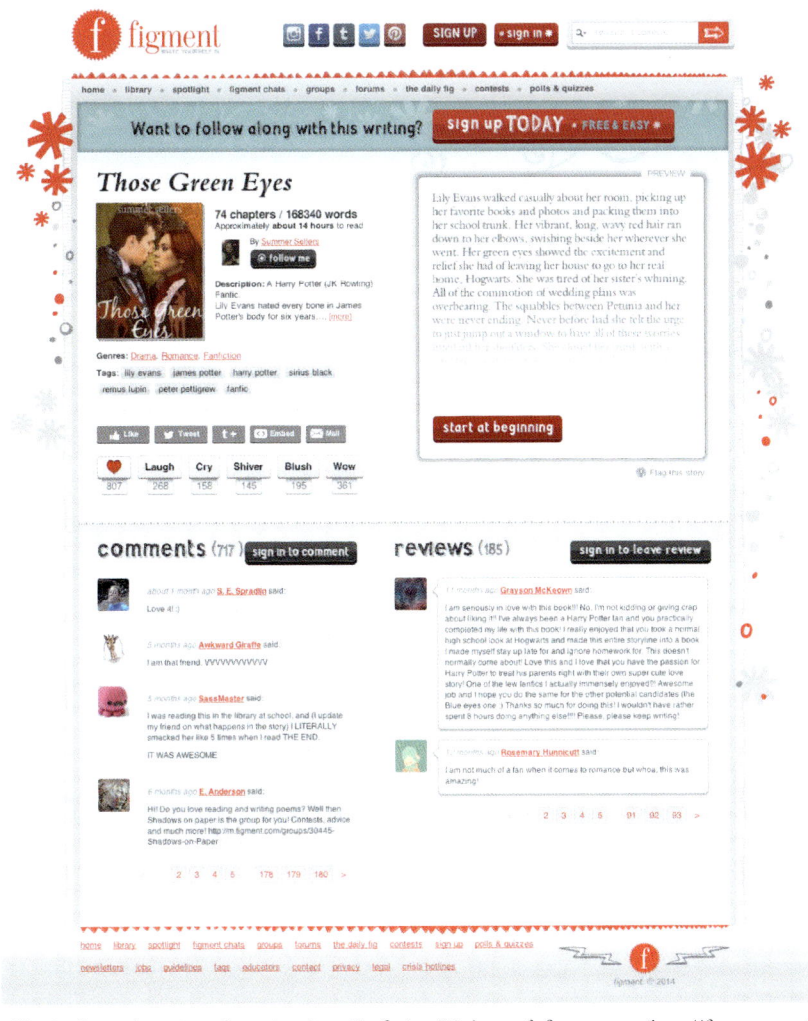

Abb. 3: Screenshot einer Startseite eines Fanfiction-Werkes auf *figment.com* (http://figment.com/books/19613-Those-Green-Eyes, Stand: 28.7.2015)

Lesens der Story kann hier aus den Kategorien „Laugh", „Cry", „Shiver", „Blush" und „Wow"[18] ausgewählt werden (Abb. 3). Zusätzlich finden sich wiederum die

---

18 Auffällig ist hierbei, dass die Leser_innen über die Buttons lediglich positive Rückmeldungen geben können.

„share"-Buttons mit Vernetzungsmöglichkeiten zu anderen Internetportalen und der Einbettungscode, um das Werk zu promoten und anderen weiterzuempfehlen, sowie ein Hyperlink zum Mail-Service der Userin, des Users, um mit der Autorin, dem Autor in Kontakt treten zu können. Einen weiteren interessanten Aspekt stellt die Praxis des „early access codes" dar: „The early access code is a series of letters and numbers that is automatically generated for each book created on Figment. It provides early access (or private access) to a book or chapter that has not yet been published."[19] Der Code ermöglicht also das frühere Zugreifen auf das neueste Kapitel eines Werks und kann an einzelne, ausgesuchte User_innen weitergegeben werden. Diese Praxis steht meist – aber nicht ausschließlich – in engem Zusammenhang mit dem im Folgenden beschriebenen „beta reading".

Abschließend sollen der Vollständigkeit halber noch die Formen der Kommunikation außerhalb von *figment.com* erwähnt werden: Es ist unter den User_innen üblich, auch über andere Medien Kontakt zueinander zu halten.[20] So werden unter anderem nicht selten private E-Mail-Adressen oder Skype-Kontaktinformationen preisgegeben, um auch auf diesen Wegen erreichbar zu sein und nicht-öffentliche Nachrichten austauschen zu können.

Binnenstrukturen

Im Sinne von Knoblauch und Luckmann wird bei der Analyse der Binnenstrukturen versucht, jene sprachlichen und textlichen Eigenschaften zu kategorisieren, mit deren Hilfe die Handelnden die kommunikative Gattung gestalten. Anders gesagt: Die Akteur_innen haben innerhalb der vorgefertigten Rahmen einen gewissen Handlungsspielraum, in welchem sie sich die Kommunikationsmittel aneignen und sie umdeuten sowie ihre persönliche Note einbringen können. Innerhalb der Binnenstruktur einer kommunikativen Gattung liegt es im Ermessen der handelnden Person, die verfestigte Struktur in ihrem Sinne auszulegen und sie sich anzueignen.[21] Diesen Gedanken weiterverfolgend, können auch innerhalb der kommunikativen Formen auf *figment.com* diverse Binnenstrukturen festgestellt werden. Sie kommen demzufolge in jeglicher Form von Abänderung oder Annexion der vorgesehenen Kommunikationsformen zum Ausdruck.

Es hat sich etabliert, sogenannte „swaps" anzubieten. Hierbei wird eine verbindliche Abmachung darüber eingegangen, dass das Werk eines anderen Autors,

---

19 Maria. Forum „Troubleshooting", Diskussion „early access code". Online unter: http://figment.com/topics/90732-Early-access-code (Stand: 20.8.2015).
20 Vgl. Parrish, Universe, 34-35.
21 Vgl. Knoblauch/Luckmann, Gattungsanalyse, 542.

einer anderen Autorin – zumindest auszugsweise – gelesen und im Anschluss daran ein Review darüber hinterlassen wird. Das Gegenüber erbringt im Gegenzug dafür genau dieselbe Leistung und am Ende profitieren beide davon, indem sie um ein Review sowie um ein Leseerlebnis reicher geworden sind.[22] Hier lässt sich bereits eindeutig ein reziproker Prozess feststellen.

Weiters hat die Praxis des „proofreadings", „editorings"' oder „beta readings" einen hohen Stellenwert auf *figment.com* sowie auf weiteren Websites für Schriftsteller_innen erreicht.[23] Darunter lässt sich laut Angelina Karpovich „the practice of releasing a story to a selected (and trusted) fellow writer or other member of the fan fiction community before making it available to a general readership"[24] verstehen: Die Autorin, der Autor vertraut sich einem erfahrenen, zuverlässigen Mitglied von *figment.com* an, welches im Folgenden eine redigierende Rolle annimmt und der/dem Schreibenden beispielsweise mit Korrekturlesen, Tipps und Ratschlägen zur Seite steht.[25]

Ebenso ist es auf *figment.com* gängig, sogenannte „author's notes" in den veröffentlichten Text einzubauen.[26] Es wird hierbei zu Beginn oder am Ende eines Kapitels – meist durch einen anderen Schriftschnitt vom Fließtext abgehoben – ein Textabschnitt hinzugefügt, in welchem im Allgemeinen nach der Meinung der Leser_innen gefragt oder auf häufig gestellte Fragen geantwortet werden kann.[27] Weiters werden in den „author's notes" häufig Entschuldigungen für einen verspäteten Upload ausgesprochen, Danksagungen gemacht oder Informationen über das Werk sowie das Privatleben des Schreibenden geteilt.[28] Alexandra Herzog sieht die primären Funktionen dieser kommunikativen Binnenstruktur „as sites of empowerment, of identity-building and community-building"[29].

---

22 Vgl. Forum „well, hello there!", Beitrag „what are swaps?". Online unter: http://figment.com/topics/350730-What-Are-Swaps (Stand: 20.2.2016).
23 Vgl. Forum „The Writing Life", Beitrag „find beta readers". Online unter: http://figment.com/topics/45-Find-beta-readers (Stand: 20.2.2016).
24 Karpovich, Angelina I.: The Audience as Editor. The Role of Beta Readers in Online Fan Fiction Communities. In: Hellekson, Karen L./Busse, Kristina (Hg.): Fan Fiction and Fan Communities in the Age of Internet. New Essays. Jefferson 2006, 172.
25 Vgl. Ebd., 174-175.
26 Vgl. Forum „The Writing Life", Beitrag „author's notes". Online unter: http://figment.com/topics/555157-Author-s-notes (Stand: 20.2.2016).
27 Vgl. Interview mit Frau C. L., geführt von Elisabeth Summerauer, Innsbruck 12.7.2015, Min. 11:42, 31:24.
28 Vgl. Interview mit Frau Summer Sellers (19 J.), geführt von Elisabeth Summerauer per E-Mail-Verkehr, Inns-bruck/Colorado, 31.7. bis 6.8.2015, Z. 77-79.
29 Herzog, Alexandra: „But this is my story and this is how I wanted to write it". Author's notes as a fannish claim to power in fan fiction writing (= Transformative Works and Cultures, Bd. 11). Regensburg 2012, 3.1. Online unter: http://journal.transformativeworks.org/index.php/twc/article/view/406/337 (Stand: 5.9.2015).

Die Gruppen und darin geführten Diskussionen nehmen einen Zwischenplatz bei der Aufschlüsselung in kommunikative Formen und deren Binnenstrukturen ein. Obwohl das grundsätzliche Konzept für das Bilden von Gruppen sehr wohl von den Urheber_innen der Homepage vorgesehen ist, haben sie nur begrenzt Einfluss darauf, zu welchen Themen Gruppen gegründet werden, und noch weniger darauf, was innerhalb der Diskussionen angesprochen wird, denn diese Entscheidung treffen die User_innen selbst. Somit sind Gruppen von ihrer Anlage her eine kommunikative Form, während ihre Materie von ihren Mitgliedern gestaltet wird und somit der Binnenstruktur zugeordnet werden kann.

Zusammenfassend lässt sich festhalten, dass die Kommunikationsformen und Binnenstrukturen sich oft gegenseitig beeinflussen und infolgedessen nicht eindeutig diesen Kategorien zuordnen lassen. So werden zum Beispiel Umfragen sowohl auf der Ebene der Grundstruktur der Website als auch innerhalb von Gruppen von User_innen durchgeführt.[30] Es ist ausgeschlossen nachzuvollziehen, ob die Administrator_innen oder die Benutzer_innen zuerst auf dieses Mittel der Kommunikation zurückgegriffen haben. Weitere Beispiele für solche Überschneidungen finden sich in den Foren. In jenem Forum, welches mit „Self-Promotion & Critique Requesting" betitelt ist, werden auf regulärer Basis „swaps" angeboten und erbeten.[31] Es lässt sich nicht mehr eindeutig sagen, ob das Forum ursprünglich für „swaps" vorgesehen war oder ob sich diese Praxis aus der Binnenstruktur heraus entwickelt hat. Auch das Forum „The Cover Studio", in welchem das Erstellen von Titelbildern beantragt oder offeriert wird,[32] liefert ein greifbares Beispiel für ein solches Verschwimmen der Grenzen, denn auch in diesem Fall bleibt die Frage offen, ob der Austausch von Titelbildern zuerst auf der Ebene der Binnenstruktur stattfand oder von Anfang an als kommunikative Gattung festgesetzt war.

Einordnung in die Tauschtheorien

Die Generierung, Bewahrung und Konsolidierung des sozialen Beziehungsgeflechts anhand des Austauschs von Gaben ist eine Grundannahme der ethnologischen Tauschtheorien. Die Qualität von zwischenmenschlichen Beziehungen,

---

30 Vgl. z. B. Gruppe „Those Green Eyes", Gruppendiskussion „Poll". Online unter: http://figment.com/groups/2371-Those-Green-Eyes/discussions/8151 (Stand: 20.8.2015).

31 Vgl. Forum „Self-Promotion & Critique Requesting", Beitrag „Detailed swaps with critisism". Online unter: http://figment.com/topics/593955-Detailed-Swaps-with-Criticism- (Stand: 20.8.2015) u. Forum „Self-Promotion & Critique Requesting", Beitrag „Swap". Online unter: http://figment.com/topics/593895-Swap- (Stand: 20.8.15).

32 Vgl. Forum „The Cover Studio". Online unter: http://figment.com/forums/10-The-Cover-Studio/topics (Stand: 21.8.2015).

ob im positiven oder im negativen Sinn, hängt somit von der beidseitigen Bereitschaft ab, Gaben anzunehmen und zu erwidern. Ganz im Sinne von Mauss, welchem es ein Anliegen war, die Universalität der Anwendbarkeit der Tauschtheorien aufzuzeigen,[33] wird versucht, die Termini des Gabentauschs auf diese Wechselbeziehungen zwischen den Internetbenutzer_innen anzuwenden. Zuerst muss hierfür die Übertragung der Gabe als totaler sozialer Leistung auf den Austausch im Internet ausgehandelt werden.[34] Bei Mauss wird ein Geschenk als zur Erwiderung verpflichtend angesehen. In Online-Räumen liegt es nahe, den Einwand zu erheben, dass sich die User_innen ihrem virtuellen Gegenüber, aufgrund von fehlender physischer Nähe, weniger verpflichtet fühlen als in ihrem direkten sozialen Umfeld. Schließlich – so könnte argumentiert werden – wird der Drang zur Erwiderung durch das soziale Umfeld anerzogen, das Internet jedoch entspricht keiner Gesellschaft im üblichen Sinn, somit finden deren Regeln und Normen dort auch keine Anwendung und ein initiierter Austausch kann müheloser ignoriert werden und unbeantwortet bleiben. Allerdings kann hier das Gegenargument vorgebracht werden, dass Online- und Offline-Welten miteinander verschränkt seien: Die Verschuldungen und Verpflichtungen im World Wide Web lassen sich nicht als eigenständiges, von der ‚Realität' abgegrenztes Phänomen betrachten, sondern sind in Bezug auf ebendiese Realität zu deuten.[35] Aus diesem Grund sollte diese Wechselbezüglichkeit nicht als weniger bindende Obliegenheit, sondern als Verpflichtung einer anderen Art angesehen werden, auf welche sich einige Menschen mehr einlassen als andere. Oft seitenlange Entschuldigungsschreiben für nicht erwiderte Nachrichten oder andere Versäumnisse von Internetbenutzer_innen sprechen für diese Ansicht.[36] Auch die Ablehnung, die sogenannten „Schwarzleser_innen" von der Internet-Community entgegengebracht wird, kann als Argument für die Gültigkeit dieser These herangezogen werden. Es ist nämlich, wie bereits erwähnt, unter Mitgliedern der Fanfiction-Gemeinschaft verrufen, eine der selbst verfassten Geschichten zwar zu lesen, im Anschluss daran jedoch kein Feedback zu hinterlassen. Reviews werden in diesem Sinn als legitime immaterielle Bezahlung gehandhabt, auf welche die Autor_innen auch Anspruch erheben;[37] Reviews können somit als Gaben gedeutet werden.

---

33 Vgl. Mauss, Marcel: Die Gabe [1923/24]. In: Adloff, Frank/Mau, Steffen (Hg.): Vom Geben und Nehmen. Zur Soziologie der Reziprozität (= Theorie und Gesellschaft, Bd. 55) Frankfurt am Main/New York 2005, 63, 67-69.
34 Vgl. Rössler, Martin: Wirtschaftsethnologie. Eine Einführung. Berlin 2005, 115.
35 Vgl. Koch, Ethnografieren im Internet, 377.
36 Vgl. Interview mit Frau C. L., Min. 31:24.
37 Vgl. Parrish, Universe, 34-39, 118-121.

Hinsichtlich der von Sahlins eingeführten Kriterien zur Unterscheidung der Reziprozitäten – Materialität, Äquivalenz und Zeitpunkt der Gabenerwiderung[38] – kann zuerst festgehalten werden, dass die Gaben und Gegengaben rund um Online-Fanfiction eindeutig im *immateriellen* Bereich zu verorten sind. Zumeist werden dem Gegenüber Ideen, Ratschläge, Dankbarkeit, Lob, Freude, Ermunterungen, Kritiken et cetera dargebracht, und obwohl all diese Gedanken und Entitäten durch das Eintippen per Tastatur die Gestalt von Buchstaben und Wörtern annehmen, sind sie doch nicht materiell im Sinne eines gegenständlichen, physisch greifbaren Objekts. Die *Äquivalenz* der Gabenerwiderung betreffend, muss vermerkt werden, dass immer eine von allen Parteien anerkannte Skala vonnöten ist, um die Wertausmaße von Gaben und Gegengaben zu eruieren.[39] Hinsichtlich des Austauschs zu einer Fanfiction-Geschichte kann *Emotionalität* als entscheidender Faktor zur Bewertung herangezogen werden. Sowohl die von der Autorin, dem Autor verfassten Inhalte als auch die vom Publikum gesendeten Nachrichten sind von hohem emotionalen Gehalt und dadurch in deren unmittelbarer Gedankenwelt zentral angesiedelt. Die Schreibenden verfassen die Kapitel entsprechend ihrer Vorstellungen und Wünsche für die Charaktere und geben durch die Veröffentlichung ebendieser einen Teil ihrer persönlichen Gedanken preis. Dieses Anvertrauen ihrer Fantasien bringt für die Autor_innen das Verlassen ihrer Komfortzone und naturgemäß auch einen gewissen Grad an Verletzlichkeit mit sich. Ex aequo kommen in den Vorschlägen, Anregungen und Kritiken der Leser_innen deren Wunschvorstellungen zum weiteren Verlauf des Handlungsablaufs, ungeliebte Geschehnisse sowie spezifische Lieblingsstellen zum Ausdruck. Die Rezipierenden offenbaren dadurch ihre Sehnsüchte und somit sind ihre Nachrichten ebenfalls mit persönlichen Elementen ausgestattet. Durch diese Aufgeladenheit der Nachrichteninhalte mit emotionaler und symbolischer Energie setzt sich das Publikum ebenfalls der Gefahr der Kränkung aus.[40]

Die Wertentsprechung der Gegengabe ist bei Online-Fanfiction also messbar anhand von Zeitaufwand, Hingabe und Darbietung an Gefühlen. Sahlins' drittes Kriterium – der *Zeitpunkt* der Gabenerwiderung – erweist sich in Bezug auf die Fanfiction-Werke als besonders undurchsichtig und für das wissenschaftliche Ar-

---

38 Vgl. Seiser, Gertraud/Mader, Elke: Theoretische Grundlagen der Ökonomischen Anthropologie. Wien 2006, 83. Online unter: http://www.oeku.net/cp/theogrundlagen/theogrundlagen-titel.html (Stand: 30.8.2015).
39 Vgl. Rössler, Wirtschaftsethnologie, 165-169, 196.
40 Hier lässt sich außerdem klar eine Parallele zur Beseelung der Gabe von Marcel Mauss erkennen. Laut dieser Theorie wird mit der Gabe gleichzeitig ein Stück der Seele des Gebers verschenkt. Diese Aufgeladenheit mit symbolischer Energie ist es, welche das Geschenk so wertvoll macht. Diese symbolische Aufgeladenheit eines überreichten Dings zieht Mauss als Kriterium für die Bezeichnung als Gabe heran. Siehe: Mauss, Gabe, 63, 67-69.

beiten damit als kaum dienlich. Dies gründet einerseits in der Prozesshaftigkeit des Schreibens und Veröffentlichens und andererseits in der Langwierigkeit dieses Vorgangs. Zumeist wird monate- oder sogar jahrelang an einem Fanfiction-Buch geschrieben und in diesem Zeitraum werden schrittweise einzelne Kapitel veröffentlicht. Es lässt sich nicht im Einzelnen nachvollziehen, welche Zeitabstände zwischen den Veröffentlichungen liegen und wie viel Zeit vergeht, bis die Rezipient_innen wiederum Nachrichten dazu hinterlassen.[41] Um mit dem vorhandenen Datenkorpus zu arbeiten, muss die Bedingung des Zeitpunkts der Gegengabe auf die *Aktualität des Gabentauschs* umgemünzt werden. Ähnlich der Emotionalität und der darauf basierenden Importanz im Wahrnehmungsfeld der Tauschpartner_innen kann die Aktualität des Gabentauschs mit einer mentalen und emotionalen Nähe zum Tauschvorgang umschrieben werden. Diese Perspektive, bei welcher der emotionale Wert, den die Gegengabe für beide Tauschparteien hat, im Mittelpunkt steht, ermöglicht es, den definitiven Zeitpunkt der Gabenerwiderung zu vernachlässigen und stattdessen die offeneren Kategorien des *Aktuellen* und des *Nicht-Aktuellen* vorzuschlagen. Demnach fallen aus Sicht der Autor_innen alle Textinhalte, die während der Arbeit an ihren Texten und unmittelbar nach deren Vollendung ausgetauscht wurden, in den Bereich des Zeitnahen und Aktuellen, da diese für sie von affektivem Gehalt sind. Alle Nachrichten, die sie erst einige Zeit nach Beendigung des Werks erhalten und daher mit mehr emotionaler Distanz betrachten, können hingegen dem Bereich des Überholten und Nicht-Aktuellen zugeordnet werden. Das Publikum muss sich bei der Aktualität des Gabentauschs den Verfasser_innen größtenteils anpassen. Denn selbst wenn eine Leserin, ein Leser erst Monate oder Jahre nach Abschluss eines Werks darüber stolpert und es für sie oder ihn somit aktuell ist, kann es zu keiner Wechselbeziehung mit der Autorin, dem Autor mehr kommen, da diese/r sich nicht länger intensiv damit beschäftigt. Prämisse für die Einteilung der Kommentare der Rezipierenden in die Kategorie *Aktuell* ist es also, dass auch die/der Schreibende dies so wahrnimmt. Lässt der Kommentar die Urheberin, den Urheber kalt oder berührt sie/ihn nur peripher, ist es ausgeschlossen, den Prozess der Reziprozität mit ihr/ihm fortzuführen. Dies bedeutet allerdings auch, dass die Wechselbeziehung jederzeit wiederaufgenommen beziehungsweise neu begonnen werden kann, wenn sich die Autorin, der Autor dazu entschließen sollte, wieder am Text zu arbeiten oder sich in sonstiger Weise damit zu beschäftigen. Dadurch würde die Fanfiction-Geschichte wieder in die Sphäre des Relevanten gehoben werden und die Option, in ein reziprokes Verhältnis mit der/dem Schreibenden zu treten, wäre wieder gegeben.

---

41 Auf *figment.com* kann einzig das Verfassungsjahr nachvollzogen werden. Der genaue Monat sowie das exakte Datum sind jedoch nicht einsehbar.

Der Versuch, das komplexe Gabentausch-System rund um Fanfiction-Werke nun mit den ebenfalls von Sahlins' stammenden Begriffen der „generalisierten", „ausgeglichenen" und „negativen" Reziprozität[42] zu beschreiben, ist gebunden an die Anwendbarkeit der drei Attribute des vorigen Absatzes und wird von der notwendigen Anpassung zweier dieser Kriterien erschwert. Während nicht-funktionale Interaktionen, also das schlichte Ignorieren von Kommentaren oder negativen Rückmeldungen, zweifelsohne als *negative* Reziprozität eingestuft werden können, sind bei den funktionalen Tauschprozessen etliche Aspekte ambivalent und der Austausch kann nicht eindeutig mit den Begrifflichkeiten von Sahlins etikettiert werden. Vor allem die Vielzahl der involvierten Tauschpartner_innen und die starken Schwankungen des Zeitpunkts der Gabenerwiderung hemmen die Übertragbarkeit der Terminologie auf Fanfiction-Werke im World Wide Web. Diese Unstetigkeiten im chronologischen Ablauf schließen allerdings umgekehrt auch den Begriff der ausgeglichenen Reziprozität in den meisten Fällen eindeutig aus, da diese auf nächstliegende Erwiderung baut. Der Logik dieses Ausschlussverfahrens folgend, lässt sich festhalten, dass die große Mehrheit der Tauschvorgänge bei Online-Fanfiction, wenn auch mit einigen Abschreibungen, in die Kategorie der *generalisierten* Reziprozität passt. Zusammenfassend lässt sich sagen, dass einzig das Merkmal der Materialität oder Immaterialität durchwegs auf Fancfiction-Erzählungen im Internet anwendbar ist. Sowohl der Faktor der Äquivalenz als auch jener des Zeitpunkts der Gegengabe eignen sich nicht einwandfrei zur Beschreibung des Gabentauschs und müssen adaptiert werden, um praktikabel zu sein, was der Legitimität der These meiner Meinung nach jedoch keinen Abbruch tut.

---

42 Vgl. Sahlins, Marshall: Soziologie des primitiven Tauschs. In: Adloff/Mau, Vom Geben und Nehmen, 81-84; Seiser/Mader, Ökonomische Anthropologie, 83.

„Only 90's kids remember"
Zu Winnicotts Konzept des Übergangsraums und Internetmemes auf der Online-Plattform *9gag*

Patrick Marksteiner

„Das Gewohnte wird problematisch",[1] so der Titel des ersten Unterkapitels von Utz Jeggles Beitrag über den Alltag im 1978 erschienenen Band „Grundzüge der Volkskunde". Der Alltag, verstanden als das Gewohnte und Unhinterfragte – Jeggle vergleicht es mit dem Atmen,[2] das unser Leben bestimmt und dabei für Struktur[3] und Regelmäßigkeit steht –, erfuhr in der zweiten Hälfte des 20. Jahrhunderts eine Konjunktur in der Kulturwissenschaft. Diese verstärkte Beschäftigung mit dem Alltag lässt sich als ein Hinweis darauf deuten, dass der Alltag oftmals nicht mehr reibungslos und unbemerkt ablief und so einer genauen Untersuchung bedürftig schien. Jeggle sieht den „Alltag in der Krise": „Dieses Selbstverständliche wird plötzlich unvertraut, das, was nur einfach so da sein sollte, wird schwierig, fremd, bedrohend."[4]

Den Grund dafür sieht er „im Alltag selbst: die Aneignung der Welt schreitet voran, aber die Sehweise der Welt bleibt zurück […]. Unordnung und Unzufriedenheit sind deshalb kein Zeichen von Unfrieden, sondern die Ergebnisse von Lernprozessen, in denen die Optik nach den Gegebenheiten der Umwelt neu eingestellt wird."[5] Jeggle beschreibt hier zwei Bereiche, zum einen die Aneignung der Welt, also eine äußere Realität, in und mit der das Subjekt interagiert, und zum anderen die Sehweise der Welt, also eine innere Realität des Subjekts, die Art, wie es die Welt wahrnimmt und erlebt.

Mit dem Zusammenspiel der äußeren und inneren Realität beschäftigte sich auch Donald W. Winnicott in seinen Forschungen zum Übergangsobjekt. Er stellt fest, dass es noch einen weiteren Bereich gebe, den sogenannten dritten oder *potenziellen* Raum.[6] Dort sei es nun möglich, die Grenzen zwischen äußerer und innerer

---

1 Utz Jeggle: Alltag. In: Bausinger, Hermann/Jeggle, Utz/Korff, Gottfried/Scharfe, Martin: Grundzüge der Volkskunde. Darmstadt 1978, 81.
2 Vgl. Ebd., 82.
3 Vgl. Ebd., 125.
4 Ebd., 82.
5 Ebd., 125
6 Vgl. Winnicott, Donald W.: Vom Spiel zur Kreativität. Stuttgart 1973, 52.

Realität verschwimmen zu lassen und sich zu erholen „von der lebenslänglichen menschlichen Aufgabe, innere und äußere Realität voneinander getrennt und doch verbunden zu halten"[7]. Dieser später in der Fankulturforschung als Übergangsraum[8] bezeichnete Zustand kann durch verschiedene Dinge erzeugt werden. Anfang der 1990er Jahre beschäftigten sich beispielsweise C. Lee Harrington und Denise Bielby mit Soap-Opera-Fans,[9] welche den Übergangraum durch das Sehen, Erleben und Spielen mit ihren Lieblingsfernsehsendungen herstellten.

Als ein noch relativ junges Medium haben die Internetmemes es bereits geschafft, auch als ein Übergangsobjekt zu fungieren. Dabei spielen auf der Plattform *9gag*[10] die Kreativität und der Spaß bei der Erstellung und beim Erleben solcher Internetmemes die Hauptrolle. Man kann aber mitunter immer wieder Bilder entdecken, die scheinbar nicht auf diese – auf Humor und Witz aufbauende – Onlineplattform passen. Es sind dies Bilder von Cartoons, Kinderspielzeug, Bekleidung und Ähnlichem, die meist mit dem Titel *Only 90's kids remember* oder Variationen davon versehen werden. Im Folgenden widmen wir uns diesen Erinnerungsmemes und versuchen zu verstehen, warum diese trotz der fehlenden humoristischen Eigenschaften doch sehr gerne von *9gag*-Nutzer_innen erstellt, angesehen und geteilt werden. Es wird sich dabei auch zeigen, welche Rolle *9gag* und Internetmemes allgemein im Alltag der Nutzer_innen spielen.

Übergangsobjekt und Übergangsraum

In seinem Werk „Vom Spiel zur Kreativität" versuchte Donald W. Winnicott seine Theorie über das von ihm benannte *transitional object*, zu Deutsch Übergangsobjekt, zu erweitern. Als solches Übergangsobjekt bezeichnete er den ersten „Nicht-Ich-Besitz"[11] eines Kleinkindes, mithilfe dessen es lernt, zwischen seiner inneren und seiner äußeren Realität zu unterscheiden. Das Übergangsobjekt selbst jedoch ermöglicht dem Kind, in den sogenannten *intermediären* Raum[12] einzutreten, in welchem die äußere und innere Realität vermischt sind. Winnicott beschreibt diesen Raum wie folgt:

---

7 Ebd., 11.
8 Vgl. Harrington, C. Lee/Bielby, Denise D.: Soap Fans. Pursuing Pleasure and Making Meaning in Everyday Life. Philadelphia 1995; Hills, Matt: Fan Cultures. London/New York 2002; Silverstone, Roger: Television and Everyday Life. London/New York 1994.
9 Vgl. Harrington/Bielby, Soap Fans.
10 *www.9gag.com*, auch als App auf dem Smartphone verfügbar, ist nur eine von vielen Plattformen, auf denen Internetmemes erstellt, angesehen, kommentiert und geteilt werden.
11 Winnicott, Vom Spiel zur Kreativität, 14.
12 Vgl. Ebd., 11.

„Dieser dritte Bereich des menschlichen Lebens, den wir nicht außer acht lassen dürfen, ist ein intermediärer Bereich von *Erfahrungen*, in den in gleicher Weise innere Realität und äußeres Leben einfließen. Es ist ein Bereich, der kaum in Frage gestellt wird, weil wir uns zumeist damit begnügen, ihn als eine Sphäre zu betrachten, in der das Individuum ausruhen darf von der lebenslänglichen menschlichen Aufgabe, innere und äußere Realität voneinander getrennt und doch in wechselseitiger Verbindung zu halten."[13]

Dieser hier als dritter Bereich bezeichnete Übergangsraum ist also ein intermediärer Bereich von Erfahrungen, in dem äußere und innere Realität nicht getrennt sind, sondern die Grenzen dazwischen verschwimmen. Es ist für die menschliche Psyche wichtig, dass diese beiden Bereiche ausgeglichen sind und man genügend Raum für die Erholung lässt. Der Fankulturforscher Matt Hills versucht aufzuzeigen, welche Folgen es haben könnte, wenn man sich zu sehr in einen Bereich vertieft: „If any one of us became caught up purely in our inner world of fantasy then we would effectively become psychotic; if we had no sense of a vibrant inner world and felt entirely caught up in ‚external' reality then, conversely, we would lack a sense of our own uniqueness an our own self."[14] Hills erkennt also die Gefahr einer Psychose, sollte man sich komplett in seine eigene Realität zurückziehen oder flüchten. Er stellt aber auch fest, dass man Gefahr laufe, das eigene Ich zu verlieren, wenn man sich nur noch der äußeren Realität hingibt. Der Schlüssel zu einer gesunden Psyche liegt in der Ausgewogenheit der beiden Bereiche und schließlich auch in der Erholung, die die menschliche Psyche im Übergangsraum findet.

Hills greift in seinem Werk „Fan Cultures" die Theorie des Übergangsraumes auf und versucht, sie auf die Fankulturforschung anzuwenden. Er bezieht sich dabei auf frühere Werke, die ebenfalls die Theorien Winnicotts im Bereich der Fankulturforschung anwenden,[15] und stellt dabei fest, dass „fans' enjoyment is ‚rationalised' in academic accounts rather than being explored as an event in and of itself"[16]. Hills kritisiert hier also, dass in akademischen Arbeiten oftmals das Vergnügen, das die Fans selbst empfinden, zu stark rationalisiert und theoretisiert werde – und dabei zu wenig versucht werde, dieses Vergnügen selbst festzuhalten. Harrington und Bielby erklären dieses Vergnügen der Fans beim Sehen und Erleben der Soaps damit, „that a key form of pleasure is rooted in activities and

---

13 Ebd., 11.
14 Hills, Fan Cultures, 106.
15 Vgl. Harrington/Bielby, Soap Fans; Hills, Fan Cultures; Silverstone, Roger: Television and Everyday Life. London/New York 1994.
16 Hills, Fan Cultures, 105.

experiences that allow individuals to challenge the boundaries between internal and external realities"[17].

Ein wichtiges Element im Vergnügen der Fans liegt also darin, die Grenzen zwischen innerer und äußerer Realität auszuloten. Dieses Spiel mit den Grenzen ist aber nicht nur auf Soap-Fans beschränkt, sondern findet sich auch bei anderen Fans und ist für Hills ein wichtiger Punkt in der Verbindung zu Winnicotts Übergangsobjekt. „Through affective play, soap opera becomes a ‚transitional object' for its fans. Soap texts therefore no longer belong purely in ‚external reality' nor are they entirely taken in to the fans' ‚internal reality'. Instead these texts can be used creatively by fans to manage tensions between inner and outer worlds."[18]

Die Soap-Fans eignen sich in diesem Beispiel also die Texte der Serien an und interpretieren sie auf spielerische und kreative Weise, um auf diese Art besser mit Spannungen zwischen innerer und äußerer Realität umgehen zu können. Durch diesen Umgang werden die Soaps für ihre Fans schließlich zu einem Übergangsobjekt, mithilfe dessen sie den Übergangsraum erzeugen und mit Realitätsgrenzen spielen können. Jochen Bonz, der sich in seinem Text „Anproben des Selbst" unter anderem mit dem Übergangsraum auseinandergesetzt hat, beschreibt dies folgendermaßen: „Das Fansein ermöglicht dem Fan somit eine Erfahrung des Selbst, die jenseits dessen liegt, was in der Alltagswirklichkeit für das Subjekt lebbar ist, und gleichzeitig erhält es das Subjekt als in der Alltagswirklichkeit handlungsfähig."[19] Subjekte, die sich im Zustand des Übergangsraumes befinden, sind zum einen im Alltag verhaftet und handlungsfähig, haben dabei aber zum anderen gleichzeitig die Möglichkeit, die Grenze des alltäglich Erlebbaren, zumindest kurzfristig, zu überschreiten.

Extending Winnicott into Late(r) Life[20]

Wir haben zuvor festgestellt, dass Winnicott den ersten Nicht-Ich-Besitz des Kindes als das Übergangsobjekt definiert. Mit zunehmendem Alter verliert jedoch dieses erste Übergangsobjekt für das Kind an Bedeutung, wird aber nicht vergessen.

---

17 Harrington/Bielby, Soap Fans, 133.
18 Hills, Fan Cultures, 105.
19 Bonz, Jochen: Anproben des Selbst. Konzeptualisierungen popkultureller Erfahrungsräume des Utopischen im „mimetic turn". In: Mania, Thomas/Eismann, Sonja/Jacke, Christoph/Bloss, Monika/Binas-Preisendörfer, Susanne (Hg.): ShePOP. Frauen. Macht. Musik! Münster 2013, 79.
20 Vgl. Harrington, Lee/Bielby, Denise: Pleasure and Adult Development: Extending Winnicott into Later(r) Life. In: Kuhn, Annette (Hg.): Little Madnesses. Winnicott, Transitional Phenomena and Cultural Experience. London/NewYork 2013.

> „Es verliert im Laufe der Zeit Bedeutung, weil die Übergangsphänomene unschärfer werden und sich über den gesamten intermediären Bereich zwischen innerer psychischer Realität und äußerer Welt, die von zwei Menschen gemeinsam wahrgenommen wird, ausbreiten – das heißt über den gesamten kulturellen Bereich."[21]

Winnicott meint hier also, dass im Laufe der menschlichen Entwicklung das Übergangsobjekt nie ganz verschwinde, sondern auch im Erwachsenenalter noch vorhanden sei. Man sei dann aber nicht mehr auf ein bestimmtes Objekt fixiert, stattdessen gebe es viele Übergangsobjekte, die im kulturellen Bereich vorhanden sind. Nachdem Winnicott seine Ausführungen zum Übergangsobjekt im Erwachsenenalter nicht weiter ausführt, setzen hier sowohl Hills als auch Harrington und Bielby an. Ein Problem dabei ist, dass Winnicott keine genaue Unterscheidung zwischen dem ersten Übergangsobjekt, auch *proper transitional object* (*pto*) genannt, und den Übergangsobjekten im kulturellen Feld vornimmt.[22]

Damit einher geht ein weiteres Problem, nämlich: „how the movement from the proper transitional object (pto) to the objective (or at least, intersubjective) world of the cultural field might be accomplished."[23] In diesem Zusammenhang verweist Hills auf Roger Silverstone, der in seiner Arbeit auf die Rolle des Fernsehens und der darin vorkommenden Sendungen beziehungsweise des Fernsehers als ein Übergangsobjekt eingeht. Dabei werde laut Silverstone der Fernseher durch seine dauerhafte Verfügbarkeit von Müttern bewusst als Babysitter eingesetzt, auch seine materielle Beständigkeit würde ihn zum Übergangsobjekt qualifizieren.[24] Hills denkt diesen Ansatz noch weiter und fügt hinzu:

> „In this carefully delimited sense, then, television can act as the pto but only insofar as it interacts appropriately with the biography of the child concerned. Television's texts can be used as a child's pto but can also be interpreted later by that same child as part of their cultural experience (functioning both as pto and as decathected pto)."[25]

Also kann das Fernsehen sowohl ein Übergangsobjekt im Kindesalter sein, als auch später ein Teil des kulturellen Erlebens des Individuums werden. Aufgrund dieser Feststellungen stellt Hills nun eine Definition von Fankultur auf und führt eine Unterscheidung zwischen Übergangsobjekt und sekundärem Übergangsobjekt ein.

---

21 Winnicott, Vom Spiel zur Kreativität, 15.
22 Vgl. Hills, Fan Cultures, 107.
23 Ebd., 107.
24 Vgl. Ebd., 108.
25 Ebd., 108.

"A fan culture is formed around any given text when this text has functioned as a pto in the biography of a number of individuals; individuals who remain attached to this text by virtue of the fact that it continues to exist as an element of their cultural experience. Unlike the inherently private but also externally objective pto, this ‚retained' object must negotiate its intensely subjective significance with its intersubjective cultural status. It is this essential tension which marks it out as a secondary transitional object."[26]

Eine Fankultur kann also dann um einen Text entstehen, wenn dieser für eine gewisse Anzahl an Menschen als ein Übergangsobjekt in der Kindheit gewirkt hat. Diese Menschen können dem Text verbunden bleiben, wenn er in ihrem kulturellen Erleben weiterhin existiert. Anders als beim ursprünglichen Übergangsobjekt muss dieses behaltene Objekt nun seine subjektive Bedeutung mit seinem intersubjektiven Status verhandeln. Dieser Aushandlungsprozess ist charakteristisch für das sekundäre Übergangsobjekt. Außerdem zeigt dieser Prozess, dass die Bewegung des Übergangsobjekts in das kulturelle Feld als „residual kernel or preserved distribution of interest which corresponds to a subjective location of the thirds space"[27] verstanden werden kann. Den dritten Raum oder Übergangsraum versteht Hills nicht als Synonym für Kultur, sondern als „a region of ‚personalised' culture"[28].

Nun unterscheidet Hills zwei Arten, wie sekundäre Übergangsobjekte entstehen können. Zum einen, wie schon erwähnt, indem das Übergangsobjekt aus der Kindheit erhalten bleibt und im kulturellen Erleben des Subjekts eine persönliche Bedeutung einnimmt, *„despite having been recontextualised as an intersubjective cultural experience"*[29]. Zum anderen muss es sich beim sekundären Übergangsobjekt nicht um ein Objekt aus der Kindheit handeln: Ein Objekt kann auch durch dessen Absorption und Aneignung in den dritten Raum beziehungsweise Übergangsraum des Subjekts zu einem sekundären Übergangsobjekt werden. Dabei tritt das Objekt in ein kulturelles Repertoire ein, *„which ‚holds' the interest of the fan and constitutes the subject's symbolic project of self"*[30].

---

26 Ebd., 108.
27 Ebd., 108.
28 Ebd., 109.
29 Ebd., 109.
30 Ebd., 109.

9gag und Internetmemes

Obwohl die Internetseite *9gag* bereits 2008 online gegangen ist, wurde ich erst Anfang 2012 durch einen Bekannten darauf aufmerksam. Ich war zunächst fasziniert von der damals für mich neuen Art, humorvolle Inhalte zu erstellen und zu teilen. Das Pendeln zwischen Universität und Wohnort, das Warten auf den Zug und so manch andere Situation des Alltags, in der man sonst gerade nichts machen konnte, wurde so merklich verkürzt. Waren es anfänglich nur wenige Menschen, die von der Plattform *9gag* oder Internetmemes gehört hatten, so erhöhte sich die Popularität[31] rasch, sodass schon bald nahezu jeder in meinem Bekanntenkreis ein Profi in Sachen Internetmemes zu sein schien. Was man aber genau auf der Plattform *9gag* machen kann und was denn überhaupt solche Internetmemes sind – diesen Fragen gehe ich im Folgenden nach.

Der Begriff *Mem*, abgeleitet vom griechischen Wort *mimesis*, wird von Limor Shifman in ihrem Werk „Meme. Kunst, Kultur und Politik im digitalen Zeitalter" mit Bezug auf die Definition des britischen Biologen Richard Dawkins folgendermaßen beschrieben:

> „Als Teil seiner Bemühung, die Evolutionstheorie auf kulturellen Wandel anzuwenden, definierte Dawkins Meme als kleine Einheiten der kulturellen Vererbung, analog zu den Genen, die durch Kopie oder Imitation von Mensch zu Mensch weitergegeben werden. Als Beispiele für Meme nennt er in seiner wegweisenden Arbeit unter anderem Kulturartefakte wie Melodien, Schlagworte und Kleidermoden sowie abstrakte Überzeugungen (etwa den Glauben an Gott)."[32]

Dieser biologisch-naturwissenschaftliche Ansatz in Bezug auf kulturelle Prozesse und Objekte sah sich vor allem jener Kritik ausgesetzt, dass „die Reduzierung von Kultur auf Biologie komplexe menschliche Verhaltensweisen einengt und vereinfacht"[33]. Shifman versteht in ihrer Arbeit Meme aus kulturwissenschaftlicher Sicht, als „Einheiten kultureller Informationen, die von Person zu Person weitergegeben werden, allmählich jedoch das Ausmaß eines gemeinsamen gesellschaftlichen Phänomens annehmen"[34].

Das oben dargestellte wissenschaftliche Verständnis des Begriffs unterscheidet sich jedoch vom Verständnis der Nutzer_innen im Feld. So werde der Begriff

---

31 Auch über andere Social-Media-Plattformen wie *Facebook* oder *Twitter* verbreiteten sich Internetmemes und erreichten so einen erhöhten Bekanntheitsgrad.
32 Shifman, Limor: Meme. Kunst, Kultur und Politik im digitalen Zeitalter. Berlin 2014, 16.
33 Ebd., 18.
34 Ebd., 23.

verwendet, um die Aufnahme und Verbreitung einer bestimmten Idee mittels Text, Bild oder anderen Medien zu beschreiben.[35] Diese Art der Verwendung des Mem-Begriffs gilt auch für die Plattform *9gag*, deshalb ist der Mem-Begriff auch in diesem Beitrag, sofern nicht anders angegeben, auf die populäre Interpretation bezogen.

Das Konzept der Internetmemesplattform *9gag* ist schnell erklärt: Es geht darum, möglichst viele Menschen dazu anzuregen, Memes zu erstellen, zu teilen und letztendlich zu konsumieren, das heißt, sie sich anzusehen. Mit nur wenigen Klicks ist es möglich, sich einen Account auf der Webseite zu erstellen, außerdem kann man auch den eigenen Facebook-Account verwenden, um auf *9gag* Bilder hochzuladen, zu kommentieren und zu bewerten. Wer sich aber nur die von anderen Nutzer_innen hochgeladenen Bilder ansehen möchte, braucht nicht einmal einen Account, es reicht, die Webseite zu besuchen. So einfach der Zugang zur Plattform ist – um den Witz an den Memes zu verstehen, braucht es teilweise große Wissensbestände, die man sich im Grunde nur aneignen kann, wenn man sich zum einen mit den Memes und deren Bedeutung[36] sowie zum anderen mit der Plattform *9gag* und ihren Eigenheiten auseinandersetzt. Im Rahmen meiner Forschung habe ich dazu sowohl Interviews als auch informelle Gespräche mit mir bekannten *9gag*-Nutzer_innen geführt. Einer meiner Interviewpartner hat es wie folgt formuliert:

> „Hmm, also wie gesagt, man muss sich vielleicht ein bisschen damit beschäftigen, damit man es lustig findet. Eben die Meme, da musst du schon wissen, was diese aussagt, damit du es lustig findest. Also du kannst nicht einfach, also wenn ich jetzt wem den komischen Pinguin zeige, dann glaube ich nicht, dass er beim ersten Mal, also wo ich volle lachen muss, dass er es lustig findet, weil er es nicht versteht, und deswegen muss man vielleicht auch bereit sein, dass man sich ein bisschen damit beschäftigt."[37]

Das hier angesprochene Mem „Socially Awkward Penguin" steht für peinliche Situationen, die der/dem Erstellenden im sozialen Leben passiert sind – wobei es verschiedene Variationen gibt. So kann eine Situation unangenehm begonnen und sich zum Guten gewendet haben, oder auch umgekehrt. Mein Interviewpartner erzählt, dass man bereit sein müsse, Zeit zu investieren, um die Symbolik der Memes zu verstehen, um diese witzig finden zu können. Diese Wissensbestände sind in weiterer Folge bei einer Praktik von *9gag*-Nutzer_innen wichtig, bei der man sich gegenseitig gespeicherte Memes zeigt und hofft, dass das Gegenüber

---

35 Vgl. Ebd., 20.
36 Dies ist auf Internetseiten wie zum Beispiel www.knowyourmeme.com möglich.
37 Interview mit Herrn N. N. (Jg. 1992), geführt von Patrick Marksteiner, Bad Häring, 8.11.2014.

die Bilder genauso witzig, spannend und interessant findet wie man selbst. Eine Interviewpartnerin beschreibt anschaulich, wie es sich für sie angefühlt habe, als die von ihr erwartete Reaktion auf das Zeigen eines Memes ausblieb.

„I: Ja ich weiß nicht, also ich habe mal jemandem, der 9gag noch nicht gekannt hat, dem habe ich mal ein Mem gezeigt, weil ich eigentlich davon ausgegangen bin, das kennt jeder, das kennt wirklich jeder, jeder weiß, was ein Mem ist, jeder weiß, was 9gag ist, ja, passt. Gut. Da war halt dann so ein guter Spruch bei diesem Success Kid, oder war es ein anderes Mem, ich weiß nicht mehr, und zeige ihm das und seine Reaktion war sehr lau.

P: Also nicht, wie du erwartet hast?

I: Ich habe gemeint, der sagt jetzt ‚Woah, ja genauso ist es auch in meinem Leben' oder keine Ahnung was, oder ‚Ja das kenn ich', und der ist dann dagestanden so: ‚Warum ist die Person da abgebildet, warum steht das da so fett da?' Und ich so: ‚Was, du kennst 9gag nicht?' – ‚Nein, kenn ich nicht.' Da war ich schon enttäuscht."[38]

Statt auf die erwartete Bestätigung in Form von Lachen oder Zustimmung zu stoßen, wurde meine Interviewpartnerin mit Unverständnis beziehungsweise Unwissen konfrontiert und war daraufhin enttäuscht. Memes werden in dieser Form also von den Nutzer_innen als Kommunikationsmittel verwendet, man zeigt seinem Gesprächspartner Memes, die man in letzter Zeit lustig gefunden hat, lacht zusammen und unterhält sich darüber. Wenn ein Gesprächsteilnehmer nicht über das nötige Wissen zu den Memes verfügt, funktionieren diese nicht als Kommunikationsmittel.

Aber auch auf der Plattform selbst findet man immer wieder kreative Wege, wie Nutzer_innen andere Nutzer_innen zu bestimmten Dingen auffordern. So zum Beispiel im Mem in Abbildung 2. Es zeigt den US-amerikanischen Komiker Kevin Hart bei einem seiner Auftritte. Dazu hat jemand den Text verfasst: „Stop scrolling and wipe your ass!" Damit will die/der Erstellende des Memes – in Erwartung, dass viele Nutzer_innen die Smartphone-App von *9gag* auch während des Toilettengangs verwenden – dazu auffordern, die Seite zu verlassen und zuerst den Toilettengang zu beenden. In diesem Bild sind die wichtigsten Elemente von typischen Internetmemes, wie sie auf der Plattform *9gag* vorkommen, vorhanden: im Hintergrund ein Screenshot beziehungsweise Bild, das wie hier von einem

---

38 Interview mit Frau N. N. (Jg. 1992), geführt von Patrick Marksteiner, Langkampfen, 9.11.2014.

Auftritt eines Künstlers stammt, oftmals werden jedoch Standbilder aus Fernsehsendungen oder Filmen[39] verwendet und die Nutzer_innen vermischen dann eigene Texte mit den Originalzitaten an der betreffenden Stelle.[40] Dabei kann es auch variieren, ob es wie hier zwei Textzeilen gibt oder nur eine Textzeile. Diese Art von Mem wird auch als „Stock Character Macro" bezeichnet.

Welche Eigenschaften machen ein Mem nun erfolgreich beziehungsweise beliebt und bei den Nutzer_innen akzeptiert? Limor Shifman hebt drei Eigenschaften besonders hervor: „einfache Verpackung, Humor […] und verbesserte Partizipationswerkzeuge."[41] Unter einfacher Verpackung ist zu verstehen, dass das erstellte Objekt für andere Nutzer_innen leicht verständlich ist. „Wenn jemand etwas schnell und intuitiv begreift, leitet er es auch gern an andere weiter."[42] Bei meinen Interviews wurde das auch angesprochen: „Ja schon, aber wo man vielleicht schon ein bisschen überlegen muss. […] Man geht auf 9gag, weil man will kurze und knackige Unterhaltung und sich nicht mit mordsmäßig was auseinandersetzen."[43]

Man sieht also, dass es den Nutzer_innen wichtig ist, dass der Beitrag leicht verständlich ist, zudem darf er nicht zu lang sein. Hier wird schon der nächste Punkt angeschnitten, nämlich der Humor. Man möchte leicht verständliche Meme, die aber auch anspruchsvoll sein dürfen. „Humor fördert einerseits ebenfalls das Teilen, da Menschen ihre Freunde unterhalten und selbst als witzig angesehen werden möchten, aber auch die Neigung, Inhalte zu imitieren und zu bearbeiten."[44] Dabei gibt es zahlreiche Arten, wie sich der Humor auf *9gag* beziehungsweise bei den Memes präsentiert. Dieser Humor kann unter anderem von Situationskomik, Vulgarität – wie am Beispiel Gordon Ramsay – oder auch von Ironie geprägt sein. Ein Kommentar eines Interviewpartners zu einem Bild von Punks, die eine Mahlzeit bei *McDonalds* zu sich nehmen, zeigt, dass ihm die Ironie bei den Memes sehr gut gefällt.

> „Ein sehr ironisches Bild. Das ist das typische, was ich schon oft kritisiere, die Hardcore-Punks, die gegen das System sind und natürlich alle eine Sozialversicherung haben und so weiter, ist ja ganz klar, das braucht man als Anti-Establishment-Typ, und dann

---

39 Tiere stehen auch oftmals sinnbildlich für eine gewisse Eigenschaft oder Handlung, wie zum Beispiel der Socially Awkward Penguin, Confession Bear oder Poorly Prepared Polar Bear, nachzulesen auf knowyourmeme.com.
40 Wie zum Beispiel in Abbildung 3, ein Ausschnitt aus dem Film „Star Wars – A new hope", in welcher sich der Ersteller die Originalszene angeeignet und diese umgedeutet hat.
41 Shifman, Meme, 92.
42 Ebd., 92.
43 Interview mit Herrn N. N. (Jg. 1992), geführt von Patrick Marksteiner, Bad Häring, 8.11.2014.
44 Shifman, Meme, 92.

ist halt da dieses Bild, wo sie bei McDonalds sitzen, und das unterstreicht irgendwie die Dualität des Menschen, wenn ich das so wortschwanger sagen darf."[45]

Schließlich schneidet der Punkt der verbesserten Partizipationswerkzeuge die Technik an, mithilfe derer solche Memes erzeugt und geteilt werden können. So kann man bereits mit wenigen Mausklicks auf diversen Internetseiten[46] seine eigenen Memes kreieren, als Pendant dazu sind die Apps auf dem Smartphone anzusehen, mit denen ebenfalls in kurzer Zeit solche Bilder erstellt und ins Netz gestellt beziehungsweise versendet werden können.

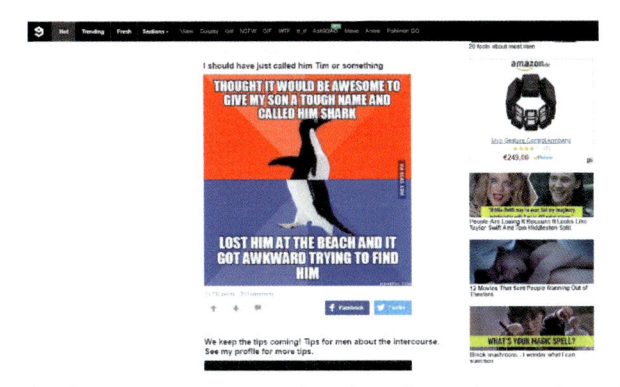

Abb. 1: Screenshot der Startseite von *9gag.com* (abgerufen und gespeichert am 26.9.2016)

Abb. 2: Der US-Komiker Kevin Hart (http://9gag.com/gag/ar47196, Stand: 29.9.2015)

---

45   Interview mit Herrn N. N. (Jg. 1992), geführt von Patrick Marksteiner, Bad Häring, 8.11.2014.
46   Das ist zum Beispiel auf der Seite www.memful.com möglich.

Abb. 3: Obi-Wan Kenobi aus Star Wars, dessen Originalzitat teilweise übernommen beziehungsweise neu interpretiert wird (www.9gag.com, gespeichert in meiner Privatsammlung)

Abb. 4: Das „Success-Kid"-Mem (http://9gag.com/gag/aBr32Q1, Stand: 29.9.2015)

„Und dann fängst du halt so zu schwelgen an"

War es 2012 und zum Teil auch 2013 noch spannend und neu, sich auf der Plattform *9gag* zu bewegen und sich mit den Internetmemes zu beschäftigen, wurden die Memes mit 2014 oftmals repetitiv, aber auch der Inhalt, den die Nutzer_innen auf *9gag* hochzuladen begannen, schien sich zu ändern, es waren viele Bilder zu bemerken, die mit den eigentlichen Memes nicht viel gemein hatten. So wurden mit Mitte 2014 besonders viele Bilder mit Titeln wie „Only 90's kids remember" hochgeladen.[47] Deren Inhalt bestand meist aus Screenshots von

---

47 Als Beispiel dient hier die Abbildung 3.

älteren Cartoons, Bildern von Kinderspielzeug und ähnlichen Dingen, die die selbsternannten „90's kids" mit ihrer Kindheit oder Jugend in Verbindung bringen würden. Diese Masse an solchen Memes machte mich aufmerksam und ich versuchte herauszufinden, warum diese so beliebt sind und wie sie in das Konzept von *9gag* passen.

Zunächst wurde mir wieder die Funktion eines Memes als Kommunikationsmittel im Gespräch mit meiner Interviewpartnerin bewusst gemacht.

> „Es ist eigentlich oft auch so, wenn du gerade nicht weißt, was du reden sollst, dann kannst du das zeigen und dann fängt auch schon ein Gespräch an. Das ist mir halt auch schon oft passiert. Also jetzt auch, wenn ich mit meinem Bruder zusammen bin, dann zeige ich ihm ein Foto oder, keine Ahnung, irgendwelche Kindheitssachen, die wir halt erlebt haben, ‚Ja genau so war es', und dann fängst du halt so zu schwelgen an und das ist auch immer total lustig."[48]

Die von mir interviewte Nutzerin speichert sich also Memes auf ihr Smartphone, welche sie mit Dingen oder Erlebnissen aus ihrer Kindheit verbindet, um diese später ihrem Bruder zu zeigen und sich mit ihm darüber zu unterhalten oder, anders gesagt, mit ihm in Erinnerungen zu schwelgen. Dieses besondere Gefühl des Schwelgens führt zu einem Begriff, der ebenfalls mit den Erinnerungsmemes verbunden ist, nämlich jenem der Nostalgie. Dieses gegenseitige Erinnern und Bestätigen von Kindheitserlebnissen zwischen Bruder und Schwester verstehe ich hier als eine Form von Nostalgie. In seiner 1980 veröffentlichten Dissertation über Nostalgie stellt Volker Fischer zu diesem Begriff unter anderem fest:

> „Der Versuch der Wiederbelebung von Vergangenheit setzt aber nicht wahllos, sondern in der noch selbst erlebten Vergangenheit an. Nostalgie wird heute als der bedrückende Wunsch nach etwas Entzogenem verstanden, nach etwas, das einem einstmals nahe stand. Damit verweist der Begriff auf seine biografische Komponente."[49]

In diesem Sinne wird Nostalgie als der Wunsch oder auch das Begehren nach etwas verstanden, das einem abhanden gekommen ist, das man in seiner aktuellen Lebenssituation als verloren glaubt. Es ist also dieses nostalgische Moment, dass die *9gag*_Nutzer_innen an den Erinnerungsmemes fasziniert. Es ermöglicht ihnen, die erlebten Dinge wieder hervorzuholen und mit diesen Erinnerungen zu spielen. In diesem Moment verschwimmen also die Grenzen zwischen der

---

48 Interview mit Frau N. N. (Jg. 1992), geführt von Patrick Marksteiner, Langkampfen, 9.11.2014.
49 Fischer, Volker: Nostalgie. Geschichte und Kultur als Trödelmarkt. Luzern/Frankfurt am Main 1980, 16.

äußeren Realität der Memes und der inneren Realität der Erinnerungen, und der Nutzer befindet sich im zuvor besprochenen Übergangsraum. Hier entsteht auch die Verbindung zwischen den humorvollen Memes und den Erinnerungsmemes. Ist es bei den humorvollen Memes vor allem das Spiel und die Kreativität im Aneignungs- und Umdeutungsprozess, die den Übergangsraum erzeugen, so ist es bei den Erinnerungsmemes dieses Gefühl der Nostalgie, das die Nutzer in den Übergangraum eintreten lässt.

Wie wichtig es aktuell ist, eine Möglichkeit zu haben, während des Tages zwischendurch kurz eine Auszeit zu nehmen und in den Übergangsraum abzutauchen, zeigt das Mem in Abbildung 4. Das sogenannte „Successfull Kid"-Mem wird hier vom Ersteller verwendet, es symbolisiert Erfolge beziehungsweise allgemein Dinge, die von Nutzer_innen als sehr positiv empfunden werden. Der Ersteller empfindet es hier konkret als sehr positiv, dass sein neuer Chef ebenfalls ein *9gag*-Nutzer ist und es ihm als Nichtraucher gestattet, sich in kurzen Pausen auf *9gag* aufzuhalten, ähnlich wie seine Kolleg_innen Rauchpausen machen. Er nimmt sich also eine kurze Auszeit, um dann wieder konzentriert weiterarbeiten zu können.

Gerade diese Beispiele von Memes als Mittel zur Kommunikation und *9gag* als einem Erholungsraum während der Arbeit führen uns wieder an den Beginn der Untersuchung, nämlich zum Alltag. Beides sind Praktiken der alltäglichen Lebenswelt der Nutzer_innen. Sie sind für sie so selbstverständlich, dass erst Störungen (wie im Beispiel die Situation, in der eine Nutzerin beim Zeigen eines Memes auf Unverständnis stößt und dann enttäuscht ist) diese Selbstverständlichkeit sichtbar machen. Und genau an diesen Punkten können wir nachfragen und Erkenntnisse über die Praktiken, das Erleben und den Alltag im Umgang mit *9gag* und Internetmemes gewinnen.

Essen aus der Mülltonne: Dumpstern – Beweggründe und Praktiken

Laura Weinfurter

Einleitung

„Geil, wir Rebellen", „Gegen das Systeeem" und „Geh, wenn wir uns ehrlich sind, haben wir einfach alle keine Kohle" waren spontane Wortmeldungen dreier Studierender zu ihren Motivationen zum „Dumpstern". Unter Dumpstern, auch bekannt als „Containern" oder „Mülltauchen", versteht man das Holen von Lebensmitteln, die noch verwertbar sind, aber von Supermärkten entsorgt werden, aus deren Müllcontainern. Schon an den drei eben zitierten Aussagen lässt sich ablesen, dass die Beweggründe dafür, Lebensmittel zu dumpstern, vielfältig sind und ein interessantes Untersuchungsfeld für die kulturwissenschaftliche Forschung darstellen. Im Folgenden beschreibe ich diese Praxis und die Argumentationen, mit denen die Akteur_innen, die die Lebensmittel aus den Müllcontainern der Supermärkte holen, ihr Handeln erläutern und begründen.

Als Forschungsmethode wählte ich eine Mischung aus Feldforschung, Interviews und Literaturanalyse. Da ich selbst in der Szene aktiv bin und das Forschungsfeld somit immer wieder selbst erlebt habe, eignete sich die ethnografische Methode der Feldforschung besonders gut, um die Erlebnisse und Erfahrungen, die ich in diesem Feld gemacht habe, zu dokumentieren. Damit aber die Forschung, speziell im Kapitel der Beweggründe zum Dumpstern, nicht zu sehr von meinen persönlichen Idealen geprägt ist, führte ich im März und April 2015 fünf Interviews mit mir teils unbekannten Akteur_innen. Das halbstrukturierte Leitfadeninterview ermöglichte es mir, meine Interviewpartner_innen zu den Themenkomplexen, auf denen der Schwerpunkt meiner Arbeit liegt, zu befragen, und durch die offene Fragestellung war es auch den Befragten möglich, das Interview in eine von ihnen gewünschte Richtung zu lenken. Alle meine Interviewpartner_innen waren Student_innen, zwischen 20 und 30 Jahre alt und wohnhaft in Innsbruck. Wenn ich in meiner Arbeit von Dumpsternden spreche, beschränke ich mich auf die Akteur_innen, die sich freiwillig für diese Art der Nahrungsbesorgung entschieden haben.

Dumpstern als Kultur

Dumpstern ist ein kulturelles Phänomen, das es hauptsächlich in den städtischen Gegenden der westlich geprägten Industriestaaten gibt, in denen sich Merkmale einer Überflussgesellschaft finden lassen. Für diese Forschung interessant war die Frage, in welchem Verhältnis die Bewegung zur gesamtgesellschaftlichen und gesamtkulturellen Situation, in diesem Fall, in Innsbruck steht. Fordern Dumpster_innen einen gesamtgesellschaftlichen Wandel oder existieren sie nur für sich und dumpstern zu ihrem eigenen Vorteil? Viele der Befragten äußerten sich zum Wegwerfwahnsinn, aber ist das das ausschlaggebende Motiv dafür, dumpstern zu gehen? Oder hat doch die finanzielle Dimension eine große Bedeutung?

Viele meiner Fragen blieben im Zuge der Forschung unbeantwortet. Ich begann, am anfänglich gewählten Begriff der Gegenkultur zu zweifeln und suchte nach möglichen alternativen Definitionen für diese Interessensgruppierung. Eine Zeitlang war ich versucht, das Dumpstern als Subkultur zu beschreiben, denn auch Phil Cohen spricht von der Subkultur als „magische Lösung", die als Folge einer Krise aus der Elternkultur (oder der hegemonialen Gesellschaft) entstehe.[1] Das schien mir anfangs sehr passend, da der Wegwerf-Überfluss als Krise der vorherrschenden Gesellschaft beschreibbar ist. Die Bezeichnung des Dumpsterns als Subkultur würde der aktiven Gruppe von Dumpsternden aber nicht gerecht werden, da die Subkultur einen sehr passiven Charakter besitzt und eine „Homologie"[2], welche laut Dick Hebdige und Paul Willis ein entscheidendes Merkmal der Subkultur sei,[3] sich in meiner Untersuchung nicht abgezeichnet hat. Eine Wertehaltung, die sich trotzdem übergreifend feststellen lässt, ist eine bewusstere, alternative Lebensweise. Diese Einstellung äußert sich bei den Akteur_innen aber zu verschieden, um das Dumpstern deshalb als eine geschlossene Subkultur bezeichnen zu können. Nach diesen Überlegungen kam ich zu dem Schluss, dass beide Termini für das von mit untersuchte Phänomen nicht greifen. Geeigneter erscheint es mir, mit dem Begriff der „alternativen Szene" zu arbeiten.

Ronald Hitzler und Arne Niederbacher beschreiben in ihrem Buch „Leben in Szenen", welche Auswirkungen die Subjektivierungs-, Pluralisierungs- und Globalisierungsprozesse der heutigen Zeit auf Menschen und speziell auf Jugendliche haben. Sie definieren eine Szene als

---

1   Vgl. Cohen, Phil: Subcultural Conflict and Working-Class Community. In: Gelder, Ken/Thornton, Sarah (Hg.): The Subcultures Reader. London/New York 1997, 90-99.
2   Für mein Verständnis meint der Begriff *Homologie* ein bedeutendes, immer wiederkehrendes Moment, ein Style oder ein Charakteristikum, das sich durch alle Aspekte der Subkultur zieht.
3   Vgl. Hebdige, Dick: Subculture. The Meaning of Syle. London/New York 1997, 100-112; Willis, Paul: „Profane Culture". Rocker, Hippies: Subversive Stile der Jugendkultur. Frankfurt am Main 1981, 111-171.

„[e]ine Form von lockerem Netzwerk; einem Netzwerk, in dem sich unbestimmt viele beteiligte Personen und Personengruppen vergemeinschaften. In eine Szene wird man nicht hineingeboren oder hineinsozialisiert, sondern man sucht sie sich aufgrund irgendwelcher Interessen selber aus."[1]

Für Hitzler und Niederbacher weist eine Szene zwar lokale Einfärbungen und Besonderheiten auf, sie sei aber nicht lokal begrenzt. Sie verstehen die Szene als ‚globale Mikrokultur', welche ohne intensive Internetnutzung der Beteiligten zwischenzeitlich kaum noch vorstellbar wäre. Die Ränder der Szene verschwimmen und somit ist ein Eintreten und Verlassen dieser jederzeit möglich. Sie fassen Szenen als Gesinnungsgemeinschaften, als thematisch fokussierte soziale Netzwerke, als vororganisierte Erfahrungsräume, die eine eigene Kultur besitzen und dynamisch sind.[5]

Der Begriff der alternativen Szene eignet sich, um das komplexe Gefüge der Dumpstergemeinschaft zu erklären, da er offener und flexibler ist als die zuvor genannten Termini. Bei den Dumpster_innen handelt es sich um keine einheitliche und geschlossene Gruppe und das Eintreten in die Szene erfolgt meist nach Internetrecherchen oder nachdem man Gleichgesinnte getroffen hat. In Internetforen lassen sich Tipps und Checklisten zum Dumpstern finden und es kommt zu einem Austausch zwischen den Akteur_innen. Und obwohl die Aktivist_innen aus den verschiedensten Gründen handeln, lassen sich ein übergeordnetes Interesse und ein bewusster Umgang mit Lebensmitteln feststellen.

Wo, wie und was?

Dumpstern ist ein relativ junges Phänomen. Der Begriff leitet sich vom englischen Wort „dump" (= Müll) ab; andere Wörter, die dasselbe Phänomen beschreiben, sind „containern", „mülltauchen", „müllwühlen", „dumpster diving" und – in Tirol – „Mistkübel stirln".

Gedumpstert wird meist nach Sonnenuntergang und in kleinen Gruppen oder alleine, um zu vermeiden, dass durch zu viel Lärm die Aufmerksamkeit von Supermarktangestellten auf die Dumpster_innen gezogen wird. Einer meiner Interviewpartner erzählte: „Anfangs war ich immer nervös, wenn irgendwo ein Licht angegangen ist. Aber das ist jetzt nur umso angenehmer, wenn Licht angeht."[6] Die

---

4   Hitzler, Ronald/Niederbacher, Arne: Leben in Szenen: Formen jugendlicher Vergemeinschaftung heute. Wiesbaden 2010, 15.
5   Vgl. Ebd., 10-26.
6   Interview mit Herrn P., geführt von Laura Weinfurter, Innsbruck, 24.4.2015.

Jahreszeiten und die Länge der Tage, also der Zeitpunkt, zu dem die Sonne untergeht, hat Einfluss auf das Dumpstern. Das Müllwühlen ist im Winter eine kalte Angelegenheit, dafür wird jedoch die Kühlkette diverser Produkte nicht unterbrochen, wodurch bestimmte Lebensmittel wie Milchprodukte besser verwertbar sind.

Abb. 1: Dumpsterer beim Müllwühlen (https://euroclashblog.wordpress.com/2015/02/06/french-dumpster-divers-charged-with-theft-of-disposed-food/, Stand: 16.4.2018)

In Österreich gilt Müll als besitzerlose Sache, auf die jemand verzichtet hat. Das Entnehmen von Abfall aus Containern an sich stellt daher keine Straftat dar. Holen Dumpster_innen jedoch Abfall aus Mülltonnen, die nicht frei zugänglich sind und sich auf einem verschlossenen Gelände befinden, zählt das als Hausfriedensbruch. Es dürfen also keine Schlösser zu Containern oder Mülltonnen aufgebrochen werden. „Vienna.at" befragte 2014 eine österreichische Polizeisprecherin zur Situation und diese bestätigte, dass die Frage, ob es sich bei Dumpstern um eine Straftat handelt oder nicht, davon abhängig sei, wie sich die Dumpster_innen Zutritt zu den jeweiligen Müllräumen verschaffen. Wird beim Eindringen etwas beschädigt, sei dies ganz klar ein Gesetzesverstoß und werde als Einbruchsdiebstahl gehandhabt.[7]

---

7   Herger, Daniela: Dumpster Diving. Alles zu Müllraum-Schlüssel und Rechtslage in Österreich. 2014. Online unter: http://www.vienna.at/dumpster-diving-alles-zu-muellraum-schluessel-und-rechtslage-in-oesterreich/3853266 (Stand: 17.7.2018).

Meine Forschungsergebnisse haben gezeigt, dass keine/r meiner Interviewpartner_innen Angst vor polizeilichen Sanktionen oder sonstigen negativen Begegnungen hat. Eine der von mir Befragten verneinte meine Frage, ob sie schon negative Erfahrungen mit den Behörden gemacht habe, und antwortete folgendermaßen:

„Ja, also eigentlich hab' ich auch nicht Angst davor, weil ich denk' mir, wenn, dann wird am ehesten jemand vom Geschäft kommen. Der Filialleiter oder irgendwelche Sicherheitsmenschen ... Ahm ... Und wenn die kommen, dann ist das Einzige, was sie machen können, eigentlich zu mir sagen: ‚He, mach' das nicht'. Die können halt mehr oder weniger garstig sein, aber mehr auch nicht. Im Endeffekt werden sie sagen: ‚He, das ist verboten, schleich dich'. Und dann kann ich ja sagen: ‚Okay, sorry, ich hab' das nicht böse gemeint' und geh' dann halt dort nicht mehr hin oder muss das halt dann abwägen. [...] Und *wenn* sie schon so weit sind, dass sie die Polizei rufen, weil sie sagen, sie kommen mit der Situation nicht mehr klar oder was, und es kommt die Polizei ..., dann werde ich denen erklären, was ist jetzt so schlimm dran. [...] Irgendwie werd' ich die Situation dann meistern."

Im Buch „Die Essensvernichter" ist zu lesen, wie sich ein Mülltaucher ärgert: „Was für eine verrückte Welt: Es ist erlaubt, Gift auf Lebensmittel zu schütten, aber verboten, Lebensmittel aus der Tonne zu holen."[8] Unter Dumpster_innen ist man sich einig, dass die eigentliche kriminelle Handlung die tägliche Lebensmittelvernichtung sei.

Ein weit verbreiteter Glaube ist, dass in den Mülltonnen nur abgelaufene und faule Lebensmittel landen – dem ist nicht so. Hanna Poddig zählt in ihrem Buch „Radikal mutig" einige Gründe dafür auf, warum viele Lebensmittel auf dem Müll landen, bevor das Mindesthaltbarkeitsdatum erreicht wird oder sogar schon bevor sie in den Regalen der Supermärkte ankommen. Diese Lebensmittel würden nicht weggeworfen, weil sie schlecht sind, sondern weil mit ihnen etwas „nicht stimmt": ein falsches Etikett, nicht ausreichender Lagerplatz im Supermarkt oder eine kurze Unterbrechung in der Kühlkette – für all diese Lebensmittel gibt es nur einen Weg, nämlich den in die Tonne. Poddig schreibt, dass es für den Handel meist billiger sei, neue Ware zu kaufen als die „fehlerhaften" Lebensmittel zu reduziertem Preis zu verkaufen – das koste weniger und verursache keinen Arbeits-, Zeit- und Personalaufwand.[9]

---

8   Kreutzberger, Stefan/Thurn, Valentin: Die Essensvernichter: Warum die Hälfte aller Lebensmittel im Müll landet und wer dafür verantwortlich ist. Köln 2011, o. S.
9   Vgl. Poddig, Hanna: Radikal mutig. Meine Anleitung zum Anderssein. Berlin 2009, 10-11.

Was findet sich also in den Mülltonnen? Aus der ethnografischen Feldforschung und durch die Interviews weiß ich, dass sich angefangen von Gemüse, Milchprodukten und abgepacktem Fleisch und Fisch (auch Wurst, Räucherforelle und Lachs) über Fertigessen, Gewürze und Süßigkeiten (tonnenweise Osterhasen und Nikoläuse) bis hin zu Säften und alkoholischen Getränken so gut wie alles in den Mülltonnen finden lässt. Und bei diesen Produkten handelt es sich keineswegs nur um Discounter-Produkte. Es befinden sich auch hochwertige Bio-, Fairtrade- und Markenprodukte in den Containern. An manchen Abenden finden den Dumpster_innen richtig viele Lebensmittel in den Tonnen, an anderen Tagen weniger und manchmal gehen sie auch leer aus. Und manche Produkte, wie beispielsweise Klopapier und Putzmittel, finden sich fast nie in den Mülltonnen.

Meine Forschung hat gezeigt, dass die meisten Dumpster_innen die Lebensmittel für den Eigenbedarf, für den eigenen Haushalt oder Freund_innen und Familie sammeln. In manchen Fällen werden Lebensmittel auch an Dritte weitergegeben, indem sie in öffentlichen Räumen zur freien Entnahme zur Verfügung gestellt werden (oft auch in Verbindung mit Informationsveranstaltun-

Abb. 2: „Liebe Leute, der Fair-Teiler ist wieder bis oben hin voll, wie ihr sehen könnt!! Auf dem Regal daneben liegen auch noch jede Menge Getreide/Körner!!" Fair-Teiler Bäckerei Kempf (https://www.facebook.com/photo.php?fbid=10207267686721044&set=gm.380110222199141&type=3&theater &ifg=1, Stand: 8.10.2018)

gen) oder an Volksküchen weitergegeben werden.¹⁰ Ein Beispiel hierfür ist die Internetplattform *www.foodsharing.at,* die auch ein Forum auf Facebook betreut, in welchem jede/r Lebensmittel verschenken kann. Weiters gibt es in Innsbruck drei öffentliche Kühlschränke (Stand April 2018), sogenannte „Fair-Teiler", wo jede/r Lebensmittel bringen und holen kann. Einer der Fair-Teiler befindet sich in der Markthalle, ein weiterer im Kulturzentrum *Die Bäckerei* in der Dreiheiligenstraße und der letzte im *Spielraum KochLokal* in der Franz-Fischer-Straße. Neben gedumpsterten Lebensmitteln finden sich hier auch abgelaufene Produkte aus diversen Läden, die eine Kooperation mit *Foodsharing* eingegangen sind und nicht verkäufliche Ware freiwillig weitergeben. Beispiele für solche Läden sind in Innsbruck: *Denn's Biomarkt, Christophs Biostore* und *Stefans Brotmanufaktur.*

Ein weit verbreiteter Irrglaube ist, dass ein Lebensmittel nach Erreichen seines Mindesthaltbarkeitsdatums, umgangssprachlich auch Verfalls- oder Ablaufdatum genannt, ungenießbar sei. Was hat es aber mit dem Mindesthaltbarkeitsdatum (MHD) wirklich auf sich? Das MHD ist eine Garantieerklärung des Herstellers, dass die Eigenschaften des Produktes bis zum angegebenen Datum unverändert bleiben. Danach können eine Veränderung des Aromas oder der Konsistenz, eine Austrocknung oder eine farbliche Veränderung auftreten, was aber nicht bedeutet, dass das Produkt verfallen ist und nicht mehr verzehrt werden kann. Fälschlicherweise wandern viele Lebensmittel nach Erreichen des MHD sofort in den Mülleimer, ohne dass die Qualität des Produktes vorher mithilfe der eigenen Sinne überprüft wird.¹¹

Abb. 3 und 4: Erfolgreiche Abende (Fotos: privat)

---

10 Vgl. Interview mit Herrn P., geführt von Laura Weinfurter, Innsbruck, 24.4.2015.
11 Vgl. http://www.qualitaetssiegel.net/de/verbraucher/einkaufstipps/mindesthaltbarkeitsdatum_abgelaufen_-_was_bedeutet_das_68578.shtml (Stand: 6.11.2016).

Bei Dumpsternden entscheiden meistens das Auge sowie der Geruchs- und der Geschmackssinn, ab wann ein Lebensmittel nicht mehr verwertbar ist, und so sagte mir beispielsweise ein Interviewpartner, dass ein Joghurt seiner Erfahrung nach zwei Monate länger haltbar sei, als auf der Verpackung angegeben ist.[12] Eine weitere Interviewpartnerin beteuerte, dass Dumpstern ihrer Ansicht nach 100 Prozent nicht riskant sei, was die Lebensmittelqualität betrifft,[13] und keine/r der von mir Befragten hatte bis jetzt mit gröberen Magenverstimmungen zu kämpfen.

Die Beweggründe zum Dumpstern

Dumpster_innen nehmen so einige Risiken auf sich, um an Lebensmittel aus Müllcontainern zu gelangen, die sie dann manchmal nicht einmal selbst behalten, sondern verteilen. Warum aber machen sie das? Dumpster_innen vereint die Einstellung, dass Lebensmittel wertvoll sind. Die Gründe, warum sie sich die Zeit nehmen, um Essen aus Mülltonnen zu beschaffen, sind aber vielfältig. Die von mir geführten Interviews sowie die informellen Gespräche, die ich bei der teilnehmenden Beobachtung hatte, ergaben, dass die Motivation zum Dumpstern von verschiedensten Interessen beeinflusst wird.

Der finanzielle Wert der Lebensmittel, die Dumpster_innen an einem Abend in den Tonnen finden, entspricht manchmal jenem von mehreren hundert Euro. Außerdem lassen sich neben Discounter-Produkten sehr hochwertige Lebensmittel in den Tonnen finden, die sich die Dumpster_innen im Supermarkt nicht leisten könnten. Wer meint, das habe keinen Einfluss auf die Motivation, dumpstern zu gehen, täuscht sich. Alle meine Interviewpartner_innen betonten, dass das Dumpstern eine große finanzielle Erleichterung mit sich bringe, und oft ist der ökonomische Vorteil ihren Aussagen nach auch der ausschlaggebende Grund, warum sie dumpstern. Auch diejenigen, deren Hauptmotiv ein anderes ist, leugneten dies nicht. So sagte einer meiner Interviewpartner: „Der andere Grund [neben dem politischen Aspekt], das ist ganz klar, den kannst auch nicht ausschließen: Es spart einfach unglaublich viel Geld. Und damit weiß ich jetzt nicht genau, wie sehr das jetzt überwiegt, ob jetzt wirklich die politische Dimension da mitspielt oder halt doch der finanzielle Aspekt."[14]

---

12 Vgl. Interview mit Herrn A., geführt von Laura Weinfurter, Innsbruck, 5.5.2015.
13 Vgl. Interview mit Frau T., geführt von Laura Weinfurter, Innsbruck, 28.4.2015.
14 Interview mit Herrn A., geführt von Laura Weinfurter, Innsbruck, 5.5.2015.

Für manche Akteur_innen ist von vornherein die finanzielle Erleichterung der Hauptgrund dafür, dumpstern zu gehen. So gab einer meiner Interviewpartner ganz offen an, dass er es „einfach geil" finde, gratis an Lebensmittel zu gelangen,[15] und ein anderer meinte, dass der entscheidende Grund dafür, dumpstern zu gehen, der sei, dass er sich damit Geld erspare.[16]

Während meiner Gespräche mit Dumpster_innen kam mir auch der Gedanke, dass es sich beim Dumpstern um eine ökonomische Gegenkultur handeln könnte. Da für manche Szenemitglieder der finanzielle Vorteil im Hintergrund steht, habe ich diese Hypothese jedoch wieder verworfen. Eine meiner Interviewpartnerinnen sagte hierzu beispielsweise: „Also ich mach' es nicht wegen dem Geld eigentlich … Logisch ist es günstig auch und man spart sich voll viel ein. Aber Hauptgrund ist eigentlich, weil man sich aus dem System ausklinken kann."[17] Hier wird eine weitere Motivation angesprochen, die ich mit „Dumpstern als Exit" beschreiben möchte. Die Idee dahinter ist, dass durch die Verwendung von bereits abgeschriebener Ware keine Nachfrage am Lebensmittelmarkt erzeugt wird und somit ein Statement gegen Überproduktion und Lebensmittelverschwendung gesetzt wird. Die folgenden drei Zitate sollen die Überlegungen zum Motiv „Dumpstern als Exit" verdeutlichen.

„Ich will das verwenden, was halt sonst einfach sinnlos weggeschmissen wird und was irgendwie total verschwendet ist … Was ich einfach in unserer Gesellschaft eine Katastrophe finde und einfach weltweit so nicht funktionieren sollte, oder wie auch immer. Also, es scheint ja irgendwie zu funktionieren, es scheint ja die Basis zu sein, wie unser Konsum funktioniert. Aber ich finde halt nicht, dass das richtig ist, und da möchte ich für mich einen guten Schritt … also dass ich zumindest jetzt nicht auch mein Geld zum Billa trage, sondern das vermeide und das verwende, das weggeworfen wird."[18]

„Ich finde, dass Dumpstern […] Sinn macht, weil man sich einfach komplett aus der … aus dem Normsystem ausklinkt. Und keine Nahrungsmittel mehr verbraucht, im eigentlichen Sinne. Also ich find' das extrem sinnvoll."[19]

„Wenn du in einem Tal einen Kofferraum [mit gedumpsterten Lebensmitteln] vollgeladen hast und das dann irgendwie im Kopf hochrechnest, das war jetzt ein Supermarkt in einem Tal. […] Das ist halt einfach nur so ein kleiner Part, das sind Lebensmittel aus

---

15 Vgl. Interview mit Herrn P., geführt von Laura Weinfurter, Innsbruck, 24.4.2015.
16 Vgl. Interview mit Herrn L., geführt von Laura Weinfurter, Innsbruck, 26.3.2015.
17 Interview mit Frau T., geführt von Laura Weinfurter, Innsbruck, 28.4.2015.
18 Interview mit Frau J., geführt von Laura Weinfurter, Innsbruck, 21.4.2015.
19 Interview mit Frau T., geführt von Laura Weinfurter, Innsbruck, 28.4.2015.

einem Supermarkt aus einem Dorf. Und wenn man das dann global hochrechnet auf alle Läden auf der ganzen Welt. [...] Und das ist halt schon Wahnsinn. Und das gibt einem schon zu denken."[20]

Das sind nur einige der Aussagen, die meine Interviewpartner_innen tätigten, als im Gespräch von der politischen Dimension des Dumpsterns die Rede war. Die Dumpster_innen protestieren mit ihrer Tätigkeit gegen ein System, das dafür verantwortlich ist, dass viele noch verwertbare Lebensmittel im Müll landen. Neben der Genugtuung, einen Ausweg aus diesem System gefunden zu haben, geht es vielen Dumpster_innen um die Tatsache, dass sie die Lebensmittel, die sie dumpstern, „gerettet" haben, da diese sonst endgültig im Müll gelandet wären.[21] Aber erfolgreiche Funde machen nicht nur glücklich. Einer der Befragten meinte zu mir: „Heute ist es ja anscheinend so, dass die Weltbevölkerung eigentlich locker ernährt werden könnte. Also dass die Kapazitäten da sind, nur dass es halt einfach nicht funktioniert durch Verteilung."[22] In dieser Aussage wird die Unzufriedenheit über die Lebensmittelverteilung weltweit deutlich – und über das westliche System, in dem die Nachfrage nach Lebensmitteln Überproduktion und Müll zur Folge hat. Dieses System – die Überflussgesellschaft –, das von manchen Dumpster_innen auch als das „Normsystem" bezeichnet wird, wird durch die Nachfrage von Konsument_innen aufrechterhalten. Indem sie ihr Essen aus Mülltonnen holen, haben die Dumpster_innen eine Möglichkeit gefunden, sich diesem System ein Stück weit zu entziehen. Poddig schreibt hierzu:

> „Nachfrage nach Waren bedeutet, dass irgendwo neue Lebensmittel herkommen müssen. Und die entstehen schließlich nicht einfach so aus dem Nichts und gelangen dann wie von Zauberhand ins Supermarktregal, sondern müssen produziert werden. Produktion, ganz egal, ob von Lebensmitteln oder von anderen ‚Produkten', hat immer Umweltauswirkungen und soziale Konsequenzen."[23]

So wird vielfach deshalb gedumpstert, weil man aus dem Nachfrage-Überfluss-System aussteigen möchte, und eben auch, weil man es grundsätzlich wichtig findet, Müll zu vermeiden.

Neben politischen und ökonomischen Motivationen gibt es noch weitere Gründe dafür, dumpstern zu gehen. Eine weitere Motivation lässt sich mit der Lust am Verbotenen und am Abenteuer beschreiben. Eine der von mir Befragten

---

20 Interview mit Herrn A., geführt von Laura Weinfurter, Innsbruck, 5.5.2015.
21 Vgl. Interview mit Frau T., geführt von Laura Weinfurter, Innsbruck, 28.4.2015.
22 Interview mit Herrn A., geführt von Laura Weinfurter, Innsbruck, 5.5.2015.
23 Poddig, Radikal mutig, 11.

erzählte beispielsweise, dass es mit Aufregung verbunden sei, ein fremdes Grundstück zu betreten, illegal Türen zu öffnen und über Zäune zu klettern.[24] Hier ist das Dumpstern mit Spaß verbunden, welcher damit einhergeht, dass etwas Verbotenes getan wird. Eine andere Interviewpartnerin gab an, dass mindestens 50 Prozent ihrer Dumpster-Motivation in der Lust am Abenteuer liege; sie stellte einen Vergleich zwischen Dumpstern und Schwammerl-Suchen an: Beim Schwammerl-Suchen wisse sie so wenig wie beim Dumpstern, ob und was sie findet, sie tue es wegen der Tätigkeit an sich.[25] Dieselbe Befragte fand es auch

„[…] irgendwie abenteuerlich und […] irgendwie total, total spaßig und jedes Mal wieder spannend und interessant … Und, ich weiß nicht, ich mag des irgendwie, so a bissl a Flexibilität in meinem Leben … und … ich mag das irgendwie nicht so …, die Gewohnheit …, und dann ist das total praktisch … Das ist dann halt irgendwie so, dass man beim Essen halt schon ein bisschen flexibel sein muss … oder darf. Das find ich ganz cool."[26]

Auch Hannah Poddig spricht die Flexibilität an, die das Dumpstern erfordere, wenn sie in ihrem Buch davon erzählt, dass manche Leute, die sie zum Essen eingeladen hatte, schon eine Woche vorher wissen wollten, was es denn geben würde. Sie habe diese Frage nicht beantworten können, da sie ja nicht gewusst habe, welche Lebensmittel sie in den Containern finden würde.[27]

Das von den Dumpster_innen beschriebene positiv empfundene Gefühl, mit einer Auswahl von bestimmten Lebensmitteln konfrontiert zu werden, aus denen dann etwas „gezaubert" werden soll, ist aus wissenschaftlicher Sicht interessant. Die Flexibilität, die beim Verwerten der gedumpsterten Lebensmittel notwendig ist, wird meist als positive Herausforderung wahrgenommen und kann als Stärke gesehen werden. Das heißt, dass auch in diesem alternativen Lebensbereich, ähnlich wie in anderen, beispielsweise auf dem Arbeitsmarkt, Flexibilität gefordert wird und diese somit als wichtige Haltung des 21. Jahrhundert beschrieben werden kann.

Der Trend des Dumpsterns führt weg von der Entscheidungsfreiheit, die der Einkaufsmarkt bietet. Indem sie auf den Einkauf im Supermarkt verzichten, gehen Dumpster_innen einen Schritt weg von den vielen Entscheidungen, mit denen wir in unserer posttraditionalen Kultur konfrontiert sind. Dieser Aspekt des Dumpsterns könnte auch als „Lust an der Unfreiheit" bezeichnet werden.

---

24 Vgl. Interview mit Frau T., geführt von Laura Weinfurter, Innsbruck, 28.4.2015.
25 Vgl. Interview mit Frau J., geführt von Laura Weinfurter, Innsbruck, 21.4.2015.
26 Interview mit Frau J., geführt von Laura Weinfurter, Innsbruck, 21.4.2015.
27 Vgl. Poddig, Radikal mutig, 9.

Neben dem von meinen Interviewpartner_innen benannten Spaßmoment lassen sich auch andere, unausgesprochene Motive entdecken. Das Dumpstern besitzt eine narzisstische Dimension, da Dumpster_innen sich durch diese teils illegale Tätigkeit Zuschreibungen wie „cool" oder „rebellisch" aneignen können. Zusätzlich wird, wie auch bei Hitzler und Niederbacher beschrieben, das eigene Selbstwertgefühl durch die Zugehörigkeit zu einer Szene gestärkt.

Auch wenn die Motive der Dumpster_innen vielfältig sind, so verbindet sie doch ein gemeinsamer Wert. Sie wollen einen wertschätzenden Umgang mit Lebensmitteln. Und keine/n der von mir Befragten hindert die Angst vor polizeilichen Sanktionen daran, dieser Wertschätzung Ausdruck zu verleihen und weggeworfenes Essen aus fremden Mülltonnen zu retten.

Die *vegane Community* – eine Subkultur?
Forschungsdynamiken und Subjektivität in einer ethnografischen Arbeit zu Veganismus

Eva-Maria Kirschner

„Go vegan!" lautet ein Slogan, der mir im letzten Jahr immer wieder begegnet ist: an meinem Arbeitsplatz, auf Produkten in Lebensmittelgeschäften, im Internet, in Gesprächen mit Kolleg_innen und Freund_innen. Ich hatte das Gefühl, dass sich die „Veganismus-Bewegung" ausgedehnt hatte und auch in meinem alltäglichen Leben einen Platz einzunehmen begann. Die Entscheidung, völlig auf tierische Produkte zu verzichten, konnte ich trotz meines Wohlwollens einfach nicht nachvollziehen, da mir die Beweggründe der Akteur_innen nicht klar waren. Es war diese Irritation, die mein Interesse daran weckte, mit vegan lebenden Menschen zu sprechen und mehr über diese Ernährungs- beziehungsweise Lebensweise in Erfahrung zu bringen. Was bewegte die Akteurinnen und Akteure dazu, vegan zu leben und inwiefern war diese Entscheidung für sie sinnstiftend?

Zur selben Zeit nahm ich an einem Seminar der Europäischen Ethnologie zu empirischem Arbeiten in Popmusik- und Fankulturforschung teil, in dem wir Studierende eine empirische Übung durchführen sollten. So eröffnete sich die Chance, Erkenntnisse über die mir fremde vegane Alltagswelt zu gewinnen, in die Rolle der Forscherin einzutauchen und theoretische Auseinandersetzungen erstmals mit praktischer Erfahrung zu verknüpfen. Ich stand nun vor der Herausforderung qualitativer, empirischer Forschung: mit Akteur_innen in Interaktion zu treten, Beziehungen einzugehen, um anschließend subjektive Erfahrungswerte in Daten zu verwandeln. Fragen, die mich während meines gesamten Studiums beschäftigten, würden erfahrbar werden: Was bedeutete es, als externe Person in ein Feld ‚einzudringen', Daten zu generieren und schlussendlich einen wissenschaftlichen Text zu formulieren? Welche Rolle würde ich als Forscherin einnehmen und welchen Umgang mit meinen eigenen Gefühlen konnte ich entwickeln?

Im Folgenden möchte ich meine empirische Forschungsübung, die sich mit der Bedeutung von Veganismus im Leben einer Akteurin befasst, vorstellen. Zunächst soll der Kontext der Forschungsübung dargelegt werden, um seinen Einfluss auf die Arbeit zu verdeutlichen. Durch die Offenlegung einiger Ergebnisse möchte ich auf einen entscheidenden Richtungswechsel im Forschungsprozess eingehen. Außerdem wird die Rolle von subjektiven Erfahrungswerten thematisiert, zugleich werden Überlegungen zu einem sinnvollen Umgang mit Subjektivität angestellt.

Das homologe Moment – zum Rahmen der Forschungsübung

Die Kontextualisierung der durchgeführten Übung erscheint umso wichtiger, als eine Forschung immer in einem spezifischen Rahmen und unter bestimmten Voraussetzungen stattfindet. Die empirische Übung, die ich in Form eines ethnografischen Gesprächs[1] durchführte, fand im bereits erwähnten Seminar statt. Bereits die Entscheidung, das daraus generierte Material für meine Bachelorarbeit zu verwenden, beeinflusste die Forschungsarbeit – das Material hätte von mir nie so viel Aufmerksamkeit bekommen, hätte ich es ausschließlich als Prüfungsleistung angesehen. Besonders richtungsweisend war die Thematik des Seminars, die für die gewählte Forschungsfrage entscheidend war.

Das Seminar behandelte die Praxis des empirischen Arbeitens anhand von Popmusik- und Fankulturforschung. Dabei wurden insbesondere Ansätze der Subkulturforschung der British Cultural Studies diskutiert. An dieser Stelle soll angemerkt werden, dass ich den Begriff *Subkultur* in Anlehnung an Paul Willis, einen der Vertreter der Birmingham Cultural Studies, verstehe. In seinem Werk „Profane Culture", das zwei ethnografische Forschungen – einerseits zu „Motorrad-Jungs", den Rockern, andererseits zu Hippies – thematisiert, wird deutlich, dass Willis Jugend- beziehungsweise Subkulturen als „soziale Phänomene/Gruppen" und „,neue' kulturelle Formen"[2] (durchaus subversive Formen) wahrnimmt, die sich jeweils zu vorherrschenden kulturellen Formen und Ordnungen *verhalten*, bewusst sowie unbewusst Bezug auf diese nehmen und symbolisch Kritik an

---

1 Das ethnografische Gespräch bietet die Möglichkeit, Elemente eines Interviews mit Elementen einer teilnehmenden Beobachtung zu vereinen. In meinem Fall war es mit erzählgenerierender Einstiegsfrage und stützendem Leitfaden zwischen narrativem und halbstrukturiertem Interview angesetzt. Den Charakter einer teilnehmenden Beobachtung gewann es durch den Fokus auf Stimmungen, Eindrücke, Gefühle und Störungen, die ich währenddessen notierte. Durch den Verzicht eines Aufnahmegeräts konnte ich einerseits technische Unannehmlichkeiten ausschließen, andererseits war es dadurch möglich, dass ich mich neben dem Gesagten auch auf Dinge konzentrieren konnte, die während des Gesprächs passierten. Parallelen zu dieser Methodik, insbesondere hinsichtlich einer situationsangepassten, dynamischen Vorgehensweise und eines Auswertungsprozesses, der Emotionen, Einfällen und Assoziationen der forschenden Person Raum gibt, bestehen zum sogenannten „verstehenden Interview" des französischen Soziologen Jean-Claude Kaufmann. Vgl. dazu: Jean-Claude Kaufmann: Das verstehende Interview. Theorie und Praxis. München 2015 [frz. Erstausgabe 1996].
2 Paul Willis: „Profane Culture". Rocker, Hippies: Subversive Stile der Jugendkultur. Frankfurt am Main 1981 [engl. Erstausgabe 1978], 11.

ihnen üben. In diesen Feldforschungen beschäftigt sich Willis mit sogenannten Minderheitenkulturen – diese Bezeichnung, sowie jene der Subkultur, wird bei ihm nie pejorativ im Sinne einer unterlegenen Kultur verwendet, sondern steht vielmehr für eine kulturelle Form, die neben der hegemonialen Ordnung besteht und auf diese reagiert. Dabei ist Willis' Haltung jene eines empathischen Ethnografen, der die Akteur_innen und ihre Identität(en) ernst nimmt, ihre alltägliche Lebenswelt verstehen will und sich die Frage stellt, auf welche Weise dort Bedeutung gestiftet wird. Mit Willis wollte ich Veganismus als subkulturelles Phänomen im Sinne einer kulturellen und sozialen Form begreifen, die „eine eigene kraftvolle Kultur aufbauen [kann]"[3], sowie Ethnografie als Forschungshaltung verstehen, in der man fremden Lebenswelten interessiert und respektvoll begegnet.

Das Konzept der *Homologie*, das Willis in „Profane Culture" einführt, schien besonders treffend, um subkulturelle Lebensformen zu charakterisieren. Die Homologie kann kurzum als „roter Faden" einer Subkultur verstanden werden, sie bezeichnet ihren inneren Zusammenhang, eine Art kohärenten, unbewussten gemeinsamen Nenner verschiedener Verhaltensweisen und Praktiken der Akteur_innen. Dick Hebdige greift diesen Begriff im achten Kapitel seines Textes „Subculture. The meaning of style" auf und beschreibt ihn als interne Struktur, die durch eine spezifische Ordnung gekennzeichnet sei: „each part is organically related to other parts and it is through the fit between them that the subcultural member makes a sense of the world."[4] Das logische Zusammenpassen der einzelnen Elemente, die die jeweilige Subkultur ausmachen, ist in diesem Sinne nicht nur bedeutungs- und identitätsstiftend für die Mitglieder der Subkultur, sondern vermag es auch, der Welt als „großes Ganzes" einen Sinn zu verleihen beziehungsweise sie zu erklären. Um etwas konkreter zu werden: Paul Willis sieht in seiner Studie zu den Hippies das homologe Moment in einer bestimmten Dysfunktionalität und Instabilität, die die Hippies als angenehm und begrüßenswert empfinden. Willis spricht in diesem Zusammenhang auch von einem „Zustand der ontologischen Unsicherheit als Befreiung"[5]. Hebdige zieht das Konzept der Homologie seinerseits für die Subkultur der Punks in Betracht, wobei er es, zusammengefasst, in einem gewissen Chaos und Nihilismus situiert.[6]

Da ich einen kohärenzstiftenden gemeinsamen Nenner hinter verschiedenen Handlungs- und Deutungspraktiken der *veganen Community* – ein Begriff, auf den ich in Zusammenhang mit Veganismus öfter stieß – zu vermuten glaubte, zog ich das Konzept der Homologie für mein Thema in Erwägung. Es war vor allem

---

3   Ebd., 17.
4   Hebdige, Dick: Subculture. The meaning of style. London/New York 1979, 113.
5   Willis, „Profane Culture", 114.
6   Vgl. Hebdige, Subculture, 114-115.

die Verbindung einer veganen Ernährung mit intensiven sportlichen Tätigkeiten, die mir mehrmals begegnete, die mich folgende Hypothese formulieren ließ: das homologe Moment des Veganismus könnte im Spüren des eigenen Körpers liegen. Die Verknüpfung mit dem eigenen Körper erschien plausibel, da sich die besondere Achtsamkeit bei der Nahrungsaufnahme, die sich durch den Verzicht auf alle Produkte, die in irgendeiner Weise von Tieren abstammen, als eingeschränkt herausstellt und direkt mit dem Körper verbunden ist – in diesem Sinne bezieht sich die Achtsamkeit auch darauf, was man sich ein*verleibt* und was eben nicht. Diese erste Vorannahme war zwar wissenschaftlich noch nicht sehr fundiert, jedoch wichtig für die Vorbereitung meiner ersten empirischen Übung, die somit ihren Rahmen erhielt.

Eintritt in das Forschungsfeld – Subkultur Veganismus?

In Methodik-Seminaren wurde ethnografische Feldforschung zunächst als komplexe und facettenreiche Praxis thematisiert, deren Schwierigkeiten im Interaktionsprozess selbst zu liegen scheinen. Bereits der Feldeintritt, der Zugang zu den Akteur_innen, ihren Handlungen, Objekten, Diskursen und Bedeutungen birgt einige Herausforderungen; Irritationen sind auf beiden Seiten nicht auszuschließen. Akteur_innen vermuten Spione in Forscher_innen, die ihrerseits Angst vor dem Feld haben.[7] Der deutsche Volkskundler Rolf Lindner macht in einem seiner Hauptwerke die Diskrepanz zwischen theoretischem Methodendiskurs und praktischer Forschungsrealität, die es zu überwinden gilt, deutlich. Er plädiert dafür, Störungen, die beim Eintritt ins Feld vorkommen, als Ausdruck menschlicher Beziehungen ernst zu nehmen, bewusst darüber zu reflektieren und sie als mögliche Daten in den Forschungsprozess aufzunehmen.[8] Außerdem macht Lindner klar, wie eng Feldforschung mit dem sogenannten Spiel zwischen Nähe und Distanz verknüpft ist. Nähe wird dabei vor allem an den konkreten Aufenthalt im Feld gekoppelt, während sich Forschende nach dem Rückzug aus dem Feld in analytischer Distanz üben sollen. Auch die Europäische Ethnologin Brigitta Schmidt-Lauber setzt sich mit möglicherweise auftretenden Schwierigkeiten auseinander und formuliert treffend, dass „sogenannte ‚Störungen' im Feld nicht außergewöhnliche Interaktionen sind, die es zu vermeiden gilt, sondern dass sie sehr oft wichtige Erkenntnisse eröffnen und als heuristisch nutzbare Informa-

---

7 Vgl. Lindner, Rolf: Die Angst des Forschers vor dem Feld. Überlegungen zur teilnehmenden Beobachtung als Interaktionsprozess. In: Zeitschrift für Volkskunde, 77 (1981), H. 1, 51-66.
8 Vgl. Ebd., 61-62.

tionen Eingang in die Untersuchung finden sollten"⁹. So können Gefühle der Verunsicherung während, aber auch bereits vor der Forschung auftreten und vielmehr als hilfreiches statt als beeinträchtigendes Moment wahrgenommen werden. Vorurteile und Vorverständnisse, die Forschende mit ins Feld bringen, können also als erkenntnisbringend wahrgenommen werden. In diesem Sinn versuchte ich während der Forschungsarbeit, meine Irritation nicht zu verdrängen, sondern ihr Platz zu geben und produktiv mit ihr umzugehen. Tatsächlich half sie mir, in das Feld einzusteigen, da sie große Neugierde in mir weckte. Zudem hielt die Verunsicherung, die mich während meiner Beobachtungen und Gespräche stets begleitete, meine Neugierde aufrecht.

Mein Feld bestand potenziell aus in Innsbruck lebenden Menschen meiner Altersgruppe (circa zwischen 19 und 30), die vegan lebten und sich gleichzeitig sportlich betätigten, der Fokus lag aber klar auf meinem ehemaligen Arbeitsplatz – einer Bäckerei, deren Konzept veganer Brötchen und Mittagsmenüs überwiegend vegan lebende Menschen anspricht. Die Tatsache, dass sich Akteur_innen dort an einem Ort befinden, der ihre Entscheidung anerkennt und das auch klar kommuniziert, führte zu einer unkomplizierten Kontaktaufnahme und zu informellen Gesprächen mit veganen Kund_innen. Fragen zu veganer Ernährung erschienen in diesem Rahmen plausibel und wurden interessiert beantwortet. Insbesondere meine Arbeitskollegin Tanja¹⁰, mit der ich mich häufig über vegane Ernährung und Sport unterhielt, war mir gegenüber sehr offen und reagierte positiv auf mein Interesse. Als ich ihr von der empirischen Übung des Seminars erzählte, erklärte sie sich wohlwollend bereit, meine Fragen in einem Gespräch zu beantworten. Dabei umfasste meine vorläufige Forschungsfrage zunächst mehrere Fragen, die später zu einer konkreten Fragestellung zusammengefasst werden sollten: Ist es möglich, Veganismus als subkulturelles Phänomen zu verstehen? Gibt es diesen „roten Faden", ein homologes Moment, und wenn ja, worin besteht es? Gibt es Elemente, die den Akteur_innen besonders wichtig sind und in ihren Praktiken wiederkehren? Vermögen es diese, ein „großes Ganzes" zu formen und es zu erklären? Mit stützendem Leitfaden, Nervosität und Spannung ging ich in das Gespräch, das mich noch einige Zeit beschäftigen sollte.

Es entstand zunächst ein ausführliches Protokoll, in dem ich das Gesagte sowie Stimmungen festhielt. Den Auswertungsprozess, jene entscheidende Phase der Übersetzung und Offenlegung aller gesammelten Eindrücke, gliederte ich

---

9   Schmidt-Lauber, Brigitta: Feldforschung. Kulturanalyse durch teilnehmende Beobachtung. In: Göttsch, Silke/Lehmann, Albrecht (Hg.): Methoden der Volkskunde. Positionen, Quellen, Arbeitsweisen der Europäischen Ethnologie. 2., aktualisierte Auflage, Berlin 2007, 219-248, hier 233.
10 Um deren Anonymität zu wahren, wurde der Name meiner Gesprächspartnerin geändert.

nach dem Methodenhandbuch von Robert Emerson, Rachel Fretz und Linda Shaw in mehrere Zwischenschritte. Um systematisch zu arbeiten, las ich mein Protokoll immer wieder, „line-by-line"[11], und hielt Überlegungen, Gedanken, Ideen zu Kategorienbildung, Wahrnehmungen und Assoziationen fest. Für diese Phase der bewussten Distanznahme ermutigen Emerson, Fretz und Shaw die forschende Person zu einer besonderen Art der Lektüre: „To undertake an analytically motivated reading of one's fieldnotes requires the ethnographer to approach her notes as if they had been written by a stranger."[12] Mithilfe dieser Vorgehensweise können Beziehungen zwischen forschendem Subjekt und Feldpartner_innen auf eine neue Weise wahrgenommen und Veränderungen entdeckt werden, die erst mit einem „Schritt zurück" möglich werden. Dass dieser Versuch nicht einfach ist, zeigt sich am wiederkehrenden Motiv der Spion_innen-Rolle seitens der Forschenden oder an der häufig artikulierten Schwierigkeit, überhaupt mit der Auswertung zu beginnen. Befremdliche Gefühle sind laut den Autor_innen dabei legitim: „Although the deliberate and self-conscious analysis ethnography entails may contribute to feelings of estrangement, it may be helpful to remember that making sense of ‚what's going on' is an activity that members of the setting engage in and that it is one of the usual and expected activities of social life."[13] Zudem bedeutet Distanznahme nicht den Verlust der wertschätzenden Haltung gegenüber Feldpartner_innen: „we seek to convey an appreciative understanding of the world and lives of persons under study."[14] Trotz meines gewissenhaften, genauen Umgangs mit dem Material begegnete auch ich befremdlichen Gefühlen und grübelte über Forschungsethik nach.

Neben den Codes, die meine Verunsicherung thematisierten, fiel mir vor allem die Diskrepanz zwischen der wissenschaftlichen Kategorie der Homologie und den emischen Kategorien auf. Meine Vorannahme, das homologe Moment der veganen Subkultur könnte im Spüren der eigenen Körperlichkeit liegen, wurde erschüttert. Als zentrales Element von Ernährung sowie sportlichen Tätigkeiten scheint der Körper als homologes Moment zwar plausibel. Doch die Akteurin konnotiert den Zustand der absoluten Erschöpfung als negativ und betont, dass sie am Ende einer sportlichen Tätigkeit gerne noch Kapazitäten für weitere körperliche Aktivitäten habe. Ich sah einen Widerspruch zu meinem Verständnis des Sich-Spüren-Wollens, das ich mit absoluten Grenzerfahrungen in Verbindung brachte. Zudem bedingen sich die vegane Ernährung und der Sport für Tanja

---

[11] Emerson, Robert M./Fretz, Rachel I./Shaw, Linda L.: Writing Ethnographic Fieldnotes. Chicago/London 1995, 144.
[12] Ebd., 145.
[13] Ebd., 145-146.
[14] Ebd., 146.

nicht gegenseitig, vielmehr passen sie in ihren Augen einfach sehr gut zueinander. Mit ihren Schilderungen dementierte Tanja gewissermaßen das, wovon ich ausgegangen war – meine Forschungsfrage schien nicht mehr adäquat.

Im Zuge eines Seminars zur Auswertung empirischen Arbeitens diskutierten wir mein codiertes Protokoll, wobei meine Kommiliton_innen von ihren Gefühlen und Assoziationen berichteten, die das Material in ihnen hervorrief. Ich war erstaunt, denn sie betrachteten die Notizen aus einer anderen Perspektive – mit mehr Distanz – und sprachen Aspekte an, die mir nicht aufgefallen waren. Mehrere Studierende bemerkten, dass Gesundheit eine wichtige Rolle in Tanjas Leben spielte und sie sich klar dazu positionierte – es war das Stichwort der *Selbstbestimmtheit*, das in der Gruppendiskussion immer wieder geäußert wurde, und zwar als Haltung, die Tanja einnahm. Sie wollte selbst über ihre Gesundheit bestimmen können. Ich befürwortete den Vorschlag, Selbstbestimmtheit als Metacode einzuführen, und wunderte mich darüber, diesen Aspekt nicht schon selbst und viel früher wahrgenommen zu haben. Bei der wiederholten Lektüre meines Protokolls nahm ich die Präsenz des Wunsches nach selbstbestimmtem Handeln immer stärker wahr. Erst das Sprechen darüber ermöglichte eine grundlegende Erkenntnis. Die Ethnologin und Kulturwissenschaftlerin Dorle Dracklé formuliert treffend: „Eigene Ideen entwickeln sich nicht von selbst, wir benötigen Impulse, und wir lernen, über unsere Arbeit zu reflektieren, indem wir unsere Annahmen im Gespräch testen und gemeinsam mit anderen diskutieren."[15] Auftretende Schwierigkeiten und heikle Situationen können also mithilfe von Anregungen außenstehender Personen, die sich jedoch als Fachkolleg_innen mit ähnlichen Herausforderungen konfrontiert sehen, aufgedeckt und entschärft werden. In diesem Sinn sind Forschungs- und Deutungswerkstätten oder, wie in meinem Fall: Seminare, die diesen Formaten ähneln, nicht nur eine Stütze im Auswertungsprozess, sondern auch erkenntnisfördernd.[16]

Während des fokussierten Codierens nahm ich den Metacode Selbstbestimmtheit dann auf eine neue Weise wahr. Der Begriff schloss bei genauerem Hinsehen einen weiteren mit ein, nämlich jenen der Kontrolle. Obwohl Tanja mehrmals

---

15 Dracklé, Dorle: Ethnographische Medienanalyse: Vom Chaos zum Text. In: Bender, Cora/Zillinger, Martin (Hg.): Handbuch der Medienethnographie. Berlin 2015, 387-403, hier 393.
16 Zur ethnopsychoanalytischen Deutungswerkstatt vgl. unter anderem: Krueger, Antje: Die ethnopsychoanalytische Deutungswerkstatt. In: Freikamp, Ulrike/Leanza, Matthias/Mende, Janne/Müller, Stefan/Ullrich, Peter/Voß, Heinz-Jürgen (Hg.): Kritik mit Methode? Forschungsmethoden und Gesellschaftskritik. Berlin 2008, 127-145. Zu Supervision und assoziativer Interpretationsgruppenarbeit vgl. u. a.: Becker, Brigitte/Eisch-Angus, Katharina/Hamm, Marion/Karl, Ute/Kestler, Judith/Kestler-Joosten, Sebastian/Richter, Ulrike A./Schneider, Sabine/Sülze, Almut/Wittel-Fischer, Barbara: Die reflexive Couch. Feldforschungssupervision in der Ethnografie. In: Zeitschrift für Volkskunde, 109 (2013), H. 2, 181-203.

betont, wie wichtig ihr Zwanglosigkeit und Regelfreiheit im Zusammenhang mit Sport und Ernährung seien – „Ich muss nichts"[17] – wird deutlich, dass sie sich in ihrem Handeln auf gewisse Weise kontrolliert: Sie zählt die geschwommenen Längen im Schwimmbad, überlegt sich, wann und was sie vor und nach dem Sport zu sich nimmt, achtet auf die Einteilung ihrer körperlichen Kräfte, geht bei jedem Wetter ins Freie (sie ist diejenige, die entscheidet, wann sie sportelt, nicht äußere Bedingungen), kauft ihr Gemüse und Obst lieber auf alternativen Märkten, die ohne Dritte, wie zum Beispiel Supermarktketten, auskommen oder trocknet ihr Getreide selbst in ihrer Wohnung. So ist es Tanja möglich, ihren Handlungsspielraum in so vielen Lebenssituationen wie möglich zu erweitern. Veganismus als einschränkend zu betrachten, weil die volle Auswahl an Lebensmitteln und Erzeugnissen nicht mehr gewährleistet ist, wäre für Tanja absurd. Das Gegenteil ist der Fall: Veganismus ist für sie bereichernd und eröffnet ihr die Möglichkeit zu selbstbestimmtem Handeln. Auf meine Frage, welche Lebensbereiche Veganismus für sie erfasse, muss Tanja lachen. Es ist für sie selbstverständlich, dass die Antwort „Alle!" lautet.[18] So scharf sich die Erkenntnis herauskristallisierte, dass Veganismus für die Akteurin eine selbstbestimmte, gesunde, bewusste Lebenseinstellung repräsentiert, so unklar blieben andere Aspekte des Gesprächs. Einige Erklärungen schienen widersprüchlich beziehungsweise nicht eindeutig zu sein; zum einen hatten Ernährung und sportliche Tätigkeit für Tanja die Bedeutung von Zwanglosigkeit und Regellosigkeit, zum anderen waren sie stark mit Struktur und Kontrolle verknüpft. Einige Punkte blieben demnach offen. Fest stand aber, dass der ursprünglich gewählte theoretische Ansatz nicht mehr sinnvoll war, und außerdem, dass es meine Irritationen zu reflektieren galt.

Störung, Subjektivität und Selbstreflexion

Irritierende Momente waren während des gesamten Forschungsprozesses präsent. Vor dem Feldeintritt war ich verunsichert, da ich die Beweggründe von vegan lebenden Menschen nicht nachvollziehen konnte. Während des Forschungsprozesses fühlte ich mich schuldig, da meine Gesprächspartnerin nicht über den Charakter der teilnehmenden Beobachtung Bescheid wusste. Und auch in und nach der Auswertungsphase war ich irritiert: durch meinen plötzlichen Sinneswandel, der sich in begeistertem Interesse für das Feld manifestierte. Die vegane Lebenseinstellung – so bezeichnet Tanja Veganismus – faszinierte mich immer mehr. Noch in jenem Monat, in dem das Gespräch stattgefunden hatte, beschloss ich,

---

17 Forschungsnotiz Eva-Maria Kirschner.
18 Forschungsnotiz Eva-Maria Kirschner.

in Zukunft auf Fleisch zu verzichten. Ich wurde keine Veganerin, näherte mich als Vegetarierin aber der veganen Ernährung an. Außerdem informierte ich mich zunehmend zu Massentierhaltung und schlechten Lebensbedingungen von Tieren, empörte mich offen darüber und reagierte emotional auf Themen, die mit Veganismus in Verbindung standen. Tatsächlich machte mir die Hin-und-her-Bewegung zwischen Nähe und Distanz, die „Oszillation zwischen Annäherung und Distanzierung"[19], wie es der Kulturwissenschaftler Jochen Bonz beschreibt, Mühe. Dabei liegt für Bonz die Schwierigkeit, Distanz zu gewinnen, darin begründet, „dass das forschende Subjekt ja in den intersubjektiven Beziehungen steht, die es eingeht. Es ist beziehungsweise war diese Beziehungen. Sie bilden einen Bestandteil des Selbst"[20]. Distanznahme bedeutet hier jedoch nicht, Emotionen zu unterdrücken, sondern wird vielmehr als das, was Lindner „Präsentation der eigenen Identität"[21] nennt, wahrgenommen. Es geht darum, „die eigenen Erfahrungen im Feld nicht zu überwinden, sondern sie zu übersetzen, indem im Auswertungsprozess sowohl in das Material eingetaucht als dieses auch in angemessene Interpretationen überführt wird"[22].

Diesen Überlegungen liegt die Überzeugung zugrunde, Subjektivität für den Forschungsprozess produktiv machen zu können, indem sie integriert und selbstkritisch reflektiert wird. Georges Devereux, einer der Begründer der Ethnopsychoanalyse, formuliert: „Es ist eine historische Tatsache […], dass die affektive Verstrickung des Menschen mit dem Phänomen, das er untersucht, ihn oft an einer objektiven Einstellung hindert."[23] Die Behinderung von Objektivität wird von ihm jedoch nicht als Übel angesehen – vielmehr plädiert Devereux dafür, Selbstreflexion als Instrument einzusetzen, um subjektive Erfahrungswerte in mögliche Daten zu verwandeln. In der Ethnopsychoanalyse nehmen Subjektivität sowie die Forschungsbeziehung einen besonderen Stellenwert ein. Die Irritation der forschenden Person wird dabei als *Störung* bezeichnet, die in der Psychoanalyse als elementares Datum angesehen wird. Eine Störung kann sich unter anderem in Form von Angst äußern, wobei Devereux ihre Zur-Kenntnis-Nehmen fordert, selbst wenn diese das Material verzerrt. Nach Devereux wird der Wissenschaftler, der sich mit heiklem, angstauslösendem Material beschäftigt, versuchen, sich vor diesem Gefühl zu schützen, „indem er bestimmte Teile seines Materials unterdrückt, entschärft, nicht auswertet, falsch versteht, zweideutig beschreibt, über-

---

19 Bonz, Jochen: Subjektivität als intersubjektives Datum im ethnografischen Feldforschungsprozess. In: Zeitschrift für Volkskunde, 112 (2016), H. 1, 19-36, hier 30.
20 Ebd., 30.
21 Lindner, Die Angst des Forschers vor dem Feld, 65.
22 Bonz, Subjektivität als intersubjektives Datum im ethnografischen Feldforschungsprozess, 30.
23 Devereux, Georges: Angst und Methode in den Verhaltenswissenschaften. München 1973 [engl. Erstausgabe 1967], 25.

mäßig auswertet oder neu arrangiert"[24]. Anstatt diese Verzerrung jedoch als negative Störung im Forschungsprozess wahrzunehmen, sieht die Ethnopsychoanalyse genau hier eine Möglichkeit der Erkenntnisgewinnung. Ängste – und übergeordnet alle Emotionen – werden als Ausdruck zwischenmenschlicher Interaktion und Beziehung verstanden.[25]

In meiner Forschungsübung hat sich die *Störung*, das irritierende Moment, in Form von Verunsicherungen, Befürchtungen und Gewissensbissen gezeigt. Das Gefühl, meiner Feldpartnerin gegenüber nicht ganz ehrlich zu sein, begleitete mich und fand sich in Codes wie „Ich fühle mich seltsam und unwohl"[26] Ausdruck. Das Akzeptieren und Reflektieren dieser Gefühle, das Sprechen in der Gruppe darüber und die Supervision meines Betreuers ermöglichten, einen adäquaten Umgang mit meiner Subjektivität zu entwickeln und Kompromisse für prekäre Situationen zu finden. Die Voraussetzung dafür, Gefühle zur Kenntnis zu nehmen, beschreibt der Psychologe und Psychoanalytiker Johannes Reichmayr als „die Fähigkeit, persönliche Beziehungen einzugehen, trotz der [...] Hindernisse, und sich bewusst zu sein, dass jede Konfrontation mit menschlichen Wesen eine Beziehung bedeutet, und sei es auch die, dass man sein Gegenüber ignoriert"[27]. Reichmayr überlegt in Anlehnung an Devereux weiter, dass jede_r Wissenschaftler_in sein Material mit seiner Subjektivität beeinflusse und seine Person in jeder Forschung inbegriffen sei. Um auftretende Störungen als Datum verwenden zu können, sei einerseits ein hohes Maß an Selbstreflexion notwendig, andererseits seien während des Forschungsprozesses Supervisionen unter der Leitung von psychoanalytisch ausgebildeten Personen nötig, um unbewusste Mechanismen (in Übertragungs- und Gegenübertragungsprozessen) bewusst zu machen.[28]

---

24 Ebd., 67.
25 Dabei spielen vor allem Gegenübertragungsdynamiken eine große Rolle. Vgl. unter anderem: Parin, Paul: Erfahrungen mit der Psychoanalyse bei der Erfassung gesellschaftlicher Wirklichkeit. In: Institutsgruppe Psychologie der Universität Salzburg (Hg.): Jenseits der Couch. Psychoanalyse und Sozialkritik. Frankfurt am Main 1984, 25-48.
26 Forschungsnotiz Eva-Maria Kirschner.
27 Reichmayr, Johannes: Einführung in die Ethnopsychoanalyse. Geschichte, Theorien und Methoden. Frankfurt am Main 1995, 192.
28 Reichmayr verweist hier unter anderem auf Mario Erdheim: Die Zukunft der Ethnopsychoanalyse. Möglichkeit und Unmöglichkeit ethnopsychoanalytischer Forschungen. In: Heinemann, Evelyn/Krauss, Günter (Hg.): Beiträge zur Ethnopsychoanalyse. Der Spiegel des Fremden (= Erste Nürnberger Jahrestagung zur Ethnopsychoanalyse). Nürnberg 1992, 11-25.

Die Rolle des Unbewussten

Unbewusste Reaktionen auf die Forschungssituation spielen in Psycho- sowie Ethnopsychoanalyse eine entscheidende Rolle. Im Unbewussten spielen sich Prozesse ab, die unser Verhalten und Denken, folglich unsere Beziehungen, prägen und beeinflussen. Es stellt eine Dimension des Subjekts dar, eine „mächtige Kraft", wie der Volkskundler und Psychoanalytiker Bernd Rieken es formuliert, „mit deren Auswirkungen man immer rechnen sollte und die man zumindest auch teilweise wahrnehmen kann"[29]. Mario Erdheim und Maya Nadig, zwei Vertreter der Züricher Schule der Ethnopsychoanalyse, plädieren dafür, das Unbewusste in seinem Verhältnis zu Wissenschaft und Herrschaft zu reflektieren.[30] Auf der Annahme beruhend, dass der Mensch ein narzisstisches Wesen ist, das sich nur schwer von seinen Größen- und Allmachtsphantasien zu trennen vermag, entwickeln sie die Idee der sogenannten „Produktion von Unbewusstheit"[31] im Forschungsprozess. In der Wissensproduktion wird diese zu einer Strategie der/des Forschenden, um den eigenen Narzissmus nicht völlig aufgeben zu müssen. Die Autor_innen argumentieren, dass man wie in gesellschaftspolitischen Hierarchisierungsprozessen in der Forschung bereit sei, jene Aspekte, die unseren Narzissmus attackieren könnten, „aus der Wahrnehmung auszuschließen und sie unbewusst zu machen"[32]. Für die forschende Person gibt es nun zwei Möglichkeiten, ihre Größe intakt zu halten.

Die erste Möglichkeit besteht darin, dass das Untersuchungsfeld entfremdet wird, indem ihm all seine Subjektivität abgesprochen und es vermeintlich objektiviert wird. Bei dieser Strategie müssen zwei Dinge unbewusst gemacht werden: „erstens die latente, aber um so [sic] wirksamere Identifikation mit der Herrschaft, und zweitens sind es die destruktiven Tendenzen, die in dieser Wissenschaft verborgen liegen."[33] Erdheim und Nadig benennen hier einerseits eine gewisse Konformität der forschenden Person, nach den vorherrschenden Fachparadigmen, dem Diskurs im Foucault'schen Sinne zu forschen – und sich somit Macht zu sichern, denn sie schreibt sich dem, was als sagbar, denkbar und gültig angesehen wird, ein –; andererseits auch die Grausamkeit, mit der dem Feld sein Eigenleben genommen wird. Für die Produktion von Unbewusstheit muss außer-

---

29 Rieken, Bernd: Wie die Schwaben nach Szulok kamen. Erzählforschung in einem ungarndeutschen Dorf. Frankfurt am Main/New York 2000, 20.
30 Im Folgenden beziehe ich mich auf Erdheim, Mario/Nadig, Maya: Wissenschaft, Unbewusstheit und Herrschaft. In: Duerr, Hans Peter (Hg.): Die wilde Seele. Zur Ethnopsychoanalyse von Georges Devereux. Frankfurt am Main 1987, 163-176.
31 Ebd., 163.
32 Ebd., 164.
33 Ebd., 165.

dem die Forschungsbeziehung hierarchisiert werden – in der Entfremdung stellen sich Forscher_innen über Informant_innen. Die zweite Möglichkeit besteht in der Idealisierung des Gegenstandes, wobei dessen Einzigartigkeit hervorgehoben wird. Indem die/der Wissenschaftler_in „alltägliche", „banale" Aspekte ausblendet und nur Besonderes entdeckt, kann ihre/seine narzisstische Größe unter Beweis gestellt werden. Verglichen mit der eigenen Kultur, die in all ihrer Normalität wahrgenommen wird, wird der Gegenstand „als das Bessere"[34] empfunden – die Informant_innen werden hierarchisch über die forschende Person gestellt. Die bereits angesprochene Faszination für meinen Gegenstand kann nach Erdheim und Nadig als idealisierende Tendenz gedeutet werden. Empörungen über Massentierhaltung sowie meine Entscheidung, Vegetarierin zu werden, können jedenfalls als Annäherung an „das Bessere" betrachtet werden, „von wo aus die Missstände der eigenen Kultur kritisiert werden können"[35]. Mein Gegenstand war interessant, bereicherte meinen Horizont, und mein Sinneswandel demonstrierte meine narzisstische Größe. Auch das Weglassen bestimmter Informationen gegenüber Tanja kann mit Allmachtsphantasien in Verbindung gebracht werden. Kritisch betrachtet ging es dabei nicht nur darum, Tanja nicht verunsichern zu wollen. Es kam mir auch der beunruhigende Gedanke, sie könne sich durch das Bescheid-Wissen anders verhalten, andere Aussagen treffen und die Forschungsergebnisse dadurch entscheidend verändern. Das widerstrebte meiner narzisstischen Vorstellung, dass ich den Charakter der Forschung bestimmen und eine gelungene Forschung machen sollte. Demnach ist hier klar ein Aspekt der entfremdenden Tendenz wiederzufinden, in der sich die Forscherin hierarchisch über ihre Informantin stellt.

Entfremdung sowie Idealisierung bewirken, dass jene Aspekte, die unbewusst gemacht werden, ausgeblendet, beiseitegeschoben oder verdrängt werden. Sie fließen nicht in die Datenanalyse ein, sondern werden den fachlichen Kategorien entsprechend und dem eigenen Narzissmus schmeichelnd in den Wissenschaftsdiskurs integriert, dessen Form und Inhalt sie somit mitgestalten. Genau hier setzen Erdheim und Nadig an: Die Forschungsbeziehung zu reflektieren, Gefühle wahrzunehmen und diese in die Auswertung aufzunehmen, kann dabei helfen, Bewusstsein für das Unbewusste zu schaffen. Das bedeutet im weiteren Sinn auch, unbewusst wirkende Machtstrukturen zu erkennen und unbewusst ablaufende Prozesse deuten zu lernen. Durch Selbstanalyse und Offenlegung von Gefühlen, Ängsten, Irritationen sowie durch Überlegungen zur Forschungsbeziehung werden Forschende zweifellos angreifbarer, jedoch werden sie so dem Forschungsethos gerecht, transparent und den Akteur_innen gegenüber aufrichtig Wissenschaft zu betreiben. Indem ich unangenehmen Gefühlen Raum gab, sie

---

34 Ebd., 167.
35 Ebd., 167.

(offen) reflektierte und nicht aus den Codierungen strich, sondern sie integrierte, versuchte ich, diesem Ansatz zu folgen, der mich zu einer wichtigen Erkenntnis brachte: Meine Gefühle verdeutlichten, dass ich Tanja und ihre Lebenswelt ernst nahm und dass ich mich auf sie und auf eine Beziehung zu ihr eingelassen hatte.

Aushandlung von Subjektpositionen in der Gesellschaft durch Nahrungsaufnahme

Um eine Aussage über Veganismus generell zu treffen, ist *ein* Gespräch natürlich keine Basis. Es ist jedoch ausreichend, um eine Aussage über die von mir befragte vegan lebende Akteurin zu treffen: Tanja lebt vegan, weil es für sie eine gesunde Lebenseinstellung repräsentiert, die Sinn ergibt. Um auf ihre Gesundheit und ihren Körper zu achten, bestimmt sie selbst, was sie sich einverleibt und auf was sie lieber verzichtet. Verknüpft wird diese Einstellung mit einer bewussten, achtsamen Haltung gegenüber Tieren und Umwelt, die diese Entscheidung festigt und legitimiert. So ist es Tanja wichtig, dass sie den Ursprung der Lebensmittel und die Bedingungen ihrer Produktion kennt. Lebensmittel sollen so hergestellt werden, „dass es moralisch und ethisch vertretbar"[36] ist. Das Konzept der Homologie, das aus der Beschäftigung mit subkulturellen Phänomenen hervorgeht, entsprach den Ausführungen meiner Akteurin nicht. Hinzu kam, dass eine Subkulturbeschreibung eine Gruppe von Akteur_innen und zeitintensive Feldforschung fordert, was im Rahmen einer Bachelorarbeit kaum machbar ist. Selbst wenn die Idee des homologen Moments nicht haltbar war, scheint die Dimension der Körperlichkeit wichtig zu bleiben, da die Nahrungseinnahme und deren bewusste Einschränkung eng an den Körper gekoppelt sind und Tanjas Argumentation auch stark damit in Verbindung steht. Wie bereits erläutert, nimmt Tanja diese Einschränkung nicht als negativ wahr, sondern schafft sich dadurch einen größeren Handlungsspielraum, in dem sie selbst entscheiden kann. Um eine aktive Schaffung von Handlungsräumen geht es auch in der Studie der US-amerikanischen Anthropologin Ann M. Cheney zu Essstörungen süditalienischer Frauen unseres Jahrhunderts, deren Ergebnisse bei Fortsetzung meiner Forschungsarbeit herangezogen werden könnten.[37] Cheney thematisiert die bewusste Einschränkung beziehungsweise Verweigerung der Nahrungsaufnahme junger kalabrischer Frauen und deutet diese als Reaktion auf einen gesellschaftlichen Wandel. Dabei scheinen

---

36 Ebd., 167.
37 Vgl. Cheney, Ann M.: Emotional Distress and Disordered Eating Practices Among Southern Italian Women. In: Qualitative Health Research, 22/9 (2012), 1247-1259, insbesondere 1251. Online unter: http://qhr.sagepub.com/content/22/9/1247 (Stand: 2.11.2016).

Familienzugehörigkeit und das Streben nach „Self-expression (voicing personal interests)"[38] als unterschiedliche, jedoch gleichzeitig wirksame Wertesysteme miteinander zu konkurrieren. Um mit dem konfliktreichen Wertewandel umzugehen, setzen die Frauen ihren Körper nicht nur ein, sondern auch aufs Spiel, indem sie ihre Gesundheit gefährden. Durch Reduzierung oder Verweigerung von Essen erfahren sie am eigenen Körper den Übergang zweier Werteordnungen, die beide noch gegenwärtig wirken. Ihr Körper wird somit zu ihrem Instrument, das vage, nicht greifbare Entwicklungen erfahrbar macht, und zu einem Handlungsspielraum, über den nur sie verfügen und selbst bestimmen. Dieser Raum stellt einen Gegenpol zu dem Übergang dar, der eine beunruhigende Unsicherheit in den Frauen hervorruft. Die Parallele zu Tanja besteht nicht auf pathologischer Ebene, da Veganismus nicht als Essstörung anzusehen ist. Vielmehr liegt sie im Aspekt der Kontrolle über die Nahrungsaufnahme und den eigenen Körper sowie in der Erzeugung eines breiteren Handlungsspektrums in einer Gesellschaft, deren Werte nicht mehr eindeutig zu sein scheinen. Tatsächlich könnte man auch Werte von Tanjas Gesellschaft, nämlich unserer profitorientierten und als modern angesehenen westlichen Gesellschaft, als instabil bezeichnen, führt man sich die Schnelllebigkeit und das unglaublich große Angebot an Identifikationsmöglichkeiten vor Augen. Die Kontrolle über ihren Körper zu haben, gibt den kalabrischen Frauen wie auch Tanja Sicherheit und die Möglichkeit, ihre Rollen als Subjekte in der Gesellschaft auszuhandeln. Cheney formuliert treffend, dass der Aspekt der Kontrolle eine Möglichkeit darstelle, Beziehungen zu anderen und zu sich selbst zu formen: „to reshape relations with others as well as oneself."[39]

Die Offenlegung der Genese meiner Forschungsübung sollte illustrieren, dass die spezifischen Rahmenbedingungen des Seminars zu Popkulturforschung meine Arbeit formten, da sie wesentlich für die Entwicklung von Forschungsfragen sowie für die gewählten theoretischen Zugänge waren. Anhand der präsentierten Ergebnisse wollte ich einerseits dem Paradigma transparenten Forschens nachkommen, andererseits das Material sprechen lassen. In diesem Fall bedeutete das auch, es nicht zwingend mit den ursprünglich angedachten wissenschaftlichen Kategorien zu verknüpfen, da diese nicht zum Material passten. Die Irritationen und Ängste, denen ich begegnete, waren Ausdruck dafür, dass ich als forschendes Subjekt Teil der Forschung war und sie mitgestaltete. Die skizzierten Ansätze aus der Ethnopsychoanalyse erweisen sich im Umgang mit Subjektivität als hilfreich und sinnvoll, da sie Gefühle nicht als Beeinträchtigung, sondern unter Voraussetzung von Selbstreflexion als erkenntnisfördernd betrachten. Unbewusst wirkende Prozesse bewusst zu machen ist dabei ein praktisch anwendbarer Lösungsansatz,

---

38 Ebd., 1251.
39 Ebd., 1253.

der Forschende zu Selbstreflexion auffordert. Die kurz vorgestellte Studie von Cheney dient als Beispiel einer anderen theoretischen Perspektive, die an emische Kategorien und Inhalte meines ethnografischen Gesprächs wohl anknüpfungsfähiger wäre als jene der British Cultural Studies. So entsprach der Subkulturansatz nicht den von mir generierten Daten. Meine Kommiliton_innen bestärkten mich in diesem Gefühl und dank ihrer Überlegungen gelangte ich letztlich zu einer der wichtigsten Erkenntnisse: In Zusammenhang mit ihren sportlichen Aktivitäten, ihrer Gesundheit und ihrer Einstellung zu Lebewesen und Umwelt macht es für Tanja einfach Sinn, vegan – und selbstbestimmt – zu leben.

Nachbemerkung

Ethnografisches Feldforschen als Einbindung anderer und eigener Wahrnehmungen und Wahrnehmungsweisen in den Diskurs

Jochen Bonz

Das ethnografische Feldforschen ist eine sozialwissenschaftliche Methode, die ein Verständnis für andere Kulturen zu eröffnen vermag. Denn sie erlaubt eine Annäherung an die Weisen, in welchen Menschen die Wirklichkeit wahrnehmen und wie sie ihr Leben leben. Oder auch: an die Atmosphäre einer Situation. Sie fokussiert Handlungen und die Zusammenhänge, in die Handlungen eingelassen sind.

Die Annäherung an das, was nicht schon vertraut, sondern anders ist, wird dadurch möglich, dass diejenigen, die die Methode anwenden, sich selbst in die Nähe der Menschen begeben, über die sie forschen. Sie setzt darauf, dass Raum und Zeit miteinander geteilt werden.

Die folgenden Erläuterungen haben das Ziel, die Möglichkeiten, Herausforderungen und auch Bewegungen zu thematisieren, die für die Forschenden selbst und ihre Art und Weise, die Wirklichkeit wahrzunehmen, mit der Anwendung der Methode einhergehen.

Wahrnehmen und Aufschreiben

Mit der Anwendung der Methode geht einher, die gemachten Beobachtungen und Erfahrungen zu verschriftlichen. „Täglich saß ich einige Stunden in der Schule, um das Erfahrene in die Maschine zu tippen",[1] schreibt Maya Nadig in ihrer Ethnografie „Die verborgene Kultur der Frau", die von Bäuerinnen eines mexikanischen Dorfes Mitte der 1970er Jahre handelt und zu deren Beginn sie in einem Schulgebäude einquartiert war. Ich zitiere sie mit dieser Aussage, um darauf hinzuweisen, dass es viel Zeit braucht, Feldforschungsnotizen anzufertigen oder, in einer anderen Weise ausgedrückt: ein Feldforschungstagebuch zu führen.

---

[1] Nadig, Maya: Die verborgene Kultur der Frau. Ethnopsychoanalytische Gespräche mit Bäuerinnen in Mexiko. Frankfurt am Main 1985, 15.

Nadig in diesem Artikel früh zu erwähnen, ist mir jedoch auch deshalb ein Anliegen, weil sie einen ethnografischen Feldforschungsansatz vertritt, den ich als besonders konsequent erachte und der meine Erläuterung als ein roter Faden durchzieht – die Ethnopsychoanalyse.[2] Dass es sich dabei tatsächlich um einen Ansatz handelt, der die psychoanalytische Grundkonzeption mit in die Methodologie einbezieht – die Existenz des Unbewussten als einer wesentlichen Seinsdimension des Menschen –, wird aus folgendem, das Aufschreiben behandelnden Zitat Nadigs ersichtlich: „Das Wichtigste ist die Verschriftlichung der eigenen spontanen Assoziationen; die Niederschrift lässt sie zu einem Text werden, der fest steht, an dem nicht mehr zu rütteln ist und von dem wir annehmen können, dass er die unbewussten Funktionsweisen enthält. An diesem Text kann dann gearbeitet werden."[3]

In „Writing Ethnographic Fieldnotes", einer gelungenen Einführungsliteratur in das ethnografische Feldforschen, argumentieren Robert Emerson, Rachel Fretz und Linda Shaw nicht ausdrücklich mit dem Unbewussten. Aber sie machen einen ähnlichen Punkt wie Nadig, wenn sie schreiben: „Whether written immediately or soon after returning from the site, the fieldworker should go directly to computer or typewriter, not talking with inmates about what happened until full fieldnotes are completed. Such ‚what happened talk' can rob note-writing of its psychological immediacy and emotional release; writing the day's events becomes a stale recounting rather than a cathartic outpouring."[4]

Wirksame Grenzen der Wahrnehmung ...

In seiner Studie „Die gesellschaftliche Produktion von Unbewußtheit" definiert Mario Erdheim, was er unter dem gesellschaftlich Unbewussten versteht: einen „Behälter, der all das aufnehmen muß, was eine Gesellschaft gegen ihren Willen verändern könnte"[5]. Gemeinsam mit Maya Nadig untersuchte er, wie auch die Institution Universität diese Form von Nichtwissen hervorbringt, die er psychoanalytisch als Unbewusstheit versteht. Wie kommt es, fragen sich die beiden, dass ethnologischen Darstellungen in der Beschreibung der fremden Kultur in der Regel die Lebendigkeit fehlt, die vorhanden sei, wenn Ethnolog_innen im privaten

---

2   Vgl. Reichmayr, Johannes: Ethnopsychoanalyse. Geschichte, Konzepte, Anwendungen. Gießen 2013.
3   Nadig, Kultur, 40.
4   Emerson, Robert M./Fretz, Rachel I./Shaw, Linda L.: Writing Ethnographic Fieldnotes. Chicago/London 1995, 41.
5   Erdheim, Mario: Die gesellschaftliche Produktion von Unbewußtheit. Eine Einführung in den ethnopsychoanalytischen Prozeß. Frankfurt am Main 1988 [Erstausgabe 1982], 221.

Gespräch von ihren Forschungen erzählten. Ein Zerstörungsprozess sei hier am Werk, der Zerstörungsprozess der Akademisierung. „Dieser Zerstörungsprozess lehnt sich an einen gut eingespielten Mechanismus unserer Kultur an: das Verdrängen libidinöser und aggressiver Triebwünsche, die integraler Bestandteil der Psyche sind und durch jeden Kontakt mit der Außenwelt aktiviert werden. Der akademischen Wissenschaft werden diese Triebe gefährlich, so dass sie ins Unbewußte verdrängt werden müssen, von wo aus sie, unkontrollierbar geworden, den Forschungsgegenstand vernichten."[6] Gefährlich würden die Triebe, weil sie sich gegen das richteten, was bestehe.[7]

Zu der Frage, wie die Unbewusstmachung im Subjekt greift, beschreiben Nadig und Erdheim zwei wissenschaftliche Haltungen, die das Subjekt jeweils in seiner Wahrnehmungsfähigkeit blind machen – einerseits die „Unbewußtheit in der entfremdenden Tendenz"[8] und andererseits die „Unbewußtheit in der idealisierenden Tendenz"[9]. Im ersten Fall findet eine Verzerrung des Untersuchungsgegenstandes dadurch statt, dass das Subjekt des wissenschaftlichen Forschens eine absolute Grenze zwischen sich und dem Untersuchungsgegenstand zieht, der diesen in Distanz setzt und seine Objektivierung erlaubt. Im zweiten Fall kommt es zur Verzerrung des Untersuchungsgegenstandes, indem dieser überhöht und vom Profanen, Alltäglichen als etwas ganz Besonderes abgehoben wird. Beide Verfahren dienten der Erzeugung und Aufrechterhaltung von Größen- und Allmachtsphantasien der Forschenden und verhinderten das Zustandekommen einer ‚authentischen Subjektivität' des wissenschaftlichen Forschens.

Nach meiner langjährigen Erfahrung als ein wissenschaftliche Forschung und Lehre Praktizierender, der sich zwischen verschiedenen Fächern bewegt, kommt zu den beiden Formen der Unbewusstmachung noch eine dritte Form hinzu. Sie besteht darin, dass zu studieren bedeutet, einen Enkulturationsvorgang zu durchlaufen. Es handelt sich dabei um eine Sozialisation in die Kultur eines Faches und in die diesem entsprechende, fachspezifische Subjektivität. Die Autor_innen der Studie „Disziplinierungen – Kulturen der Wissenschaft im Vergleich" sprechen diesbezüglich mit Pierre Bourdieu von einem fachspezifischen Habitus.[10]

---

6   Nadig, Maya/Erdheim, Mario: Die Zerstörung der wissenschaftlichen Erfahrung durch das akademische Milieu. In: Psychosozial 23 (= Der Spiegel des Fremden, Ethnopsychoanalytische Betrachtungen). Reinbek 1984 [Erstausgabe 1980], 11-27, hier 12-13.
7   Vgl. Erdheim, Mario/Nadig, Maya: Wissenschaft, Unbewußtheit und Herrschaft. In: Duerr, Hans Peter (Hg.): Die wilde Seele – Zur Ethnopsychoanalyse von Georges Devereux. Frankfurt am Main 1987, 163-176, hier 164.
8   Ebd.
9   Ebd., 166.
10 Vgl. Arnold, Markus/Fischer, Roland (Hg.): Disziplinierungen. Kulturen der Wissenschaft im Vergleich. Wien 2004.

Im Unterschied zur umgangssprachlichen Verwendung dieses Begriffes versteht Bourdieu unter Habitus ja weniger das Auftreten einer Person und eher ihr gesamtes Verhältnis zur Welt. Im engsten Sinne meint er die Kategorien, mit denen die Wirklichkeit wahrgenommen werden.[11] Im Hinblick auf die Wissenschaft und mit Ludwik Fleck lässt sich diesbezüglich von einem Denkstil sprechen. Oder mit Michel Foucault von Diskurs. Diesen definiert er als „positiv Unbewusste[s] des Wissens"[12] – „eine Ebene, die dem Bewusstsein des Wissenschaftlers entgleitet und dennoch Teil des wissenschaftlichen Diskurses ist"[13].

Was damit gemeint ist, wird bei einem weiteren Autor besonders greifbar – in Thomas Kuhns Überlegungen zur Funktion des Paradigmas. Kuhn versteht darunter eine Instanz, die „dem Wissenschaftler sagt, welche Entitäten es in der Natur gibt und welche nicht, und wie sie sich verhalten. Durch diese Informationen entsteht eine Landkarte, deren Einzelheiten durch reife wissenschaftliche Forschung aufgehellt werden"[14]. Neben Theorien enthält das Paradigma auch „die Richtlinien für die Erstellung einer Landkarte. Wenn der Wissenschaftler ein Paradigma erlernt, erwirbt er sich Theorien, Methoden und Normen, gewöhnlich in einer unentwirrbaren Mischung."[15] Kuhn selbst bezeichnet das Paradigma auch als ein „Vorverständnis"[16] oder als Schublade: „In keiner Weise ist es das Ziel der normalen Wissenschaft, neue Phänomene zu finden; und tatsächlich werden die nicht in die Schublade hineinpassenden oft überhaupt nicht gesehen."[17]

Die großen Momente der Wissenschaft sind für Kuhn deshalb die Wechsel von einem gegebenen Paradigma zu einem anderen, neuen Paradigma. Denn nach dem Paradigmenwechsel haben es die Wissenschaftler „mit einer anderen Welt zu tun"[18]. „Es ist [...] der Neuaufbau des Gebietes auf neuen Grundlagen, ein Neuaufbau, der einige der elementarsten theoretischen Verallgemeinerungen des Gebiets wie auch viele seiner Paradigmamethoden und -anwendungen verändert. [...] [D]ie Zeichen auf dem Papier, die erst als Vogel gesehen wurden, werden jetzt als Antilope gesehen, oder umgekehrt. Diese Parallele kann irreführend sein. Wissenschaftler sehen nicht das eine *für* das andere, sie *sehen* es einfach."[19]

---

11 Vgl. Bonz, Jochen: Das Kulturelle. Paderborn 2012, 39–53.
12 Foucault, Michel: Die Ordnung der Dinge. Frankfurt am Main 1995 [franz. Erstausgabe 1966], 11.
13 Ebd., 11 ff.
14 Kuhn, Thomas: Die Struktur wissenschaftlicher Revolutionen. Frankfurt am Main 2003 [engl. Erstausgabe 1962], 121.
15 Ebd., 122.
16 Ebd., 53.
17 Ebd., 38.
18 Ebd., 123.
19 Ebd., 98.

Was die zitierten Autoren deutlich machen, ist ein fundamentaler Widerspruch. Die Kategorien, die notwendig sind, damit wir auf ihrer Grundlage wahrnehmen können, schränken unser Wahrnehmungsvermögen zugleich ein. Diese Widersprüchlichkeit wird besonders bei Foucault greifbar, wenn er den Diskurs als „Spiel der Regeln, die während einer gegebenen Periode das Erscheinen von Objekten möglich machen"[20], bezeichnet. Oder wenn er von Diskursen als Praktiken spricht, „die systematisch die Gegenstände bilden, von denen sie sprechen"[21].

... und ihre Wahrnehmung

Paul Willis, der in der Hochphase der britischen Cultural Studies in den 1970er Jahren am Birminghamer Centre for Contemporary Cultural Studies den ethnografischen Methodenansatz vertrat, leugnet nicht die – wie er es ausdrückt – Theoriegebundenheit des Wissens und der Erkenntnis. Aber er vertritt die Ansicht, dass der teilnehmenden Beobachtung (*participant observation*) eine Wirkmächtigkeit innewohnt, die dieser Gebundenheit in signifikanter Weise entgegenzuwirken vermag. „[T]here is no truly untheoretical way in which to ‚see' an ‚object'. The ‚object' is only perceived and understood through an internal organization of data, mediated by conceptual constructs and ways of seeing the world. [...] However we must recognize the ambition of the participant observation principle in relation to theory. It has directed its followers towards a profoundly important methodological possibility – that of being ‚surprised', of reaching knowledge not prefigured in one's starting paradigm."[22]

Die Ethnologin Alpa Shah spitzt diese Ansicht noch zu, wenn sie, sich unter anderem auf Willis beziehend, schreibt: „[P]articipant observation makes us question our fundamental assumptions and preexisting theories about the world; it enables us to discover new ways of thinking about, seeing, and acting in the world."[23] Ursächlich hierfür hält sie die Besonderheit des ethnografischen Ansatzes, sich in der Feldforschung auf ein komplexes Gefüge einzulassen, in dem die einzelnen Aspekte erst durch ihre Beziehung zu den übrigen Aspekten verständlich würden.

---

20 Foucault, Michel: Archäologie des Wissens. Frankfurt am Main 2005 [franz. Erstausgabe 1969], 50-51.
21 Ebd., 74.
22 Willis, Paul: Notes on Method. In: Centre for Contemporary Cultural Studies (Hg.): Culture, Media, Language. Working Papers in Cultural Studies, 1972-79. London 1980, 88-95, hier 90.
23 Shah, Alpa: Ethnography? Participant observation, a potentially revolutionary praxis. In: HAU – Journal of Ethnographic Theory, 7 (2017), 1, 45-59, hier 47.

Eine Aussage der legendären Ethnologin Margaret Mead artikuliert denselben Sachverhalt, wenn sie in einem Artikel zum Thema „The Training of the Cultural Anthropologist" konstatiert: „The important thing is the experience of being confronted [...] by the task of dealing with a whole culture in order to work out the solutions of one's own field problem."[24]

Abschließend möchte ich zu diesem Punkt eine weitere Aussage Shahs zitieren, die neben bereits Gesagtem mit der Beziehung zum anderen auch einen Aspekt des Feldforschens hervorhebt, der im Folgenden noch ausführlicher thematisiert wird: „[I]t is participant observation that consistently forces us as anthropologists to always question our ideas of the world by engaging with those of others; revisiting and revising the questions that we enter the field with, often making our initial ideas redundant."[25]

Subjektgebundenheit

Ethnografisch feldzuforschen heißt, sich als Mensch in einen sozialen Zusammenhang zu begeben und das, was man dort wahrnimmt, zum Datum werden zu lassen. Sämtliches Datenmaterial, das hierbei entsteht, ist somit durch die Wahrnehmung des forschenden Subjekts hindurchgegangen – seine Subjektivität. Ausschließlich das, was vom forschenden Subjekt wahrgenommen wird, kann zu einem Datum werden. Was es nicht wahrnimmt, nicht. Dies gilt für Messungen und Zählungen ebenso wie für Gespräche, Aussagen, Verhaltensweisen und für das eigene emotionale Erleben. Die Subjektivität der forschenden Person dient als Instrument des Forschens. Jennifer Hunt formuliert dies in „Psychoanalytic Aspects of Fieldwork" wie folgt: „[I]n contrast to scientific enterprises which rely largely on quantitative techniques and formal devices to study human and non-human phenomena, the researcher's self is the primary instrument of inquiry. Any mechanical device utilized in fieldwork is mediated through the researcher's own person and the kind of relationship he or she develops with subjects."[26]

---

24 Mead, Margaret: The Training of the Cultural Anthropologist. In: American Anthropologist, 54 (1952), 343-346, 344-345.
25 Shah, Ethnography?, 49.
26 Hunt, Jennifer: Psychoanalytic Aspects of Fieldwork (= Qualitative Research Methods Series, 18). Newbury Park u. a. 1989, 13.

Interaktionalität

Aus dem Erleben, das die Person hat, die die Feldforschung durchführt, entstehen die Daten über das Untersuchungsfeld. Aber sie ist hierbei nicht alleine. Sie ist keine distanzierte Beobachterin, sondern sie forscht in der Beziehung zu Subjekten des Untersuchungsfeldes. Sie steht im Austausch. In der Interaktion findet das Erleben des Feldes statt. Die dänische Ethnologin Kirsten Hastrup bringt den interaktionellen Charakter des Feldforschens auf den Punkt: „[T]he practice of fieldwork eliminates both subjectivism and objetivism and posits truth as an intersubjective creation."[27]

In der Geschichte der Ethnopsychoanalyse wird dieser Aspekt des Feldforschens besonders prägnant in einem autobiografischen Essay Fritz Morgenthalers herausgearbeitet. Unter dem Titel „Das Fremde verstehen" entwirft Morgenthaler hier ein Spannungsfeld, das zwischen einerseits dem Wunsch, zu einer Gruppe zu gehören und in dieser aufzugehen, und andererseits der Erfahrung besteht, anders als die anderen zu sein.

Ersteres, den Wunsch, zu einer Gruppe dazuzugehören, beschreibt Morgenthaler unter anderem an der Gruppe, die er gemeinsam mit Paul Parin, dessen Ehefrau Goldy Parin-Matthèy und seiner eigenen Ehefrau Ruth bildete, als sie zwischen Mitte der 1950er und Anfang der 1970er Jahre gemeinsam ausgedehnte Forschungsreisen nach Westafrika unternahmen, aus denen die bekannten Studien „Die Weißen denken zuviel" und „Fürchte Deinen Nächsten wie Dich selbst" hervorgingen. Mit diesen Arbeiten begründeten sie die Züricher Schule der Ethnopsychoanalyse. Die Besonderheit ihres Forschens lag darin, analog zur psychoanalytischen Therapieform langfristige Gesprächsbeziehungen mit einzelnen Personen einzugehen und auszuwerten. Morgenthaler schreibt über diese Tätigkeit: „Die ethnopsychoanalytische Forschungstätigkeit in unserer Vierergruppe war die glücklichste Zeit in meinem Leben."[28]

Die Erfahrung, sich von anderen zu unterscheiden, beschreibt Morgenthaler auch in diesem Zusammenhang. Eine der Personen, die sich bereit erklärt hatten, mit ihm Gespräche zu führen, Thomas Assoua, hielt diese Verabredung dauerhaft nicht ein. Anstatt zur vereinbarten Zeit am vereinbarten Ort zu sein, schickte er Familienmitglieder, die Morgenthaler Essensgaben brachten. Eines Tages wies Morgenthaler die Gabe zurück. Es kam daraufhin zu einem Streit

---

27 Hastrup, Kirsten: A Passage to Anthropology. Between Experience and Theory. London/New York 1999 [Erstausgabe 1995], 16.
28 Morgenthaler, Fritz: Das Fremde verstehen. In: Morgenthaler, Fritz/Weiss, Florence/Morgenthaler, Marco: Gespräche am sterbenden Fluss. Ethnopsychoanalyse bei den Iatmul in Papua-Neuguinea. Frankfurt am Main 1984, 9-16, hier 11.

zwischen Morgenthaler und den Parins, die sein Verhalten als ignorant gegenüber der anderen Kultur empfanden. Und es kam zum Streit mit Thomas Assoua, der ihm vorwarf, einen traditionellen Brauch verletzt zu haben. Morgenthaler: „Ich sagte ihm, der Brauch eines Gastgeschenks ist der Brauch der Agni. Ich bin kein Agni. Ich komme aus einem Land, in dem es andere Bräuche gibt. Ich habe heute den Fisch zurückgewiesen, weil ein Sprichwort in meinem Land sagt: ‚Du gibst mir immerfort, wehe, was hast du mit mir vor.' Thomas lachte und meinte, dass das bei den Agni nicht gelte."[29] Aus diesem Austausch über Differenzen im Wahrnehmen und Empfinden der Wirklichkeit entwickelte sich in der Folge eine intensive Gesprächsbeziehung mit rund fünfzig Gesprächen, die später einen Schwerpunkt des in der Studie publizierten Materials bilden sollte. Morgenthaler erläutert hierzu: „‚Schau, ich bin ein Fremder', hatte ich zu Thomas gesagt, ‚ich bin nicht wie du, ich bin ein anderer, und du bist ein anderer als ich.'"[30] Gerade diese „Abgrenzung"[31] habe die anschließende „emotionale Öffnung"[32] bewirkt.

Irritationen = Erkenntnismöglichkeiten

Zum Dreh- und Angelpunkt einer Methodologie gemacht wurde die Beziehung zwischen dem Subjekt, das forscht, und den Subjekten des Feldes, über die geforscht wird, von Georges Devereux in seiner Ende der 1960er Jahre veröffentlichten Wissenschaftsstudie „From Anxiety to Method in the Behavioral Sciences" (dt. „Angst und Methode in den Verhaltenswissenschaften"). Er formuliert hier die Beobachtung, Forschungen über Menschen diene die wissenschaftliche Methodik nicht nur als Erkenntnisinstrument, sondern sie schütze das Subjekt, das die Forschung durchführt, auch vor der Angst, die zwangsläufig entstehe, wenn der Mensch sich mit dem Menschen befasse. Denn dabei werde er sich ja selbst zum Untersuchungsgegenstand – und dieser komme ihm damit zu nahe. Methodik und Methodenanwendung hätten deshalb die Funktion, das forschende Subjekt abzuschirmen, eine Distanzierung zu bewirken.

Am Beispiel der psychiatrischen Behandlung beziehungsweise der Psychotherapie, die er als „für alle verhaltenswissenschaftlichen Experimente und Beobachtungen paradigmatisch"[33] hält, beschreibt Devereux die Haltung des Abschirmens als Versuch des Psychotherapeuten, „sich nicht durch einen Wider-

---

29 Ebd., 13.
30 Ebd.
31 Ebd.
32 Ebd.
33 Devereux, Georges: Angst und Methode in den Verhaltenswissenschaften. München 1973 [engl. Erstausgabe 1967], 334.

hall aus seinem Unbewußten"³⁴ stören zu lassen. Zur Illustration führt er die Geschichte von einem Psychiater an, der seinen Patienten aufgefordert habe, „seine Obszönitäten für sich zu behalten"³⁵.

An diese Wissenschaftskritik schließt Devereux einen Vorschlag für eine alternative Methodologie an. Zu deren Skizzierung nimmt er die Psychoanalyse als Modell, ihre spezielle Art und Weise wahrzunehmen. „Der modus operandi des idealen Psychoanalytikers ist anders, weil die Störung für ihn ein grundlegendes Datum ist, das maximiert werden muß. Für ihn ist es nicht ein unerwünschtes, wenn auch unvermeidliches Beiprodukt; vielmehr ist es das Ziel seiner psychoanalytischen, datensammelnden Aktivitäten [...]. Der ideale Psychoanalytiker kanalisiert absichtlich Reize, die vom Patienten ausgehen, *direkt* in sein eigenes Unbewußtes [...]. Er wird außerdem den Teil seiner Psyche als Wahrnehmungsapparat – oder Empfänger – verwenden, den die meisten anderen Verhaltenswissenschaftler abzuschirmen suchen [...]. Er erlaubt seinen Patienten, ihn zu erreichen – und in ihn hineinzureichen. Er duldet, dass in ihm selbst eine Störung hervorgerufen wird, und untersucht diese Störung sorgfältiger als die Äußerungen seines Patienten. Er versteht seinen Patienten *psychoanalytisch* nur insoweit, als er die Störungen versteht, die sein Patient in ihm auslöst. Er sagt: ‚Und dies nehme ich wahr', nur im Hinblick auf diese Echos ‚in ihm selbst'."³⁶

Für die von Devereux als Störung bezeichnete und in der Formulierung „Und dies nehme ich wahr!" gefasste Wahrnehmungsweise besitzt die psychoanalytische Fachsprache die Bezeichnung Gegenübertragung – verstanden als eine Resonanz auf die Übertragung von Beziehungsmustern, die der Analytikerin vom Analysanden entgegengebracht wird. In der deutschsprachigen sozialwissenschaftlichen Diskussion ist es in Anlehnung an den tiefenhermeneutischen Ansatz Alfred Lorenzers üblich geworden, statt von Störungen oder Gegenübertragungen von Irritationen zu sprechen.³⁷

Auswertung 1: Die Entfaltung der Erfahrung

Die komplexe Methode, Daten aus dem in Interaktionen gewonnenen, mit Irritationen verbundenen Erleben des forschenden Subjekts zu gewinnen, bringt die Notwendigkeit eines Auswertungsprozesses mit sich, der prinzipiell aufwändig ist. Es geht dabei um das Durcharbeiten der eigenen Verwicklung in die Datenge-

---

34 Ebd., 335.
35 Ebd.
36 Ebd., 335-336, Hervorhebungen im Original.
37 Vgl. hierzu exemplarisch Nadig, Kultur, 58.

nerierung. Die Auseinandersetzung mit der eigenen Verwobenheit in die Daten muss dabei gar nicht ausdrücklich geschehen, und ihr Zweck liegt auch nicht im Bereich der Selbsterkenntnis. Worum es dabei stattdessen geht, versuche ich im Weiteren auszudrücken.

Eine missverständliche Form, in der das Durcharbeiten der Feldforschungserfahrung in der Literatur zum Ausdruck kommt, ist die Aussage, ethnografische Feldforschungen auszuwerten, benötige Zeit – und zwar viel Zeit. Aber es reicht ja nicht, dass sie verstreicht. Es ist ja keine leere Zeit. Zwar mag sie eine Zeit des Zeitverstreichenlassens und der Zeitverfluggeschwindigkeit sein. Im Gegensatz zu der Passivität, jedoch, mit der sämtliche dieser Ausdrücke konnotiert sind, ist für das Durcharbeiten Aktivität nötig. Die Werkstatt, in der diese Arbeit ausgeführt wird, ist die Psyche, und eine Konzeption aus der psychoanalytischen Theorie, welche diese Art des Arbeitens auf den Begriff bringt, ist das „Containing"[38]. Es bezeichnet die Leistung, die darin besteht, Ungekanntes als Noch-nicht-Verstandenes zu ertragen, auszuhalten und in Verständliches umzuwandeln. Unverdauliches so zu verwandeln, dass es aufgenommen und behalten werden kann. Mit einer anderen Begrifflichkeit gefasst: Die Arbeit besteht darin, an etwas scheinbar Formlosem die Form sich abzeichnen zu lassen – und diese herauszuarbeiten.

Die Konzeption des Containings ist eng mit einem Mechanismus verbunden, der psychoanalytisch als „projektive Identifizierung" bezeichnet wird und in dem – im klassischen Fall – das, was unverstanden ist, vom Kind in seine Bezugsperson hineingelegt wird. Diese erlebt das in sie Hineingelegte als Teil ihrer eigenen Wahrnehmung, behält und bearbeitet es, bis es eine Form annimmt, die vom Kind ‚verstanden' werden kann. Es handelt sich hierbei um eine grundlegende Funktionsweise, in der in gruppenanalytisch angeleiteten Gruppen Erkenntnis- und Entwicklungsprozesse verlaufen.[39] Vermutlich ist diese Fähigkeit der Gruppe einer der Gründe, weshalb ethnografische Feldforschungssupervisionsgruppen in den vergangenen Jahren Zulauf erfahren haben und zum anerkannten Teil eines Bündels an Auswertungsmethoden geworden sind, die heute im Sinne einer Methodentriangulation Anwendung finden.

Ich biete selbst solche Supervisionsgruppen an. Nach dem Modell der ethnopsychoanalytischen Deutungswerkstatt geht es dabei darum, in assoziativen Einfällen der Gruppenteilnehmer_innen das eingebrachte Feldforschungsmaterial zu entfalten. In der frei-fließenden Kommunikation der Gruppe und in den Szenen, die sich im spielerischen Umgang der Gruppe mit dem Feldmaterial konstellieren,

---

38 Vgl. Bion, Wilfred R.: Lernen durch Erfahrung. Frankfurt am Main 1992 [engl. Erstausgabe 1962].
39 Vgl. Schlapobersky, John: From the Couch to the Circle. Group-Analytic Psychotherapy in Practice. London/New York 2016, 247-277.

entfaltet sich das latente, emotionale Beziehungsgeschehen der in den Feldnotizen beschriebenen Situationen und Ereignisse. Diese werden im Gruppengeschehen auf eine quasi mimetische Weise lebendig; sie nehmen im Licht der Supervisionsgruppenarbeit Form an.

Auswertung 2: In Interpretationen die Daten artikulieren – unter Bezugnahme auf die Kategorien des wissenschaftlichen Diskurses

Im Zusammenhang mit der Frage, wie sich ethnografisches Feldmaterial auswerten lässt, betont Margaret Mead in „The Training of the Cultural Anthropologist" den Wert der „working hypotheses"[40]. Ich verstehe diesen Rat als eine Ermutigung zur Geduld: Bevor man definitiv werden muss, darf man erst einmal Arbeitshypothesen formulieren. Und dies nicht zu dem Zweck, sie im Anschluss entweder verifizieren oder falsifizieren zu müssen; sondern im Sinne einer tastenden Bewegung, in der man schon auf Relevantes stoßen wird: Man bekommt das lose Ende eines Fadens zu fassen, der sich dann aufgreifen und weiterverfolgen lässt.

Zwei Ansätze aus der ethnografischen Methodendiskussion, die eine entsprechende Behutsamkeit kennzeichnet, möchte ich an dieser Stelle als Beispiele nennen. Das von Emerson, Fretz und Shaw geschriebene Methodenhandbuch „Writing Ethnographic Fieldnotes" ist gegenüber dem gesamten Forschungsprozess durch eine solche Behutsamkeit und durch eine angenehme Unaufgeregtheit gekennzeichnet. Für die Auswertung der Feldforschungsnotizen empfehlen die Autor_innen, sich zunächst eine Übersicht über das gesamte Datenkorpus zu verschaffen, indem man alle Notizen im Ganzen in Ruhe durchliest. Hieran schließen sie eine erste, sehr offen angelegte Kodierung eines Teils der Notizen an. Dabei wird kleinteilig vorgegangen, Zeile für Zeile. „In such line-by-line coding, the ethnographer entertains all analytic possibilities; he attempts to capture as many ideas and themes as time allows but always stays close to what has been written down in the fieldnote. He does so without regard for how or whether ideas and categories will ultimately be used, whether other relevant observations have been made or how they will fit together. [...] Qualitative coding is a way of opening up avenues of inquiry: the researcher identifies and develops concepts and analytic insights through close examination of and reflection on fieldnote data."[41]

Das zweite Beispiel für eine behutsame Auswertung ethnografischer Daten, auf das ich hinweisen möchte, sind der Ansatz und die Studien von Katharina Eisch-Angus. Sie vertritt ein ausgesprochen prozessuales Verständnis von Feldfor-

---

40 Mead, Training, 344.
41 Emerson/Fretz/Shaw, Writing Ethnographic Fieldnotes, 151.

schung, in dem das Führen eines Feldtagebuches eine beständige Reflexion der gemachten Beobachtungen und Erfahrungen ermöglicht. Quasi bruchlos geht hierbei das Sammeln von Daten in sensible Interpretationen über. Letztere sind durch ein semiotisches Kulturverständnis grundiert, das die Emergenz von Bedeutungszusammenhängen als Charakteristikum des Kulturellen als solches begreift. Die eigene analytische Praxis des Herausarbeitens von Bedeutungszusammenhängen wird dementsprechend als zugleich Beobachtung und Bestandteil der allgemeinen kulturellen Praxis verstanden.[42]

Gerade weil die in diesen beiden Beispielen aufgebrachte Offenheit jedoch nicht leicht auszuhalten ist, besteht bei der Auswertung von Feldforschungsnotizen die Gefahr, vorschnell ein Phänomen zu klassifizieren, es auf den Begriff zu bringen und damit den schwelenden Zustand, in dem sich der Erkenntnisprozess befindet, vorzeitig abzulöschen. Einen Sprung zu machen, hin zur Formulierung eines Ergebnisses. Statt einen losen Faden zu ergreifen und sich von ihm führen zu lassen, entstehen auf diese Weise leicht Knoten und Knäuel.

Entgegenwirken kann einer überstürzt vorgenommenen interpretativen Schließung ein Umgang mit dem Feldmaterial, in dem dieses entfaltet und behutsam interpretiert wird. Der Wissenschaftsforscher Bruno Latour formuliert ein solches Vorgehen als Teil der Programmatik der von ihm vertretenen Akteur-Netzwerk-Theorie: „When we shift to ANT, we are like lazy car drivers newly converted to hiking; we have to relearn that if we want to reach the top of the mountain, we need to take it one step at a time, right foot after left foot, with no jumping or running allowed, all the way to the bitter end!"[43]

Nach Latour heißt zu forschen, Phänomene zu ‚artikulieren', indem sie in einer kategorialen Matrix zu einem Zeichen werden und gelesen werden können. So spricht er etwa davon, das Phänomen in ein „Koordinatennetz"[44] einzutragen oder in einen „Code"[45] zu übersetzen. Dies entspricht der oben beschriebenen Abhängigkeit des Forschens von Paradigmen, vom Diskurs, dessen Kategorien die wissenschaftliche Diskussion zu einem gegebenen Zeitpunkt bestimmen. Latour nennt dies die „Einbindung der Dinge in den Diskurs"[46] und erläutert, wie gerade

---

42 Vgl. Eisch, Katharina: Erkundungen und Zugänge I – Feldforschung. Wie man zu Material kommt. In: Löffler, Klara (Hg.): Dazwischen. Zur Spezifik der Empirien in der Volkskunde. Wien 2001, 27-46. Vgl. Eisch-Angus, Katharina: Wozu Feldnotizen? Die Forschungsniederschrift im ethnografischen Prozess. In: kuckuck – Notizen zur Alltagskultur, 32 (2017), 2, 6-10. Vgl. Eisch-Angus, Katharina: Absurde Angst. Narrationen der Sicherheitsgesellschaft. Wiesbaden 2019.
43 Latour, Bruno: Reassembling the Social. An Introduction to Actor-Network-Theory. Oxford 2005, 221.
44 Ders.: Die Hoffnung der Pandora. Untersuchungen zur Wirklichkeit der Wissenschaft. Frankfurt am Main 2002 [engl. Erstausgabe 1999], 57.
45 Ebd., 64.
46 Ebd., 62.

die Übersetzungsarbeit, welche die Forschenden in diesem Zuge leisten, ihren Daten innerhalb der wissenschaftlichen Diskussion Geltung verschaffe. Denn je mehr man an der Übersetzung arbeite, umso unabhängiger werde das Phänomen, „denn es ist jetzt um so vieles artikulierter"[47]. Dass die Übersetzung den Charakter einer Vernetzung hat, wird in einer weiteren Formulierung Latours deutlich – wobei Latour statt von Vernetzung von Assoziation spricht und Phänomene für ihn Entitäten sind: „Eine Entität gewinnt an Realität, wenn sie mit vielen anderen assoziiert ist, die mit ihr als zusammenarbeitend gesehen werden."[48]

Feldforschungserfahrungen auszuwerten, heißt in diesem Verständnis, sie durchzuarbeiten und zu entfalten. Was sich hierbei findet, lässt sich in Interpretationen in Beziehung zu Konzeptionen und Aussagen setzen, die in der wissenschaftlichen Diskussion bereits vorliegen.

Hierzu abschließend ein Beispiel aus meiner Lehrpraxis. Im Wintersemester 2014/15 und im darauffolgenden Sommersemester 2015 bot ich im Bachelorstudiengang des Faches Europäische Ethnologie an der Universität Innsbruck eine Übung in ethnografischem Feldforschen an. Das gesamte zweite Semester beschäftigten wir uns mit der Auswertung der Feldforschungsnotizen (Feldtagebücher), die die Studierenden in Anlehnung an Emerson, Fretz und Shaw anfertigten. Zur Auswertung wurden diese zunächst offen und im weiteren Verlauf spezifischer kodiert. Darüber hinaus wurden beschriebene Situationen zu dichten Beschreibungen ausgearbeitet.

Einen Großteil des Kurses verwendeten wir auf die gemeinsame Besprechung der Auswertungsschritte in der konkreten Auseinandersetzung mit dem Feldforschungsmaterial, das die Studierenden in der Seminaröffentlichkeit zeigten und zur Diskussion stellten. Ich habe dieses Arbeiten als sehr produktiv erlebt und die Produktivität lässt sich auch an einer Vielzahl von Bachelorarbeiten ablesen, die aus dem Kurs heraus entstanden sind. Einige von ihnen liegen den Beiträgen der vorliegenden Ausgabe der „bricolage" zu Grunde.

Die Feldforschungsübung war mit der Ausarbeitung eines interpretativen Rahmens verknüpft, die wir im ersten Semester in der Beschäftigung mit Konzeptionen und Überlegungen aus dem Bereich der Pop- und Fankulturforschung vorgenommen hatten. Schwerpunktmäßig ging es dabei um Forschungsansätze der britischen Cultural Studies. Hierzu zählte Phil Cohens Vorschlag, Pop-Subkulturen wie die Mods und Skinheads als ‚magische Lösungen' für eine kulturelle Krisensituation zu begreifen, wie sie in der Nachkriegszeit in der britischen

---

[47] Ebd., 174.
[48] Ebd., 193.

Arbeiterklasse bestand;[49] Dick Hebdiges semiotische Stilanalyse der Subkulturen der Mods und Punks als auf Resignifizierungen basierenden Hervorbringungen alternativer symbolischer Ordnungen, denen ein Moment von ‚semiotic guerilla warfare' innewohne;[50] Paul Willis' Ethnografie einer Gruppe von Hippies, in welcher er aufzeigt, wie diese Subkultur in sämtlichen ihrer Erscheinungsformen (vom Musikgeschmack bis zum Bekleidungsgeschmack, von der Gestaltung des Wohnraumes bis zur Gestaltung sozialer Beziehungen) von einem einheitlichen kulturellen Charakteristikum durchzogen ist (= Homologie). Das ist in diesem Fall eine ‚ontologische Unsicherheit'.[51]

Die Studierenden haben diese und weitere Konzeptionen aus dem Bereich der Pop- und Fankulturforschung zur Artikulation ihrer Untersuchungsgegenstände und Erkenntnisse aufgegriffen. Sie haben sie gebraucht, indem sie sie anwendeten. Aber sie haben sie gegebenenfalls auch variiert. So verwendet beispielsweise Teresa Weber in ihrer Bachelorarbeit über die Vorstellungen und kulturellen Praxen einer Wildnisschule zwar den Subkulturbegriff. An die Stelle eines hierarchischen Modells, in dem die basale Kultur als eine hegemoniale Kultur der Subkultur übergeordnet verstanden wird, setzt sie ein Modell von Kultur als einem Feld koexistierender Subkulturen. Deren Funktion erschöpft sich aus ihrer Sicht nicht darin, im Bereich der *expressive culture* magische Lösungen für reale Schwierigkeiten anzubieten, sondern diese stellt „ihren Mitgliedern auch konkrete praktische Verhaltensweisen zur Verfügung [...], um mit diesen umzugehen"[52]. Auch arbeitet Teresa Weber an der Welt der Wildnisschule zwar eine Homologie heraus. Aber im Unterschied zur hohen Relevanz, den die Cultural Studies diesbezüglich dem Konsum und materiellen Objekten attestieren, beschreibt Weber an der Wildnisschule die Homologie im Bereich von „Verhaltensweisen, Emotionen und körperlichen Erfahrungen"[53].

Vergleichbare Anverwandlungen etablierter Konzepte aus der wissenschaftlichen Diskussion zum Zweck der Artikulation ihrer eigenen Untersuchungsgegenstände kennzeichnen auch die anderen in diesem Seminarzusammenhang entstandenen Studien. So gelingt es den Studierenden, ihre Daten in Bezug auf Kategorien zu artikulieren, welche in der wissenschaftlichen Diskussion vorliegen.

---

49 Cohen, Phil: Subcultural Conflict and Working-Class Community. In: Gelder, Ken/Thornton, Sarah (Hg.): The Subcultures Reader. London/New York 1997 [Erstveröffentlichung 1972], 90-99.
50 Hebdige, Dick: Subculture. The Meaning of Style. London/New York 1997 [Erstausgabe 1979].
51 Willis, Paul: Profane Culture. Princeton/Oxford 2014 [Erstausgabe 1978].
52 Weber, Teresa: Eine *wilde* Subkultur. Wenn aus einem Bedürfnis eine Welt entsteht. Bachelorarbeit (Europäische Ethnologie), Innsbruck 2015, 12.
53 Ebd., 14. Vgl. auch Weber, Teresa: Subjekte der Wildnis. Ethnographische Annäherungen an ein Überleben zwischen Symbolischem und Realem. Masterarbeit (Europäische Ethnologie), Innsbruck 2018.

Das ist es, was den Horizont einer ethnografischen Feldforschung darstellt: die neu gewonnenen Erkenntnisse in die wissenschaftliche Diskussion einzubinden.

Jenseits der Wissenschaft: die Welt im Plural wahrnehmen

Jenseits der Erarbeitung wissenschaftlicher Erkenntnisse macht das ethnografische Feldforschen für diejenigen, die die Methode anwenden, erfahrbar, dass sich die Kollektive, in die menschliches Leben eingebettet ist, unterscheiden. Entscheidender Aspekt dieses Unterschiedes ist, wie die Wirklichkeit wahrgenommen, was als begehrenswert erlebt wird. Welche Handlungen praktiziert werden und wie Alltag gestaltet wird. Also, was es heißen kann, ein Mensch zu sein.

Ein Verständnis für das Vorhandensein so verstandener kultureller Unterschiede zu wecken, kommt im frühen 21. Jahrhundert der Stellenwert eines zugleich realistischen wie auch aufklärerischen Vorhabens zu. Realistisch deshalb, weil kulturelle Differenzen in einer ökonomisch und medial global vernetzten Welt alltäglich wahrnehmbar sind. Dasselbe gilt für milieuspezifische kulturelle Prägungen. Wir begegnen ihnen auf Schritt und Tritt und es ist nicht nur in sozialwissenschaftlicher Hinsicht, sondern darüber hinaus auch für unser alltägliches Verständnis und Handeln in der Welt sinnvoll, diese Realität anzuerkennen und zu begreifen.

Um ein ethisch-aufklärerisches Vorhaben handelt es sich deshalb, weil einem Verständnis von dieser Realität eine geballte Kraft unterschiedlicher Formen der Vereindeutigung entgegenwirken. Eine besonders perfide und auch wirkmächtige Ausprägung dieser Formen ist die als Othering bezeichnete Entwertung von Personengruppen als vermeintlich unüberbrückbar anders – und unterlegen.[54]

Eine andere Form der Vereindeutigung beschreibt der Kunstkritiker Kolja Reichert in einem Zeitungsbeitrag im Zusammenhang einer Kunstausstellung mit Gemälden, die heute gemeinhin als in ethischer Hinsicht fragwürdig kritisiert werden. Eine Auffassung, die Reichert nicht teilt und gegen deren Tendenz zur Vereinfachung er argumentiert, wenn er schreibt: „Es droht die Verfestigung eines übersubjektiven Affektionsapparates, der schon immer weiß, was er sieht und was er sehen möchte, gebildet aus nervös die Umwelt auf Gefahren abtastenden Algorithmen und Subjekten."[55]

---

54 Vgl. Fabian, Johannes: Time and the Other. How Anthropology Makes its Object. New York 1983; Said, Edward: Orientalismus. Frankfurt am Main 2012 [engl. Erstausgabe 1978].
55 Reichert, Kolja: Welche Blicke sind richtig? Sind die Bilder von Baltaus ein Fall fürs Jugendamt? Oder treibt uns das Internet die Fähigkeit zum genauen Hinschauen aus? Eine Ausstellung in Basel lädt zum Sehtest. In: Frankfurter Allgemeine Sonntagszeitung, 2.9.2018, 46.

Etliche weitere Formen der Vereindeutigung ließen sich nennen. Ihnen gegenüber verhält sich die Erfahrung, die in der Anwendung der Methode der ethnografischen Feldforschung gemacht werden kann, insofern ethisch und aufklärerisch, als mit ihr in erster Linie die Erkenntnis einhergeht, dass man nicht alles klar sehen muss, um andere Menschen in ihrer Menschlichkeit zu erleben, wahrzunehmen und anzuerkennen. Ermöglicht die ethnografische Feldforschung doch die Auseinandersetzung mit Ungekanntem, dem freilich Vertrautes innewohnt. Oder auch: mit Vertrautem, dem auch Ungekanntes beiwohnt. So bewirkt die Methode eine Öffnung des Subjekts in seiner Weise, die Realität wahrzunehmen. Angestoßen, unterstützt und gestärkt wird damit eine Haltung der Ambiguitätstoleranz, die in unserer Zeit für ein gelingendes Miteinander so dringend notwendig und wertvoll ist.[56]

Weiterführende Literatur

Zur ethnografischen Feldforschung im Allgemeinen vgl. exemplarisch Arantes 2017; die Beiträge in Arantes/Rieger 2014; Breidenstein u. a. 2013; Cohn 2014; Eisch 2001; Eisch-Angus 2019; Hirschauer/Amann 1997; die Beiträge in Hitzler u. a. 2016; die Beiträge in Jeggle 1984; Malinowski 1984 und 1986, Nadig 1985 und ganz besonders Spittler 2001.

Zur Thematik der Verschriftlichung des in teilnehmenden Beobachtungen Erfahrenen vgl. die Beiträge in Berg/Fuchs 1993, Eisch 2001; Eisch-Angus 2017; besonders Emerson/Fretz/Shaw 1995; Dracklé 2015; Nadig 1985; die Beiträge in Sanjek 1996.

Zur Subjektgebundenheit der Methode vgl. Arantes 2017; Bonz 2016a und b; Gullestad 1984; Holland 2007; Hunt 1989; Jackson 2010; Kleinman 1996; Kleinman/Copp 1993; besonders Lorimer 2010; Massmünster 2014; Nadig 1985; Powdermaker 1966a und b; Spittler 2001; Stodulka 2015; Wax 1985.

Zur Interaktionalität vgl. Bonz 2016a und b; die Beiträge in Casagrande 1960; Crapanzano 1980; Eisch 2001; Eisch-Angus 2019; die Beiträge in Georges/Jones 1980; die Beiträge in Henry/Saberwal 1969; Lindner 1981; Nadig 1986 und 1992; Parin/Morgenthaler/Parin-Matthèy 1989 und 2006; Sauermann 1982; Wax 1960 und 1985; besonders Weiss 1999, 2001 und ihre Beiträge in Morgenthaler u. a. 1984; die Beiträge in White/Strohm 2014.

---

56 Vgl. Bauer, Thomas: Die Vereindeutigung der Welt. Über den Verlust an Mehrdeutigkeit und Vielfalt. Ditzingen 2018.

Zur Irritation als Gegenübertragung auf das Untersuchungsfeld vgl. für einen Überblick Bonz 2016b; Jackson 2010; Köhler-Weisker 2015; Lorimer 2010; Müller 2016; Nadig 1985; Willis 1980.

Literaturangaben

Das Datum der originalsprachlichen Erstveröffentlichung wird gegebenenfalls in Klammern angegeben.

Arantes, Lydia Maria: Verstrickungen. Berlin 2017.
Arantes, Lydia Maria/Rieger, Elisa (Hg.): Ethnographien der Sinne. Wahrnehmung und Methode in empirisch-kulturwissenschaftlichen Forschungen. Bielefeld 2014.
Arnold, Markus/Fischer, Roland (Hg.): Disziplinierungen. Kulturen der Wissenschaft im Vergleich. Wien 2004.
Bauer, Thomas: Die Vereindeutigung der Welt. Über den Verlust an Mehrdeutigkeit und Vielfalt. Ditzingen 2018.
Berg, Eberhard/Fuchs, Martin (Hg.): Kultur, soziale Praxis, Text. Die Krise der ethnographischen Repräsentation. Frankfurt am Main 1993.
Bion, Wilfred R.: Lernen durch Erfahrung. Frankfurt am Main 1992 [engl. Erstausgabe 1962].
Bonz, Jochen: Subjektivität als intersubjektives Datum im ethnografischen Feldforschungsprozess. In: Zeitschrift für Volkskunde, 112 (2016), 19-36 (= 2016a).
Bonz, Jochen: „Im Medium der eigenen Menschlichkeit ..." Erläuterungen und Beispiele zum ethnopsychoanalytischen Ethnografieverständnis, das im Feldforschungsprozess auftretende Irritationen als Daten begreift. In: Alltag – Kultur – Wissenschaft. Beiträge zur Europäischen Ethnologie, 3 (2016) (= 2016b), 35-60.
Bonz, Jochen: Das Kulturelle. Paderborn 2012.
Bonz, Jochen/Eisch-Angus, Katharina/Hamm, Marion/Sülzle, Almut (Hg.): Ethnografie und Deutung. Gruppensupervision als Methode reflexiven Forschens. Wiesbaden 2017.
Breidenstein, Georg/Hirschauer, Stefan/Kalthoff, Herbert/Nieswand, Boris: Ethnografie. Die Praxis der Feldforschung. Konstanz/München 2013.
Casagrande, Joseph B. (Hg.): In the Company of Man. Twenty Portraits of Anthropological Informants. New York 1960.

Cohen, Phil: Subcultural Conflict and Working-Class Community. In: Gelder, Ken/Thornton, Sarah (Hg.): The Subcultures Reader. London/New York 1997 [Erstveröffentlichung 1972], 90-99.
Cohn, Miriam: Teilnehmende Beobachtung. In: Bischoff, Christine/Oehme-Jüngling, Karoline/Leimgruber, Walter (Hg.): Methoden der Kulturanthropologie. Bern 2014, 71-85.
Crapanzano, Vincent: Tuhami. Portrait of a Moroccan. Chicago/London 1991 [Erstausgabe 1980].
Devereux, Georges: Angst und Methode in den Verhaltenswissenschaften. München 1973 [engl. Erstausgabe 1967].
Draclké, Dorle: Ethnographische Medienanalyse. Vom Chaos zum Text. In: Bender, Cora/Zillinger, Martin (Hg.): Handbuch der Medienethnographie. Berlin 2015, 387-403.
Eisch-Angus, Katharina: Absurde Angst. Narrationen der Sicherheitsgesellschaft. Wiesbaden 2019.
Eisch-Angus, Katharina: Wozu Feldnotizen? Die Forschungsniederschrift im ethnografischen Prozess. In: kuckuck – Notizen zur Alltagskultur, 32 (2017), 2, 6-10.
Eisch, Katharina: Erkundungen und Zugänge I – Feldforschung. Wie man zu Material kommt. In: Löffler, Klara (Hg.): Dazwischen. Zur Spezifik der Empirien in der Volkskunde. Wien 2001, 27-46.
Emerson, Robert M./Fretz, Rachel I./Shaw, Linda L.: Writing Ethnographic Fieldnotes. Chicago/London 1995.
Erdheim, Mario: Die gesellschaftliche Produktion von Unbewußtheit. Eine Einführung in den ethnopsychoanalytischen Prozeß. Frankfurt am Main 1988 [Erstausgabe 1982].
Erdheim, Mario/Nadig, Maya: Wissenschaft, Unbewußtheit und Herrschaft. In: Duerr, Hans Peter (Hg.): Die wilde Seele – Zur Ethnopsychoanalyse von Georges Devereux. Frankfurt am Main 1987, 163-176.
Fabian, Johannes: Time and the Other. How Anthropology Makes its Object. New York 1983.
Fleck, Ludwik: Entstehung und Entwicklung einer wissenschaftlichen Tatsache. Frankfurt am Main 2002 [Erstausgabe 1935].
Foucault Michel: Archäologie des Wissens. Frankfurt am Main 2005 [franz. Erstausgabe 1969].
Foucault, Michel: Die Ordnung der Dinge. Frankfurt am Main 1995 [franz. Erstausgabe 1966].
Georges, Robert A./Jones, Michael O.: People Studying People. The Human Element in Fieldwork. Berkeley u. a. 1980.

Gullestad, Marianne: Kitchen-table Society. A Case Study of the Family Life and Friendships of Young Working-class Mothers in Urban Norway. Oslo u. a. 1984.
Hastrup, Kirsten: A Passage to Anthropology. Between Experience and Theory. London/New York 1999 [Erstausgabe 1995].
Hebdige, Dick: Subculture. The Meaning of Style. London/New York 1997 [Erstausgabe 1979].
Henry, Frances/Saberwal, Satish (Hg.): Stress and Response in Fieldwork (= Studies in Anthropological Method, 1). New York u. a. 1969.
Hirschauer, Stefan/Amann, Klaus (Hg.): Die Befremdung der eigenen Kultur. Zur ethnographischen Herausforderung soziologischer Empirie. Frankfurt am Main 1997.
Hitzler, Ronald/Kreher, Simone/Poferl, Angelika/Schröer, Norbert (Hg.): Old School – New School? Zur Frage der Optimierung ethnographischer Datengenerierung. Essen 2016.
Holland, Janet: Emotions and Research. In: International Journal of Social Research Methodology, 10 (2007), 3, 195-209.
Hunt, Jennifer: Psychoanalytic Aspects of Fieldwork (= Qualitative Research Methods Series, 18). Newbury Park u. a. 1989.
Jackson, Michael: From Anxiety to Method in Anthropological Fieldwork. An Appraisal of George Devereux' Enduring Ideas. In: Davies, James/Spencer, Dimitrina (Hg.): Emotions in the Field. The Psychology and Anthropology of Fieldwork Experience. Stanford 2010, 35-54.
Jeggle, Utz (Hg.): Feldforschung. Qualitative Methoden in der Kulturanalyse. Tübingen 1984.
Kleinman, Sherryl: Opposing Ambitions. Gender and Identity in an Alternative Organization. Chicago/London 1996.
Kleinman, Sherryl/Copp, Martha: Emotions and Fieldwork (= Qualitative Research Methods Series, 28), Newbury Park u. a. 1993.
Köhler-Weisker, Angela: Gespräche unter dem Mopanebaum. Ethnopsychoanalytische Begegnungen mit Himbanomaden. Gießen 2015.
Kuhn, Thomas: Die Struktur wissenschaftlicher Revolutionen. Frankfurt am Main 2003 [engl. Erstausgabe 1962].
Latour, Bruno: Die Hoffnung der Pandora. Untersuchungen zur Wirklichkeit der Wissenschaft. Frankfurt am Main 2002 [engl. Erstausgabe 1999].
Latour, Bruno: Reassembling the Social. An Introduction to Actor-Network-Theory. Oxford 2005.
Lindner, Rolf: Die Angst des Forschers vor dem Feld. Überlegungen zur teilnehmenden Beobachtung als Interaktionsprozess. In: Zeitschrift für Volkskunde, 77 (1981), 51-66.

Lorimer, Francine: Using Emotions as a Form of Knowledge in a Psychiatric Fieldwork Setting. In: Davies, James/Spencer, Dimitrina (Hg.): Emotions in the Field. The Psychology and Anthropology of Fieldwork Experience. Stanford 2010, 98-126.

Malinowski, Bronislaw: Ein Tagebuch im strikten Sinn des Wortes. Neuguinea 1914–1918. Frankfurt am Main 1986 [engl. Erstausgabe 1967].

Malinowski, Bronislaw: Argonauts of the Western Pacific. An account of native enterprise and adventure in the archipelagoes of melanesian New Guinea. Long Grove 1984 [Erstausgabe 1922].

Massmünster, Michel: Sich selbst in den Text schreiben. In: Bischoff, Christine/Oehme-Jüngling, Karoline/Leimgruber, Walter (Hg.): Methoden der Kulturanthropologie. Bern 2014, 522-538.

Mead, Margaret: The Training of the Cultural Anthropologist. In: American Anthopologist, 54 (1952), 343-346.

Morgenthaler, Fritz: Das Fremde verstehen. In: Morgenthaler, Fritz/Weiss, Florence/Morgenthaler, Marco: Gespräche am sterbenden Fluss. Ethnopsychoanalyse bei den Iatmul in Papua-Neuguinea. Frankfurt am Main 1984, 9-16.

Morgenthaler, Fritz/Weiss, Florence/Morgenthaler, Marco: Gespräche am sterbenden Fluss. Ethnopsychoanalyse bei den Iatmul in Papua-Neuguinea. Frankfurt am Main 1984.

Müller, Frank: Die Bedeutung von Gegenübertragungen in der Dynamik von Forschungsbeziehungen. In: Bonz, Jochen u. a. (Hg.): Ethnografie und Deutung. Gruppensupervision als Methode reflexiven Forschens. Wiesbaden 2016, 163-177.

Nadig, Maya: Der ethnologische Weg zur Erkenntnis. Das weibliche Subjekt in der feministischen Wissenschaft. In: Knapp, Gudrun-Axeli/Wetterer, Angelika (Hg.): Traditionen Brüche. Freiburg 1992, 151-200.

Nadig, Maya: Die verborgene Kultur der Frau. Ethnopsychoanalytische Gespräche mit Bäuerinnen in Mexiko. Frankfurt am Main 1985.

Nadig, Maya/Erdheim, Mario: Die Zerstörung der wissenschaftlichen Erfahrung durch das akademische Milieu. In: Psychosozial 23 (= Der Spiegel des Fremden, Ethnopsychoanalytische Betrachtungen). Reinbek 1984 [Erstveröffentlichung 1980], 11-27.

Parin, Paul/Morgenthaler, Fritz/Parin-Matthèy, Goldy: Fürchte deinen Nächsten wie dich selbst. Psychoanalyse und Gesellschaft am Modell der Agni in Westafrika. Gießen 2006 [Erstausgabe 1971].

Parin, Paul/Morgenthaler, Fritz/Parin-Matthèy, Goldy: Die Weißen denken zuviel. Psychoanalytische Untersuchungen bei den Dogon in Westafrika. Frankfurt am Main 1989 [Erstausgabe 1963].

Powdermaker, Hortense: Stranger and Friend. The Way of an Anthropologist. New York u. a. 1966a.
Powdermaker, Hortense: Field Work. In: Sills, David L. (Hg.): International Encyclopedia of the Social Sciences. New York 1966b, 418-425.
Reichert, Kolja: Welche Blicke sind richtig? Sind die Bilder von Baltaus ein Fall fürs Jugendamt? Oder treibt uns das Internet die Fähigkeit zum genauen Hinschauen aus? Eine Ausstellung in Basel lädt zum Sehtest. In: Frankfurter Allgemeine Sonntagszeitung, 2.9.2018, 46.
Reichmayr, Johannes: Ethnopsychoanalyse. Geschichte, Konzepte, Anwendungen. Gießen 2013.
Said, Edward: Orientalismus. Frankfurt am Main 2012 [engl. Erstausgabe 1978].
Sanjek, Roger (Hg.): Fieldnotes. The Makings of Anthropology. Ithaca/London 1990.
Sauermann, Dietmar: Gedanken zur Dialogstruktur wissenschaftlicher Befragungen. In: Brednich, Rolf W./Lixfeld, Hannjost/Moser, Dietz-Rüdiger/Röhrich, Lutz (Hg.): Lebenslauf und Lebenszusammenhang. Autobiographische Materialien in der volkskundlichen Forschung. Freiburg 1982, 145-153.
Schlapobersky, John: From the Couch to the Circle. Group-Analytic Psychotherapy in Practice. London/New York 2016.
Shah, Alpa: Ethnography? Participant observation, a potentially revolutionary praxis. In: HAU – Journal of Ethnographic Theory, 7 (2017), 1, 45-59.
Spittler, Gerd: Teilnehmende Beobachtung als Dichte Teilnahme. In: Zeitschrift für Ethnologie, 126 (2001), 1, 1-25.
Stodulka, Thomas: Spheres of Passion. Fieldwork, Ethnography and the Researcher's Emotions. In: Curare, 38 (2015), 103-116.
Wax, Rosalie Hankey: Doing Fieldwork. Warnings and Advice. Chicago 1985 [Erstausgabe 1971].
Wax, Rosalie Hankey: Reciprocity in Field Work. In: Adams, Richard N./Preiss, Jack J. (Hg.): Human Organization Research. Field Relations and Techniques. Homewood 1960, 90-98.
Weber, Teresa: Subjekte der Wildnis. Ethnographische Annäherungen an ein Überleben zwischen Symbolischem und Realem. Masterarbeit (Europäische Ethnologie), Innsbruck 2018.
Weber, Teresa: Eine *wilde* Subkultur. Wenn aus einem Bedürfnis eine Welt entsteht. Bachelorarbeit (Europäische Ethnologie), Innsbruck 2015.
Weiss, Florence: Die dreisten Frauen. Eine Begegnung in Papua-Neuguinea. Frankfurt am Main 2001 [Erstausgabe 1991].
Weiss, Florence: Vor dem Vulkanausbruch. Eine ethnologische Erzählung. Frankfurt am Main 1999.

White, Bob W./Strohm, Kiven (Hg.): How does Anthropology know? (Special Section). In: HAU –Journal of Ethnographic Theory, 4 (2014), 1, 189-258.

Willis, Paul: Profane Culture. Princeton/Oxford 2014 [Erstausgabe 1978].

Willis, Paul: Notes on Method. In: Centre for Contemporary Cultural Studies (Hg.): Culture, Media, Language. Working Papers in Cultural Studies, 1972-79. London 1980, 88-95.

Autor_innenverzeichnis

Christoph Bareither, Prof. Dr., Juniorprofessor für Europäische Ethnologie mit dem Schwerpunkt Medienanthropologie am Institut für Europäische Ethnologie der Humboldt-Universität zu Berlin. Er setzt sich in seiner Forschung mit durch digitale Technologien angestoßenen Transformationen alltäglicher Praktiken auseinander und arbeitet dabei am Schnittfeld von Medienanthropologie, Science and Technology Studies, Heritage and Museum Studies, Tourismus- und Populärkulturforschung sowie ethnografischer Emotionsforschung.

Jochen Bonz, Dr. phil. habil., lehrt als freiberuflicher Kulturwissenschaftler an der Universität Hildesheim, der Sigmund Freud Privatuniversität Wien und an der Katholischen Hochschule Freiburg. Er leitet ethnografische Supervisionsgruppen u. a. am Institut für Kulturanthropologie und Europäische Ethnologie der Universität Graz. Seit einigen Jahren beschäftigt er sich mit der Wissenschaftsgeschichte der Psychological Anthropology und hier insbesondere mit ethnopsychoanalytischen Forschungsansätzen.

Simone Egger, Dr. MA, Kulturwissenschaftlerin und seit 2016 als Postdoc-Assistentin am Institut für Kulturanalyse an der Alpen-Adria-Universität Klagenfurt tätig. Der Titel ihres Habilitationsprojekts lautet „Über Liebe. Über Kosmopolitismus. Über Europa. Eine transnationale Biografie zur Zeit des Großen Krieges".

Hannah Kanz, BA BA MA, hat Europäische Ethnologie und Geschichte an der Universität Innsbruck und der Queen's University Belfast studiert. Seit Herbst 2018 ist sie Doktorandin im Fach Europäische Ethnologie an der Universität Innsbruck.

Eva-Maria Kirschner, BA BA, studierte Europäische Ethnologie und Französisch an der Universität Innsbruck. Sie verfasst derzeit ihre Masterarbeit zur symbolischen Reproduktion gesellschaftlicher Machtverhältnisse in der Toponymie des 12. Pariser Bezirks im Masterstudiengang „Gender, Kultur und Sozialer Wandel" an der Universität Innsbruck.

Bianca Ludewig, MA, Bachelorstudium Philosophie und Ethnologie an der Universität Hamburg. Masterstudium Europäische Ethnologie an der Humboldt-Universität zu Berlin. Seit 2012 Doktoratsstudium an der Universität Innsbruck. 2015–2018 Lehrtätigkeit an der Humboldt-Universität zu Berlin. 8/2016–

7/2017 und seit 3/2018 Praedoc-Universitätsassistentin am Institut für Europäische Ethnologie Wien.

Patrick Marksteiner, BA, derzeit Masterstudium der Europäischen Ethnologie an der Universität Innsbruck. Er schloss sein Bachelorstudium der Europäischen Ethnologie in Innsbruck mit der Arbeit „Erinnerungsmeme als Übergangsobjekt. Untersuchung der Memeplattform 9gag" ab.

Sandra Mauler, BA MA, studierte Erziehungswissenschaft und Europäische Ethnologie an der Universität Innsbruck und verfasste ihre Masterarbeit zu Fanfiction in Serien-Fandoms. Derzeit untersucht sie für ihre Dissertation „Das unproduktive Selbst" (Arbeitstitel) Prokrastination als diskursiv hergestelltes Konzept.

Elisabeth Summerauer, BA, befindet sich derzeit im Masterstudium im Fach Europäische Ethnologie an der Universität Innsbruck. Ihre Forschungsinteressen liegen vor allem in den Bereichen der Europäisierung und der Tauschtheorien.

Elisabeth Waldhart, BA BA, studiert Archäologien mit Schwerpunkt Ur- und Frühgeschichte sowie Mittelalter- und Neuzeitarchäologie, und Europäische Ethnologie an der Universität Innsbruck. Derzeit laufende MA-Arbeit zum Thema: „Ora et labora. Die archäologische Landschaft Potschepol/Alkuser See, Ainet, Osttirol" zu prähistorischen bis neuzeitlichen Kultpraxen und Weidewirtschaft am Institut für Archäologien.

Laura Weinfurter, BA BA, Studium der Europäischen Ethnologie und der Erziehungswissenschaft an der Universität Innsbruck. Derzeit ist sie in der Endphase des Masterstudiums Erziehungs- und Bildungswissenschaft in Innsbruck, arbeitet im pädagogischen Bereich und übt sich täglich im bewussten Umgang mit Lebensmitteln.